BAEDEKER
SMART

KALIFORNIEN

**Perfekte Tage
im Golden State**

Verlag Karl Baedeker – www.baedeker.com

Inhalt

 TOP 10 4

Das Kalifornien Gefühl 6

Das Magazin
9
- Klischee Kalifornien? ■ Kino in Perfektion
- Gold Rush ■ Frisch auf den Tisch
- Geisterstädte ■ Künstler-Biotope
- Whole Lotta Shakin' Goin' On
- California – Dreaming … and Singing
- Unter freiem Himmel ■ Veranstaltungen

Erster Überblick
33
- Ankunft
- Unterwegs in Kalifornien
- Übernachten
- Essen und Trinken
- Einkaufen
- Ausgehen

San Francisco und die Bay Area
43
Erste Orientierung ■ **In drei Tagen** ■ **TOP 10** ■ Chinatown & North Beach ■ **Nicht verpassen!** ■ Alcatraz Island ■ Fisherman's Wharf ■ South of Market ■ Golden Gate Park
Nach Lust und Laune! ■ 21 weitere Adressen zum Entdecken
Wohin zum … ■ Übernachten? ■ Essen und Trinken? ■ Einkaufen? ■ Ausgehen?

Nordkalifornien
75
Erste Orientierung ■ **In fünf Tagen** ■ **TOP 10** ■ Yosemite National Park ■ »Wine County« ■ **Nicht verpassen!** ■ Sonoma Coast & Mendocino ■ Sacramento & Gold Country
Nach Lust und Laune! Vier weitere Adressen zum Entdecken
Wohin zum … ■ Übernachten? ■ Essen und Trinken? ■ Einkaufen? ■ Ausgehen?

Die Zentralküste
103
Erste Orientierung ■ **In drei Tagen**
■ **TOP 10** ■ Big Sur ■ Santa Barbara
Nicht verpassen! ■ Monterey Peninsula ■ Hearst Castle
Nach Lust und Laune! Sechs weitere Adressen zum Entdecken
Wohin zum … ■ Übernachten? ■ Essen und Trinken? ■ Einkaufen? ■ Ausgehen?

Los Angeles und Umgebung

127

Erste Orientierung ■ **In drei Tagen**
■ **TOP 10** ■ Hollywood ■ Disneyland® Park ■ Getty Center
Nicht verpassen! ■ Beverly Hills ■ Universal Studios
Nach Lust und Laune! Zwölf weitere Adressen zum Entdecken
Wohin zum ... ■ Übernachten? ■ Essen und Trinken?
■ Einkaufen? ■ Ausgehen?

San Diego und Südkalifornien

161

Erste Orientierung ■ **In vier Tagen** ■ **TOP 10** ■ Death Valley
National Park ■ San Diego Zoo ■ **Nicht verpassen!** ■ Harbor &
old town ■ Balboa Park ■ La Jolla ■ Palm Springs
Nach Lust und Laune! Elf weitere Adressen zum Entdecken
Wohin zum ... Übernachten? ■ Essen und Trinken?
■ Einkaufen? ■ Ausgehen?

Spaziergänge & Touren

189

■ 1 Coast Highway 1 und Point Reyes National Seashore
■ 2 Santa Barbara und der San Marcos Pass
■ 3 Mulholland Drive

Praktisches 199
■ Reisevorbereitungen
■ Das Wichtigste vor Ort

Reiseatlas 205

Register 215

Bildnachweis 218

Impressum 219

10 Gründe wiederzukommen 220

Kapiteleinteilung: siehe vordere Umschlaginnenseite

★ TOP 10

Was muss ich gesehen haben? Unsere TOP 10 helfen Ihnen, von der absoluten Nummer eins bis zur Nummer zehn, die wichtigsten Reiseziele einzuplanen.

1. YOSEMITE NATIONAL PARK ► 80

Spektakulärer kann die Natur kaum sein: steile Felsen, gewaltige Wasserfälle, lauschige Täler, Wälder mit riesigen Sequoia-Bäumen (Abb. links).

2. HOLLYWOOD ► 132

Auch wenn die meisten Studios ins weiter nördliche Burbank gezogen sind: Der Mythos lebt im riesigen »Hollywood«-Schriftzug, den Kinopalästen und der Oscar-Verleihung.

3. DISNEYLAND® PARK ► 136

Am Eingangstor des Disneyland® Parks in Anaheim lassen die Besucher die reale Welt hinter sich und tauchen ein in das Reich der Fantasie mit Onkel Dagobert & Co.

4. CHINATOWN & NORTH BEACH ► 48

Rund 100 000 Menschen leben in Chinatown in San Francisco, beiderseits der Grant Avenue von San Francisco. Das Viertel gehört zu den größten Attraktionen der Stadt.

5. DEATH VALLEY NATIONAL PARK ► 166

Das Tal des Todes mit seinen salzigen Ebenen, farbigen Felsen und sandigen Wüsten ist als Nationalpark geschützt. In der Oase Furnace Creek gibt's Unterkünfte.

6. »WINE COUNTY« ► 84

Im »Weinland« von Kalifornien werden fantastische Weine produziert. Viele Weingüter bieten für die Besucher Weinproben und Besichtigungen der Keller an.

7. BIG SUR ► 108

Der Highway No. 1 beginnt südlich von Monterey und schlängelt sich durch eine spektakuläre Landschaft knapp 200 km bis nach Morro Bay.

8. SANTA BARBARA ► 109

Die gepflegte Atmosphäre des Ende der 1920er-Jahre in mediterranem Stil gestalteten Santa Barbara zieht viele Besucher an. Sie flanieren in den noblen Einkaufspassagen oder gehen an den Strand.

9. GETTY CENTER ► 138

Die weißen Gebäude des Kunstmuseums in den südlichen Ausläufern der Santa Monica Mountains beherbergen rund 50 000 Werke – Rembrandt und Monet, aber auch zeitgenössische Fotografie.

10. SAN DIEGO ZOO ► 169

Der weltberühmte Zoo nimmt mit seinen über 4000 Tieren mehr als ein Viertel des Balboa Parks am Nordrand des Zentrums ein. In einem Ableger in Escondido liegt der Safari Park.

DAS KALIFORNIEN

Erleben, was den US-Staat ausmacht, sein einzigartiges Flair spüren. So, wie die Kalifornier selbst.

MIT DER CABLE CAR VON SAN FRANCISCO FAHREN

Gemütlich rumpeln die altertümlichen Waggons, gezogen von Stahlseilen, über die Straßen von San Francisco. Und das schon seit 1873. Einst waren sie das wichtigste Transportmittel der Stadt, heute sind noch drei Strecken mit insgesamt 17 km Länge erhalten geblieben. Einheimische und Touristen lieben dieses Gefährt gleichermaßen.

BEACHVOLLEYBALL AM STRAND VON SANTA BARBARA

Die langen Sandstrände von Kalifornien gelten als Geburtsort des Beachvolleyballs. An den Stadtstränden von Santa Barbara, vor allem am Goleta Beach gleich bei der Universität ist meist ein heißes Match im Gange.

WANDERN IM PALMENHAIN

Nur wenige Kilometer vom Zentrum des noblen Palm Springs führt ein Wanderweg durch das beschaulich-imposante Wäldchen von mehreren hundert Schatten spendenden Washingtonia-Palmen im Palm Canyon. Der gehört, wie auch der größte Teil des Grund und Bodens von Palm Springs, zum Reservat der Agua-Caliente-Indianer.

TRAUMPALÄSTE FÜR ARM UND REICH

Mit zwei außerordentlichen Gebäuden haben zwei Amerikaner in San Simeon und Cambria gleich südlich von Big Sur ihren Lebenstraum verwirklicht. Der Medienzar William Randolph Hearst ließ seinen einzigartigen Palast »Hearst Castle« auf einem Hügel realisieren. Der Hilfsarbeiter Arthur Beal, alias »Capt. Nit Witt« erbaute aus Müll und Fundstücken vor über 50 Jahre sein Haus »Nitt Witt Ridge« am Hang, das offiziell gar nicht existiert und dennoch unter Denkmalschutz steht …

INLINE SKATING AM VENICE BEACH

Natürlich gibt es bessere Pisten fürs Inlineskating, aber keine, wo man sich besser zeigen kann. Ein Boulevard der Eitelkeiten, auf dem viele durchgestylt oder fantasievoll

GEFÜHL

Einzigartiges Flair: eine Fahrt mit der Cable Car von San Francisco

Das Kalifornien Gefühl

ausstaffiert ihre Kreise ziehen. Anerkennung und Beifall der Passanten und Gäste der vielen Cafés ist ihnen sicher.

CALIFORNIA STATE RAILROAD MUSEUM

Die Eisenbahn hat den Westen für die USA erobert. Und einige Eisenbahn-Magnaten haben dabei große Kasse gemacht. Die Geschichte der Magnaten, des Eisenbahnbaus und der vielen legendären Züge und Waggons der goldenen Eisenbahnära sind in Sacramento ausgestellt.

ELLIS ISLAND OF THE WEST

Angel Island inmitten der San Francisco Bay hat eine lange Geschichte als Jagdgrund der Miwok Indianer, als Gefangenenlager nach dem Zweiten Weltkrieg und als Sammellager für Immigranten. Die restaurierte Immigration Station erinnert an das Schicksal der rund 175 000 chinesischen Immigranten, die hier bis zu zwei Jahre auf ihre Einreiseerlaubnis warten mussten.

GIANT SEQUOIAS, MUIR WOODS NATIONAL MONUMENT

Ein Wäldchen von rund 100 m hohen Riesen-Sequoias gleich nördlich der Golden Gate Bridge erinnert an John Muir, einen schottischen Einwanderer, der vor mehr als 100 Jahren sein Leben dem Erhalt der Naturwunder widmete, als so etwas noch nicht in Mode war. Der von ihm gegründete Sierra Club ist heute die einflussreichste Umweltschutzorganisation Nordamerikas.

Baumriesen im Muir Woods National Monument bei San Francisco

Das Magazin

Klischee Kalifornien?	10
Kino in Perfektion	12
Gold Rush	16
Frisch auf den Tisch	18
Geisterstädte	20
Künstler-Biotope	22
Whole Lotta Shakin' Goin' On	26
California – Dreaming … and Singing	28
Unter freiem Himmel	30
Veranstaltungen	32

Das Magazin

Klischee Kalifornien?

Sonnengebräunte Blondinen am Pool, Filmstars in Luxus-Cabrios, Palmen, Summer of Love – das ist Kalifornien? So kann es tatsächlich sein, doch birgt es jenseits solcher Klischees viel Interessanteres, als mancher vermutet.

Was stimmt denn nun? Einerseits wurde Kalifornien im 20. Jh. zum Inbegriff schneller Autos, schillernder Stars, gewagter Mode, Schönheitschirurgie und seltsamer Kulte – ein scheinbarer Sieg des Oberflächlichen auf breiter Front, den Woody Allen in einem frühen Film so kommentierte: »Mit jedem Jahr, das man dort verbringt, büßt man zehn Punkte seines IQ ein.«

Andererseits geht es hier, auch wenn der Schein etwas anderes vorgaukelt, seit 150 Jahren um ernsthafte Dinge – z. B. Bergbau, Ackerbau, Eisenbahn, Filmindustrie, Ölgewinnung, Waffenhandel und technische Innovationen. Bei allem, was seine Einwohnerschaft erreicht hat (die achtgrößte Wirtschaftsmacht der Welt, mit 13 % des US-Inlandsprodukts), wundert man sich, woher sie überhaupt die Zeit nimmt, sich am Strand zu vergnügen.

Das Magazin

»Kalifornier sind ein fauler, verschwenderischer Verein, der nichts zu Stande bringt«, giftete der Politiker und Schriftsteller Richard Henry Dana Jr. 1840 in seinem Roman *Two Years before the Mast* (»Zwei Jahre vorm Mast«). Hundert Jahre früher, vor der systematischen spanischen Kolonisation, hätte der Spötter von der Ostküste sich über die Selbstgenügsamkeit der hiesigen Indianer gewundert. Und rund ein Jahrzehnt später, während der Hochzeit des Goldrauschs, hätte er erlebt, wie dort helle Köpfe aus aller Welt enormen Unternehmungsgeist entfalteten – drei verschiedene Gesichter Kaliforniens in nur 100 Jahren!

> »... ernsthafte Geschäfte trotz des lockeren Scheins«

Kreativität und Vielfalt

Mächtig und facettenreich präsentiert sich Kalifornien heute: Es ist der einzige US-Bundesstaat (auf dem Kontinent), in dem über 50 % der Bevölkerung nicht weiß sind und der wohl permanent bereit ist zum Risiko. Seitdem die ersten Entdecker aus Asien hier 20 000 Jahre vor Christi Geburt gelandet waren, wurde die Region immer wieder zum Ziel von Pionieren unterschiedlicher Kulturen – was mitunter zu Konflikten führte, doch trug stets der Geist der Koexistenz den Sieg davon.

Nicht zufällig sind Leute wie George Lucas und Steven Spielberg hier zu Hause sowie Pixar und Apple. Kalifornien ist oft auch Brutstätte sozialreformerischer Initiativen, und so hat man im Sonnenstaat keine Zeit für Klischees, sondern ist stets damit beschäftigt, das nächste große Ding zu landen.

Die Golden Gate Bridge vor der Skyline von San Francisco

Das Magazin

KINO
IN PERFEKTION

Schon vor 100 Jahren entdeckten Filmemacher Kalifornien als idealen Drehort: Vor allem rund um Los Angeles gab es Sonne satt, eine reizvolle Landschaft und Grundstückspreise, die sich auf einem akzeptablen Niveau bewegten.

Hollywood selbst war noch ein ländliches Idyll, als der New Yorker Regisseur D. W. Griffith 1910 hier den ersten Film drehte: *In Old California*. Griffith wurde so zu einem der »Erfinder« Hollywoods und siedelte 1915 auch die Produktion des ersten Blockbusters der Filmgeschichte dort an, *Die Geburt einer Nation*, ein gewaltiges Epos, allerdings mit rassistischen Untertönen. Es markierte den Beginn des US-Kinos in großem Stil. Kaliforniens Qualitäten als Drehort sprachen sich schnell herum, und manche Scheune bei Hollywood verwandelte sich flugs in ein Filmstudio. Weit im Westen des Kontinents war man auch sicherer vor den Häschern der Edison-Company, die seinerzeit das Patent auf Filmmaterial besaß und Verstöße dagegen gnadenlos verfolgte. Deshalb ließ sich auch Carl Laemmle als deutscher Mitbegründer der Filmmetropole 1913 mit den Universal Studios hier nieder.

> »Allein 150 Filme entstanden im Red Rock Canyon«

Natürliche Kulisse

Fortan bildete die Landschaft Kaliforniens die Kulisse für Filme unterschiedlichster Art. Sie repräsentierte 1923 sogar das antike Ägypten, als die Regiegröße Cecil B. DeMille in den Nipomo-Dünen im San Luis Obispo County das Set für seinen Monumentalfilm *Die zehn Gebote* bauen ließ. Viele Western wurden natürlich auf diversen kalifornischen Ranches gedreht, die teilweise allerdings auch als Schauplätze für andere Szenarien herhielten, wie die 1000 ha große Paramount Ranch in den Santa Monica Mountains. Sie stand nach dem Verkauf 1927 (als der Tonfilm erfunden wurde) abwechselnd für das alte China, das koloniale Massachusetts und

sogar San Francisco. Wichtige Drehorte wurden auch die Nationalparks des Staates – so entstanden allein 150 Filme im Red Rock Canyon State Park, mit seiner spektakulären Fels- und Wüstenlandschaft, darunter 1993 *Jurassic Park*. Manchmal erschien die Natur indes wohl nicht ausreichend: Bei dem Film *Für eine Handvoll Geld* (1952) mit Kirk Douglas trimmte man die Redwood-Riesen im Humboldt County auf ein »realistischeres« Aussehen.

Nabel der Filmwelt

Bis auf Paramount sind die großen Studios inzwischen von Hollywood in andere Gegenden von L. A. umgezogen – in einem Radius von rund 50 km um Hollywood werden täglich rund 150 Filme, Fernsehshows, Reklamespots und Musikvideos gedreht. Und obwohl Los Angeles als Filmmetropole an Boden verloren hat, etwa gegenüber Marin County (wo George Lucas residiert), New Mexico und Kanada, bleibt es der Nabel der Filmwelt Nordamerikas: Mehr als die Hälfte der weltweit verkauften Kinokarten gehen nach wie vor auf sein Konto.

Insgesamt hat die Bay Area filmisch an Bedeutung gewonnen, seit Apple-Chef Steve Jobs 1986 die Computergrafikabteilung von Lucasfilm erwarb und in Emeryville bei Oakland die Pixar Animation Studios gründete (seit 1991 zu Disney gehörig). Dort entstanden legendäre Streifen wie *Toy Story* (1995) und *WALL·E – Der Letzte räumt die Erde auf* (2008).

BIG BUSINESS

Rund 260 000 Südkalifornier sind in der Unterhaltungsbranche beschäftigt, weitere 50 000 auf verwandten Gebieten. Dieser Wirtschaftszweig trägt jährlich gut 30 Mrd. $ zum kalifornischen Inlandsprodukt bei.

Das Magazin

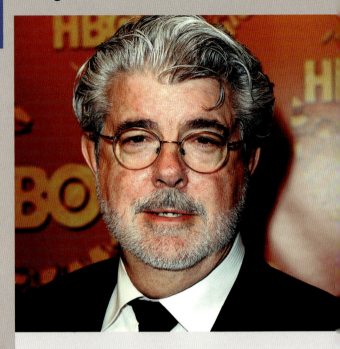

ERNEUERER DER BRANCHE

Als Produzent und Regisseur von Welterfolgen wie *Krieg der Sterne* oder *Indiana Jones* ist George Lucas eine Hollywoodikone par excellence, wobei der Eigenbrötler immer gerne auf Konfrontationskurs mit dem Studiosystem ging und neue Wege aufzeigte. Nach einem Studium an der California School of Cinematic Arts in Los Angeles kehrte Lucas heim nach Nordkalifornien und drehte dort (vorwiegend in San Rafael) 1973 seinen ersten Kassenschlager *American Graffiti* über Freuden und Sorgen einer Clique autobesessener Jugendlicher im Jahre 1962.

Ungeachtet dieses Erfolgs hatte Lucas anschließend einige Mühe, Hollywoodproduzenten für sein nächstes Projekt, das Weltraumepos *Krieg der Sterne*, zu interessieren – es lief darauf hinaus, dass er auf seine Gage als Regisseur zugunsten der Vermarktungsrechte verzichtete. Dies erwies sich angesichts des immensen Publikumsechos als glänzender Coup, der ihm ein Vermögen und die künftige Unabhängigkeit von Hollywood bescherte.

Innovativ wirkte Lucas vor allem durch seinen Ehrgeiz, dem Film neue Dimensionen der Animationstechnik zu erschließen. 1975 gründete er das Special-Effects-Unternehmen Industrial Light and Magic, das mit Skywalker Sound und THX für den ersten Teil von *Star Wars* 1977 gleich zwei Oscars gewann. Das Firmenkonsortium von Lucas residiert auf der Skywalker Ranch in Marin County. So konnte sich die San Francisco Bay Area als drittes Zentrum des US-Films neben L. A. und New York etablieren. Lucasfilm hat er 2012 für über 4 Mrd. $ an Disney verkauft.

Das Magazin

SZENERIE DES SCHRECKENS

»Leute zu Tode zu erschrecken«, sei seine vornehmste Lebensaufgabe, bekundete einst der Brite Alfred Hitchcock und wählte als Schauplatz hierfür häufig die sonnigen Gefilde Kaliforniens. So kommt man bei der Tour durch die Universal Studios (▶ 144) am Bates Motel aus *Psycho* vorbei, und zwei seiner beklemmendsten Filme spielen im Sonoma County: In *Im Schatten des Zweifels* (1943) spielt Teresa Wright eine junge Frau aus Santa Rosa, die entsetzt feststellt, dass ihr Onkel (Joseph Cotten) ein Mörder ist. Den Schocker *Die Vögel* drehte der Altmeister des Schreckens in Bodega Bay (sowie Bodega selbst, Bloomfield und Valley Ford) und verwandelte die dortige Kleinstadtidylle durch fliegende Bestien in eine Hölle auf Erden.

Sein Meisterwerk *Vertigo* wiederum wirkt wie eine Postkarte von San Francisco der späten 1950er-Jahre. Logieren Sie doch einmal im Empire Hotel auf dem Nob Hill, wo James Stewart zufällig Kim Novak begegnet! Heute heißt es allerdings anders – als Reverenz an seinen Hollywood-Ruhm wurde es umbenannt in »Hotel Vertigo«.

Das Magazin

GOLD RUSH

WIE DAS GOLD KALIFORNIEN VERÄNDERTE

»Ein komischer Stein, der macht uns sicher Ärger«, soll James Marshall geäußert haben, als er am 24. Januar 1848 einen Brocken Erz entdeckte, der seiner Vermutung nach Gold enthielt. Er sollte Recht behalten: Schon bald setzte der Ansturm auf den Fundort östlich von Sacramento ein.

Das Magazin

Als den Kaliforniern klar wurde, dass sie gegenüber dem Rest der Welt nur wenige Monate Vorsprung hatten, verfielen sie selbst als erste dem Goldfieber. Seeleute ließen ihre Schiffe im Stich, Bauern ihre Ernte. »Jeder Hafen bis San Diego, jede Stadt und fast jede Ranch ist plötzlich entvölkert«, berichtete 1848 der *California Star*.

Als US-Präsident James Polk im Dezember 1848 die Gerüchte von Goldfunden in Kalifornien bestätigte, begannen die Bewohner der Oststaaten auf zwei strapaziösen Routen gen Westen zu ziehen: entweder fast 5000 km über Land, durch Steppe, Gebirge und Wüste, oder auf dem Seeweg nach Panama, über die Landenge an die Westküste (der Kanal existierte noch nicht) und von dort auf dem Seeweg nach San Francisco.

Invasion der »Forty-Niners«

Noch 1847 lebten in San Francisco keine 1000 Menschen – doch Ende 1849 waren es bereits über 30 000, als im Sog des Goldrauschs die »Forty-Niners« Kalifornien überschwemmten und neue Siedlungen gründeten. Dabei winkte das Glück eines Goldfunds, wenn überhaupt, oft erst nach Monaten harter Arbeit. Da es kaum Gesetzeshüter gab, hatten Kleinkriminelle leichtes Spiel. Wurde jedoch einmal durchgegriffen, dann geschah es ohne Gnade: Die Lynchjustiz durch Bürgerwehren war an der Tagesordnung.

Da Goldgräber von außerhalb heimkehren wollten, sobald sie ihr Glück gemacht hatten, ließen sie ihre Familien zu Hause. So gab es kaum Frauen vor Ort – und nur für einen Blick auf seine Braut soll ein Mann 5 $ verlangt und vielfach auch bekommen haben! Ein Bombengeschäft machten daraufhin die in Scharen einfallenden Prostituierten, die aber wegen Krankheiten und miserabler Lebensverhältnisse oft nicht lange lebten.

Vermächtnis des Goldes

Der Goldrausch veränderte Kalifornien für immer, und dies nicht nur zum Besten – der rücksichtslose Abbau verwüstete die Umwelt und die Indianer wurden vielfach zum Opfer von Landraub. Zugleich jedoch förderte die ungezwungene Atmosphäre in Goldgräbercamps und in Städten wie San Francisco einen allgemeinen Aufschwung liberaler Gesinnung. In Kalifornien war es nun erlaubt, auch einmal zu scheitern: Genau darauf führen manche Historiker den Unternehmergeist zurück, dem der rückständige *Golden State* den Wandel zu einer Wirtschaftsmacht verdankt.

James Marshalls Goldfund (links) zog tausende Glücksritter an (rechts)

Frisch auf den Tisch

»Sag mir, was Du isst, und ich sage Dir, wer Du bist«, lautet eine berühmte Sentenz des französischen Gastrosophen Jean Anthelme Brillat-Savarin von 1826. Beim Blick auf Amerika hätte es ihn in den vergangenen 100 Jahren geschaudert, angesichts von Fast Food und Fertiggerichten, die bis Ende der 1970er-Jahre auch in Kalifornien dominierten.

Als die California Cuisine auf den Plan trat, ereignete sich im kulinarischen Bereich eine Art seismische Erschütterung. Das neue Prinzip hieß »farm to table«: verwendet wurden frische Zutaten aus heimischer Produktion, von Bauern, Gärtnern und Fischern der Umgebung – wobei man im fruchtbaren Küstenstaat mit seiner so bunten Bevölkerung aus dem Vollen schöpfen konnte.

Lokales und Internationales

Im Zuge dieser Entwicklung etablierten sich Restaurants des Spitzenklasse: Wolfgang Pucks Ma Maison (später Spago) oder das Chez Panisse (▶ 70) von Jeremiah Tower und Alice Waters in Berkeley. Wer etwas auf sich hielt, folgte jenem Trend auch auf der anderen Seite des Kontinents – so richtete First Lady Michelle Obama 2009 auf dem Grund des Weißen Hauses einen Nutz- und Kräutergarten ein.

Die neuen Restaurantchefs setzen frische Maßstäbe in der amerikanischen Haute Cuisine indem sie von den schweren, butter- und sahnelastigen Gerichten eines (oft missverstan-

Die Okura Sushi Bar in Palm Springs (oben). Die Köchin Mary Sue Milliken vom mobilen Border Grill Taco Truck (unten). Weingut im Napa Valley (rechts)

Das Magazin

»ESSEN AUF RÄDERN«

Bei den Kaliforniern in Mode gekommen ist Essen unterwegs – dieses Mal nicht im Sinne von Take-away-Food: Denn hier kommt das Restaurant zum Kunden! So gibt es in Los Angeles den Border Grill Taco Truck (www.border grill.com) der Köchinnen Mary Sue Milliken und Susan Feniger. Der LA Kun-Fusion Truck (www.kunfusiontruck.com) mischt bei seinen Gerichten Inspirationen aus Korea, China, Japan und Lateinamerika.

In San Francisco bot die berühmte Tamale Lady Bars im Mission District ihre hausgemachten Tamales an. Nach einem Standverbot der Stadt eröffnete Tamale Lady 2014 ihr eigenes Restaurant Ecke 16th/Mission Street.

denen) französischen Vorbilds Abstand nahmen zugunsten einer leichteren California Cuisine, die Anregungen aus Ursprungsländern der Einwohnerschaft des Staates vielfältig aufnahm und beispielsweise asiatische, lateinamerikanische und mediterrane Akzente integrierte.

Weinkultur

Mit dem Interesse an guten Lebensmitteln und einer schmackhaften Zubereitung wuchs in Amerika auch die Liebe zum Wein, wobei Kalifornien erneut begünstigt war durch Klima, Topografie und Boden. So entstanden entlang der Zentralküste, vor allem aber in Napa und Sonoma Valley Hunderte von Weingütern, und der Handel mit kalifornischem Rebensaft wurde zum internationalen Geschäft im großen Stil.

> »Beste Zutaten aus heimischer Produktion«

Nach einer Erhebung des Wine Institute wird nur in Frankreich, Italien und Spanien mehr Wein hergestellt als in Kalifornien, das 90 % der gesamten US-Produktion abdeckt. (Den höchsten Pro-Kopf-Verbrauch verzeichnet man allerdings nicht hier, sondern im District of Columbia um Washington!) Vielleicht ist das ja auf den gesundheitsbewussten Lebenstil der Kalifornier zurückzuführen: Ein kleines Glas Wein enthält immerhin bis zu 125 Kalorien … Vielleicht lernt man ja bei den Jüngern Brillat-Savarins.

Das Magazin

GEISTERSTÄDTE

Kalifornien erfindet sich so häufig neu, dass seine Vergangenheit zuweilen aus dem Blick gerät – nicht so in den Geisterstädten: Freilichtmuseen, die ihre Geschichte zu erzählen haben.

Indianerdorf von Ahwahnee
Die Miwok-Indianer, 4000 Jahre im Yosemite Valley ansässig, widersetzten sich Anfang der 1850er-Jahre vehement, aber erfolglos der Invasion von Goldgräbern. Innerhalb eines Jahrhunderts war der Stamm so gut wie verschwunden. Nur ein Museumsdorf im Yosemite National Park erinnert noch an ihn, unter anderem mit einem Rundhaus für religiöse Zeremonien.
✉ Hinter dem Yosemite Valley Visitor Center ☎ 209 372 02 00; www.nps.gov/yose/index.htm

Mission La Purisima Concepción
Franziskaner gründeten 1787 die Mission in dieser heute noch einsamen Gegend rund 90 km nördlich von Santa Barbara. Das Museum zeigt anschaulich das Alltagsleben von Siedlern und Ureinwohnern.
✉ 2295 Purisima Road, neben Highway 246 (westl. US 101, östl. Highway 1) ☎ 805 733 37 13; www.lapurisimamission.org ⏲ tägl. 9–17 Uhr 💰 Spende

Fort Ross Historic Park
Russlands kurzer Vorstoß nach Kalifornien fand 1812 seinen Höhepunkt in der Gründung dieses Forts, das vorwiegend als Stützpunkt für Trapper diente – um 1821 hatten die Russen den hiesigen Bestand an Seeotter beinahe ausgerottet. John Sutter, bei dessen Mühle in der Sierra Nevada man 1848 Gold fand, erwarb das Fort in den frühen 1840er-Jahren und verbrachte den Großteil des Inventars nach Sacramento.
✉ 19005 Coast Highway 1, Jenner ☎ 707 847 32 86; www.parks.ca.gov
⏲ Sa, So 10–16.30 Uhr 💰 8 $

Das Magazin

Fort Ross (links). Geisterstadt Bodie (unten)

Malakoff Diggins Historic Park
Betreiber von Goldminen griffen oft zu rücksichtslosen Mitteln wie dem hydraulischen Bergbau, wobei Hügel unter hohem Druck mit Wasser besprüht wurden, um Gold und andere Erze freizulegen. Hier sind solche Schäden heute noch sichtbar und zugleich die verblüffende Regenerationskraft der Natur. Im nahen North Bloomfield kann man den wiederaufgebauten Drugstore, Gemischtwarenladen und das Rathaus besichtigen.

✉ von Nevada City die Tyler-Foote Crossing Road in nördlicher Richtung zur Lake City Road in östlicher Richtung ☎ 530 265 27 40; www.parks.ca.gov ⓘ variierende Öffnungszeiten 💰 8 $

Bodie Ghost Town State Historic Park
Ende des 19. Jhs. galt Bodie (2552 m) auf den Höhen der Sierra Nevada als eines der wildesten Goldgräbercamps des ganzen Westens: Schurken, Sauwetter und Fusel bestimmten hier das Bild. In einem kleinen Museum kann man heute Goldgräberhütten, die Schule, Läden, Schächte und die Kirche besichtigen. Im Sommer finden täglich Führungen statt.

✉ Highway 270 (die letzten 5 km unbefestigt), östlich der US 395 ☎ 760 647 64 45; www.parks.ca.gov ⓘ Park: Mitte Mai–Okt. tägl. 9–18 Uhr, im Winter kürzer; Museum: Mitte Mai–Okt. tägl. 9–17 Uhr 💰 5 $

Colonel Allen Allensworth State Historic Park
Unter den Glücksrittern, die nach Westen zogen, fand sich auch der Afroamerikaner Colonel Allen Allensworth, der 1908 die nach ihm benannte Stadt mitgründete. Der Bürgerkriegsveteran und Militärpriester hoffte, einen Beitrag zur wirtschaftlichen Selbstständigkeit seiner Volksgruppe zu leisten. Nach anfänglicher Blüte erlebte die Stadt vor allem durch die Weltwirtschaftskrise ihren Niedergang. Heute wird sie restauriert.

✉ Highway 43 (72 km nördlich von Bakersfield) ☎ (661) 849-3433; www.parks.ca.gov ⓘ Do–So 10–16 Uhr 💰 Spende

Das Magazin

Künstler-BIOTOPE

Die schöne Landschaft und die Gastfreundlichkeit seiner Einwohner machten Kalifornien seit je zu einem Paradies für unkonventionelle Schriftsteller und Künstler aller Art.

Ansel Adams (1902–84)
Als Bub brach sich der berühmte Fotograf während des Erdbebens von 1906 in San Francisco die Nase, was ihn später wohl bewog, Phänomene der Natur aus der Nähe zu betrachten. Mit Edward Weston und Imogen Cunningham gehörte er zur nordkalifornischen Group f/64, die bekannt wurde durch ihre höchst realistischen Schwarz-Weiß-Fotos.
- Bilder von Adams sind in vielen Museen ausgestellt, seine landschaftlichen Lieblingsmotive sind in Yosemite (▶80–83) zu sehen.

Raymond Chandler (1888–1959)
Vamps, Schläger, Verlierer und korrupte Reiche liefern sich interessante Scharmützel in den sarkastischen Detektivromanen Chandlers, die die Schattenseiten Südkaliforniens in den 1940er-Jahren aufzeigen.
- Als Einstieg in sein Werk empfehlen sich *Der tiefe Schlaf* und *Leb wohl, mein Liebling*, dessen »Bay City« eigentlich Santa Monica (▶146) ist.

Richard Diebenkorn (1922–93)
Jazz, klassische Musik, Henri Matisse, W. B. Yeats, Abstrakter Expressionismus und die strahlende Sonne Kaliforniens inspirierten neben anderem das Werk des Malers.
- Seine Bilder sind im SFMOMA (▶52) sowie dem L. A. County Museum of Art (▶147) zu sehen.

Jack Kerouac (1922–69)
Ein zentraler Schauplatz in Kerouacs Erfolgsroman *Unterwegs* (1967) ist San Francisco, wo er (wie Allen Ginsberg, Neal Cassady, Gregory Corso, Bob Kaufman und Gary Snyder), in den 1950er-Jahren zum Kreis der »Beat Generation« in North Beach gehörte.
- Seine Kneipe: Vesuvio (255 Columbus Ave, nahe Jack Kerouac Alley).

Das Magazin

Ansel Adams wurde berühmt mit ausdrucksvollen Landschaftsfotos

Julia Morgan (1872–1957)

Vormals erste weibliche Studentin ihres Faches an der École des Beaux Arts in Paris, eröffnete sie als erste Frau in Kalifornien ein Architekturbüro und erhielt in San Francisco nach dem Erdbeben von 1906 zahlreiche Aufträge. In 40 Jahren entwarf sie über 700 Gebäude, die meisten in ihrem Heimatstaat.

- Hearst Castle (▶116) entstand nach ihrem Entwurf als private »Ranch« für William Randolph Hearst in San Simeon.
- Besuchen Sie in San Francisco auch das Chinese Historical Society of America Museum (ehemals YWCA) in 965 Clay Street (▶49).

John Steinbeck (1902–68)

Das heimatliche Kalifornien ist meist Schauplatz der Romane und Erzählungen des Autors aus Salinas, der nach unsteter Wanderzeit seine letzten Lebensjahre in England und auf Long Island verbrachte. In *Früchte des Zorns* beschrieb er das Leben von Wanderarbeitern im Central Valley, in *Straße der Ölsardinen* die Fischindustrie in Monterey.

- Gedenkstätte des Autors in Salinas (10 km von Monterey) ist das National Steinbeck Center.

Frank Lloyd Wright (1869–1959)

Der weltweit tätige, revolutionäre Architekt aus Wisconsin wird in den USA vorwiegend mit dem Mittelwesten verbunden, obschon er Bauwerke in 35 Bundesstaaten schuf – Dutzende allein in Kalifornien, von denen über 30 erhalten sind.

- Hollyhock House im Barnsdall Park von Hollywood entstand in den 1920er-Jahren für die Öl-Erbin Aline Barnsdall (heute Kunstmuseum).
- Interessant in Palo Alto ist das Honeycomb House (»Honigwabenhaus«) – so genannt wegen seiner Sechseckform (bekannt als Hanna House).

Das Magazin

Schriftsteller John Steinbeck (links) und Architekt Frank Lloyd Wright (rechts)

Michael Connelly (*1956)
Vielen gilt er als bester Kriminalautor Kaliforniens und würdiger Erbe Chandlers – obwohl er nun in Florida lebt, recherchiert er stets akribisch an Ort und Stelle für seine meist in L. A. spielenden Romane und knüpft damit an frühere Zeiten als Polizeireporter der *L. A. Times* an.
- Mit *Angels Flight* (dt. *Schwarze Engel*) präsentiert er zugleich ein Stück Stadtgeschichte von Los Angeles: So nannte sich eine Drahtseilbahn zwischen Downtown und Bunker Hill.
- Connellys Detektiv Hieronymus »Harry« Bosch wohnt mit herrlichem Blick in den Hollywood Hills. Wenn man dort oben umherfährt, spürt man etwas von der Atmosphäre seiner Lebenswelt.

Joan Didion (*1934)
Die Zwiespältigkeit des kalifornischen Traums tritt in den Essays und Geschichten der Witwe des Schriftstellers John Gregory Dunne häufig zutage, am deutlichsten in *Spiel dein Spiel*, einem Roman über Entfremdung in L. A.
- Die Protagonistin von *Play It as It Lays* (so der Originaltitel) ist eine frustrierte Nebendarstellerin in Hollywood.

Frank Gehry (*1929)
Der als Sohn polnisch-jüdischer Eltern in Toronto geborene Pritzker-Preisträger (eigtl. Ephraim Owen Goldberg) ist seit langem in L. A. ansässig, allerdings wegen seiner internationalen Aufträge viel unterwegs: z. B. das Museo Guggenheim in Bilbao und das Hafengebäude in Düsseldorf.
- In Los Angeles baute er u. a. die Walt Disney Concert Hall (➤ 147) und die Loyola Law School (9th Street/Olympic Boulevard).
- Auch das »Fernrohr-Gebäude« 340 Main Street in Venice (➤ 147), mit Skulptur von Claes Oldenburg, stammt von Gehry.

Das Magazin

Architekt Frank Gehry und Bestsellerautorin Amy Tan

Walter Mosley (*1952)
Aus South Central L. A. gebürtig, beschreibt der Autor in Kriminalromanen wie *Teufel in Blau* oder *Black Betty* treffsicher das afroamerikanische Milieu im Los Angeles der späten 1940er-Jahre.

Richard Rodriguez (*1944)
In San Francisco geboren, wuchs der Autor (nach eigener Auffassung »komisches Opfer« latino- und angloamerikanischer Kultur) als Sohn mexikanischer Einwanderer in Sacramento auf und avancierte zu einer der provokantesten Stimmen des Kaliforniens der Gegenwart.
- In *Days of Obligation: An Argument with My Mexican Father* schildert er, was er aus diesen beiden Kulturen lernte.

Amy Tan (*1952)
In ihrem Roman *Töchter des Himmels* verarbeitet die aus Oakland stammende Autorin Erinnerungen ihrer Mutter und deren Freundinnen zu einem Panorama des Lebens chinesischstämmiger Einwohner der Bay Area.
- Ein Spaziergang durch die Chinatown (▶48) von San Francisco erhellt manche Aspekte des von Tan thematisierten Immigrantendaseins.

Wayne Thiebaud (*1920)
Als Gebrauchsgrafiker begann der in Long Beach aufgewachsene Thiebaud seine künstlerische Laufbahn. Bekannt wurde er in den 1950ern und 1960ern mit seinen von der Pop-Art geprägten »Americana«-Objekten von Pasteten, Kuchen und Kaugummiautomaten.
- Werke Thiebauds besitzen das Crocker Art Museum in Sacramento und das de Young Museum (▶54) in San Francisco.
- Im Dachgartencafé des SFMOMA (▶52) können Sie ein »Eat an artist«-Dessert (Thiebaud, Mondrian) bestellen.

Das Magazin

Whole Lotta Shakin' Goin' On

KALIFORNIENS »ERSCHÜTTERNDE« GEOLOGIE

In Kalifornien vergehen oft Jahre ohne nennenswerte Erdstöße, und dann ereignen sich Katastrophen (wie 1989 im Norden das Loma-Prieta-Beben mit 7,1 Punkten auf der Richter-Skala oder 1994 im Süden das Northridge-Beben mit 6,7), bei denen Straßen sich auffalteten, Häuser und Freeways zusammenbrachen. »Festland« ist hier ein relativer Begriff.

Wie entstehen Erdbeben?
Die Kontinente ruhen auf Platten der Erdkruste. Kollidieren zwei von ihnen an einer Erdspalte, so entsteht eine Erschütterung, die in unterschiedlicher Stärke auch an der Erdoberfläche zu spüren ist und die Oberfläche in Bewegung setzt, wobei sich tiefe Risse bilden können.

Zentrum und Epizentrum
Den unterirdischen Punkt, wo sich diese tektonische Kollision ereignet, nennen Seismologen »(Hypo-)Zentrum«, den genau darüber liegenden Punkt an der Erdoberfläche »Epizentrum«. Je tiefer das Hypozentrum liegt, desto gefährlicher ist das Beben.

Das Magazin

Die Richter-Skala
Der Südkalifornier Charles Francis Richter erfand 1935 das nach ihm benannte System zur Messung der lokalen Erdbebenstärke. Es ist eine Magnitudenskala, die von Seismografen ermittelte Daten in logarhythmischer Einteilung widerspiegelt. Ein Beispiel: Ein Erdbeben der Stärke 7,0 ist, was seine Erschütterungskraft angeht, 31-mal stärker als eines von 6,0 und mehr als 900-mal stärker als eines von 5,0.

San Francisco 1906
Das große Erdbeben von 1906 hatte laut Richter-Skala eine Stärke von 8,3. Damals verschob sich ein 400 km langer Abschnitt der San-Andreas-Spalte binnen weniger Sekunden um 6,5 m. 700 Menschen kamen zu Tode, der Sachschaden betrug über 400 Mio. $. Ein Großteil des Schadens führte dabei nicht vom Beben selbst her, sondern von den Feuern, die durch geborstene Gasleitungen entstanden waren.

Die Erde bebt weiter
Das Beben in Long Beach 1933 forderte 115 Tote, beim Northridge-Beben nahe Los Angeles im Jahre 1994 waren 57 Tote zu beklagen; in den drei Wochen nach der ersten Erschütterung wurden fast 3000 Nachbeben registriert. Zuletzt erreichte im August 2014 ein Beben rund ums Napa Valley 6,1 auf der Richter-Skala, forderte aber glücklicherweise keine Menschenleben. Und kein Seismologe vermag vorherzusagen, wann die nächste richtige Katastrophe – »The Big One« – zu erwarten ist.

Was tun, wenn es losgeht?
Wenn die Erde bebt, suchen Sie sofort Schutz unter einem Türrahmen, einem Tisch oder einem anderen Möbelstück. Schützen Sie mit den Armen Ihren Kopf, halten Sie sich fern von Glas, Fenstern und Beleuchtungskörpern. Fliehen Sie nicht ins Freie – dort könnten Sie von herabstürzenden Objekten erschlagen werden.

Das Beben von 1906 riss tiefe Spalten in die Straßen und zerstörte San Francisco

Das Magazin

CALIFORNIA
Dreaming ... and Singing

Surf Rock, Psychedelic Rock, Folk Rock, Punk Rock, Indie Rock, Hip-hop: Musikalisch spielt Kalifornien seit je auf der gesamten Klaviatur der Popmusik.

Musiker aus Kalifornien haben immer wieder ihre Heimat zum Thema ihrer Songs gemacht, allen voran Mitte der 1960er die Beach Boys, deren Hits – wie *Surfin' USA*, *I Get Around*, *Good Vibrations* – als wahre Quintessenz des südkalifornischen Lebensgefühls gelten können: die große Freiheit unter der Sonne. *It Never Rains in Southern California* (Albert Hammond, 1973) war eine Verheißung, die *California Dreaming* auslöste (The Mamas and The Papas, 1965), und Scott McKenzie (aus Florida) lockte 1967 ins *San Francisco* der Blumenkinder ...

1965 fassten zwei ehemalige Studenten der Filmschule der UCLA, Jim Morrison und Ray Manzarek, an einem sonnigen Strand den Entschluss zur Gründung von The Doors. Bereits ein Jahr später machte die Band Furore mit ihren Auftritten im Whiskey A-Go-Go auf dem Sunset Boulevard und bald auch international Karriere. Bedingt durch Morrisons frühen Tod im Jahre 1971 war der Gruppe nur eine kurze Existenz beschieden, ihr Lead-Sänger jedoch wurde zur exzentrischen Ikone einer Epoche.

»Jim Morrison wurde zur exzentrischen Ikone einer Epoche«

Mitreißendes Konzert im Jerry Garcia Amphiteater in San Francisco

Das Magazin

MUSIKFESTIVALS UND KONZERTE

Festivals und Konzerte gibt es in Kalifornien rund ums Jahr. So pilgern Tausende von Fans zum Coachella Music & Arts Festival (www.coachella.com) bei Palm Springs, ebenso seit einem halben Jahrhundert zum Monterey Jazz Festival (www. montereyjazzfestival.org). Eine große Rolle spielt auch klassische Musik, mit international renommierten Orchestern und Dirigenten wie dem San Francisco Symphony Orchestra (unter Michael Tilson Thomas) und dem L. A. Philharmonic Orchestra (unter Gustavo Dudamel).

1965 formierte sich in San Francisco eine Band, die zwei Jahre später auf dem legendären Monterey Pop Festival (und 1969 in Woodstock) mit von der Partie war und den kalifornischen Psychedelic Rock jener Zeit vertrat: Jefferson Airplane mit der charismatischen Sängerin Grace Slick (»Acid Queen«). Zwei ihrer Songs schafften es in die Liste der (laut *Rolling Stone*) besten aller Zeiten – *Somebody to Love* und *White Rabbit*. Zu Gallionsfiguren der Subkultur avancierte auch die Gruppe The Grateful Dead, die 1967 wesentlichen Anteil am »Summer of Love« in San Francisco hatte. Drei Jahrzehnte hielt Frontman Jerry García die Band am Leben, die als Inbegriff der Hippiekultur Rockgeschichte schrieb.

Alternative Rock

Auch der Alternative Rock (anfangs eher ein Phänomen der Ostküste mit Interpreten wie Lou Reed und Patti Smith) ist in Kalifornien seit langem gut vertreten – angefangen mit Jane's Addiction im Los Angeles der 1980er, in den 1990ern gefolgt von den Stone Temple Pilots aus San Diego, die Elemente des Hard Rock einbrachten. Zur selben Zeit verhalfen Green Day in Berkeley dem Punk zu neuen US-Ehren, die 2004 für das Album »American Idiot« einen Grammy gewannen. Das gleichnamige Broadway-Musical von 2010 bewies einmal mehr, wie sehr Kalifornien in der aktuellen Musikszene präsent ist.

Unter **FREIEM HIMMEL**

Kalifornien ist ein ideales Reiseziel für den Aktivurlaub – das milde Klima macht es möglich, dass man das ganze Jahr über die unterschiedlichsten Outdoorsportarten betreiben kann, in wunderbar abwechslungsreicher Landschaft.

Radfahren
Von schönen ebenen Straßen bis zu abenteuerlich steilen Routen im Gebirge hat Kalifornien für Radler eigentlich alles zu bieten. Herrliche Panoramawege am Meer fast ohne Steigung sind in San Diego der 15 km lange Trip entlang der Bay oder die 9 km lange Route um die Mission Bay. In Los Angeles gilt Ähnliches für Huntington Beach, Long Beach und Manhattan Beach. Atemberaubend präsentiert sich in San Francisco die Strecke über die Golden Gate Bridge nach Marin County, und auch im Napa Valley und dem restlichen Wine County lässt es sich hervorragend radeln.

Golf
Kalifornien ist ein wahres Dorado für den Golfsport, mit über 1000 Anlagen verschiedenster Art, von denen die meisten im Süden zu finden sind, beispielsweise in Palm Desert, San Diego und La Quinta. Weiter nördlich, bei Monterey, liegen der berühmte Cypress Point Club und die ebenso renommierten Pebble Beach Golf Links. Sie zählen zu den besten Nordamerikas, daher sollte man rechtzeitig reservieren.

Wandertouren
Die abwechslungsreiche Landschaft garantiert begeisterten Wanderern Naturerlebnisse jeder Art, allein in den neun Nationalparks des Staates, mit einem weitläufigen, sorgsam gepflegten Wegenetz. Hier begegnet man unmittelbar Kaliforniens zahlreichen Natur- und Geschichtsdenkmälern.

Reiten
In den überall vorhandenen Reitställen finden Pferdefreunde reichlich Gelegenheit zu Ein- oder Mehrtagestouren – z. B. entlang der Küste oder durch die Redwood-Wälder von Mendocino County. Auch Los Angeles hat hier Erstaunliches zu bieten, beispielsweise Ritte in die Santa Monica Mountains zu Sonnenauf- und -untergang.

Cypress Point Golf Club / Bergsteiger im Yosemite National Park / Mountainbiker in Monterey / Surfer am Hermosa Beach / Reiter am Strand / Skifahrer in Lake Tahoe (von l. n. r.)

Ski und Snowboard

Es ist kaum zu glauben, doch Kalifornien birgt einige der schönsten Skigebiete Nordamerikas, auch für Snowboarder, die teilweise über eigene Anlagen verfügen. In Südkalifornien kann man z. B in Mammoth, Bear Mountain und Snow Summit weiße Hänge herabcarven, während im Norden sich Lake Tahoe einen Namen gemacht hat: Hier liegen 18 exzellente Skiresorts. Nicht weit von hier befindet sich Squaw Valley, der Austragungsort der Olympischen Winterspiele 1960 – dort und in Sugar Bowl besteht auch Gelegenheit zum Skilanglauf und zum Schlittschuhlaufen.

Wassersport

Mit Hunderten Küstenkilometern ist Kalifornien natürlich ein Paradies für Wassersportler, ob man nun die Surf-Beaches im Süden oder die kühleren Gewässer des Nordens vorzieht. So kann man in San Diego, bei Los Angeles und in der Bay Area hervorragend segeln und windsurfen, findet im Sacramento Delta Gelegenheit zu Wakeboarding und Wasserski sowie am American River beim Lake Tahoe Spots zum Wildwasserfahren. In Monterey wiederum erwarten einen Whalewatching und Scuba Diving.

LIVE IM STADION

In Kalifornien sind fünf Major League Baseball-Teams beheimatet: im Süden die San Diego Padres (Tel. 1 619 7 95 50 00), in Los Angeles die Angels of Anaheim (Tel. 1 888 7 96 42 56) sowie die Los Angeles Dodgers (Tel. 1 866 3 63 43 77), im Norden die San Francisco Giants (Tel. 1 415 9 72 20 00) und die East Bay's Oakland Athletics (Tel. 1 510 5 68 56 00).
In der National Football League spielen die San Diego Chargers (Tel. 1 877 2 42 74 37), Oakland Raiders (Tel. 1 510 8 64 50 20) und San Francisco 49ers (Tel. 1 415 4 64 93 77). 49ers-Tickets sind schwer zu bekommen – rufen Sie bei Ticketmaster (Tel. 1 800 7 45 30 00) an oder durchsuchen Sie den Anzeigenteil des *San Francisco Chronicle*. Los Angeles ist nicht mehr in der NFL vertreten.
Vier Teams der National Basketball Association hat Kalifornien aufzuweisen: Golden State Warriors (Tel. 1 510 9 86 22 00) aus Oakland, Sacramento Kings (Tel. 1 888 9 15 46 47, Arco Arena), Los Angeles Lakers (Tel. 1 310 4 26 60 00) und Los Angeles Clippers (Tel. 1 888 8 95 86 62, Staples Center).

Das Magazin

VERANSTALTUNGEN

Festivitäten von Weltniveau hat Kalifornien noch recht wenige zu bieten, dafür finden das ganze Jahr über viele Events mit Tradition statt – von der Hochkultur bis zum Marathon.

Januar
Tournament of Roses Parade: Neujahrs-Blumencorso mit Musikbands in Los Angeles.
www.tournamentofroses.com

Februar
Chinese New Year Festival and Parade: Größtes asiatisches Fest außerhalb Asiens in San Francisco.
www.chineseparade.com

März
L. A. Marathon: Jährlich ausgetragen in Los Angeles.
www.lamarathon.com

April
Toyota Grand Prix of Long Beach: Drei-Tage-Straßenrennen, erstes seiner Art in Amerika.
www.gplb.com

Cherry Blossom Festival: Kirschblütenfest in San Francisco (mit Parade, Teezeremonien, Ikebana u. v. m.).
www.sfcherryblossom.org

Coachella Valley Music and Arts Festival: Drei Tage Kunst und Musik in der Nähe von Palm Springs.
www.coachella.com

Mai
Bay to Breakers: Laufwettbewerb in San Francisco, mit teils kostümierten (zum Teil nackten) Teilnehmern.
www.baytobreakers.com

Juni
Los Angeles Film Festival: amerikanische und internationale Filme.
www.lafilmfest.com

Old Globe's Shakespeare Festival: Aufführungen seiner Stücke im Balboa Park von San Diego.
www.theoldglobe.org

Juli
Gilroy Garlic Festival: Dreitägiges Knoblauchfest in dem kleinen Ort südlich von San Jose.
www.gilroygarlicfestival.com

August
Italian Family Festa: mehr als 35 000 Teilnehmer, Livemusik, Wein und herzhaftes Essen im Guadalupe River Park von San Jose.
www.italianfamilyfestasj.org

September
Monterey Jazz Festival: Ältestes Jazzfestival der Welt (seit 1958).
www.montereyjazzfestival.org

Oktober
West Hollywood Halloween Carnaval: 500 000 Teilnehmer, skurrile Verkleidungen am Santa Monica Blvd., immer am 31. Oktober.
www.weho.org/halloween

November
Macy's Union Square Tree Lighting Ceremony: Lichterbaumfest am Tag nach Thanksgiving, San Francisco.

Erster Überblick

Ankunft	34
Unterwegs in Kalifornien	36
Übernachten	38
Essen und Trinken	39
Einkaufen	41
Ausgehen	42

Erster Überblick

Ankunft

Die meisten internationalen und US-amerikanischen Fluggesellschaften fliegen San Francisco International Airport (SFO), Los Angeles International Airport (LAX) und San Diego International Airport (SAN) an.

Tipps für den Flughafentransfer
- Am einfachsten kommen Sie mit dem **Taxi** in die Innenstadt.
- **Mitfahrbusse** sammeln Passagiere, die zu Zielen – Hotels, Wohnungen, etc. – wollen, die mehr oder weniger in der gleichen Gegend liegen.
- Der öffentliche Personennahverkehr ist in Los Angeles schlecht, oft dauert es mehr als zwei Stunden bis zum Ziel. Züge von BART (Bay Area Rapid Transit) fahren in 30 Minuten nach San Francisco. Mit öffentlichen Bussen oder dem Taxi erreicht man gut das Zentrum von San Diego.

> **Beförderungspreise (ohne Trinkgeld)**
> $ unter 12 $$$ 12–20 $ $$$ 21–30 $ $$$$ über 30 $
> Flughafentransfer mit öffentlichen Verkehrsmitteln unter 5 $.

San Francisco und die Bay Area
- **San Francisco International Airport** (Tel. 1 650 8 21 82 11; www.flysfo.com) liegt ca. 24 km außerhalb des Stadtzentrums.
- Auf der unteren (Ankunfts-)Ebene steht man Schlange für **Taxis** ($$$$).
- **SuperShuttle** (Tel. 01 800 2 58 38 26) bietet Mitfahrbusse ($$$). Achten Sie auf Hinweiszeichen (gelbe Buchstaben auf dunkelblauem Grund) auf den Verkehrsinseln vor jedem Terminal auf der oberen Ebene.
- Der **Bayporter Express** (Tel. 1 415 4 67 18 00) fährt nach Oakland und anderen Orten der East Bay ($$$$) ebenfalls von der oberen Ebene aus.
- Die Buslinien von **SamTrans** (Tel. 1 800 6 60 42 87; $) fahren nach San Mateo County (Flughafen), Palo Alto und andere Orte von San Francisco.
- **BART** (Bay Area Rapid Transit; Tel. 1 650 9 92 22 78) ist geeignet für die Innenstadt von San Francisco. Die Züge fahren die East Bay und Teile des nördlichen San Mateo County an. Von jedem Terminal aus erreicht man zu Fuß oder mit dem AirTrain Shuttle den BART-Bahnhof im International Terminal. Fahrscheine ($) gibt's am Automaten im Bahnhofsgebäude.
- **Selbstfahrer** folgen der US 101 North bis zur Ausfahrt 4th Street.
- **Andere Flughäfen in der Bay Area:** Oakland International (OAK; Tel. 510/563-3300); San Jose International (SJC; Tel. 1 408 3 92 36 00).

Los Angeles und Umgebung
- Vom **Los Angeles International Airport** (Tel. 1 310 6 46 52 52; www.lawa.org) sind es 29 km ins Zentrum, 19 km nach Beverly Hills/West Hollywood.
- Alle **Beförderungsmittel** sind auf der unteren (Ankunfts-)Ebene zu finden.
- Die **Taxipreise** variieren je nachdem, wohin man fährt ($$$$ ins Zentrum).
- **SuperShuttle** (Tel. 1 310 7 82 66 00 oder 1 800 2 58 38 26) und **Express by ExecuCar** (Tel. 1 800 4 10 44 44) gehören zu den Mitfahrdiensten ($$$), die einen Tür-zu-Tür-Service anbieten.
- Busse der **Metropolitan Transportation Authority (MTA)** (Tel. 1 323 4 66 38 76; $) fahren vom Flughafen aus verschiedene Ziele an, man-

Ankunft

che direkt (wie West Hollywood), andere nur mit kompliziertem Umsteigen. Fragen Sie am *transport desk* nahe der Gepäckabholung.

- Die **Schnellverbindung der MTA Railline** ist praktisch, wenn Sie ins Zentrum wollen ($). Benutzen Sie den Pendelbus zur Aviation Station der Metro Green Line. Steigen Sie an der Imperial/ Wilmington Station in die Blue Line (Norden) um.
- **Mit dem Mietwagen** nehmen Sie den Center Boulevard östlich zur I-405 (dem San Diego Freeway, den man hier die 405 nennt) in nördlicher Richtung. Nehmen Sie dann die I-10 (Santa Monica Freeway) Richtung Westen nach Santa Monica oder nach Osten ins Zentrum.
- Nach **West Hollywood oder Beverly Hills** nehmen Sie die 405. Achten Sie auf den Wegweiser für den La Cienega Boulevard, den Sie in nördlicher Richtung fahren. (Sie überqueren den La Cienega, unmittelbar bevor Sie auf die 405 kommen, aber es geht schneller über die Autobahn.) Biegen Sie am Wilshire Boulevard nach Westen (links) nach Beverly Hills ab. Bleiben Sie auf dem La Cienega, wenn Sie nach West Hollywood wollen.
- **Andere Flughäfen im Gebiet von Los Angeles:** Bob Hope Airport (BUR; Tel. 1 818 8 40 88 40); LA/Ontario International Airport (ONT; Tel. 1 909 9 37 27 00); John Wayne Airport Orange County (SNA; Tel. 1 949 2 52 52 00).

San Diego

- **San Diego International Airport** (Tel. 1 619 4 00 24 04; www.san.org) liegt etwa 5 km vom Stadtzentrum entfernt. Nehmen Sie an der Transportation Plaza an den Terminals 1 oder 2 oder an der Straße am Pendler-Terminal (für Flüge innerhalb Kaliforniens) ein Taxi, einen Shuttle oder einen Bus.
- An allen Terminals warten **Taxis** für Fahrten in die Innenstadt ($$).
- **Cloud 9 Shuttle** (Tel. 1 619 5 64 79 64 oder 1 800 9 74 88 85) betreibt einen Mitfahrer-Kleintransporterdienst ($–$$) ins Stadtzentrum und auch weiter.
- Die Buslinie 992 von **San Diego Transit** (Tel. 1 619 2 33 30 04) fährt vom Flughafen aus ins Zentrum.
- Wenn Sie **mit dem Wagen fahren**, nehmen Sie den North Harbor Drive nach Osten ins Zentrum und nach Westen nach Shelter Island und Point Loma. Harbor Island liegt gegenüber dem Flughafen. Nach La Jolla fahren Sie die I–5 nach Norden, nach Mission Valley die I-8 nach Osten.

Zugbahnhöfe

Amtrak-Züge (Tel. 1 800 8 72 72 45; www.amtrak.com) verkehren in ganz Kalifornien. Reisende nach San Francisco steigen am Bahnhof Emeryville (5885 Horton Street) in der East Bay aus und nehmen den Pendlerbus in die Stadt. In L. A. hält Amtrak an der Union Station (800 North Alameda Street) und in San Diego am Santa Fe Depot (1050 Kettner Boulevard).

Busbahnhöfe

Die Überlandbusse von **Greyhound** (Tel. 1 800 2 31 22 22; www.greyhound.com) verbinden San Francisco (200 Folsom Street), Los Angeles (1716 E 7th Street), San Diego (1313 National Ave.), Sacramento (420 Richards Blvd.) mit vielen anderen Städte.

Wegweiser

San Francisco

Der Union Square ist das Herz der City. Hier, an der Market Street oder im SoMa (South of Market Street area), befinden sich die meisten Hotels.

Erster Überblick

San Francisco Visitor Information Center
✉ Hallidie Plaza, Lower Level, Powell und Market Street ☎ 1 415 3 91 20 00; www.sanfrancisco.travel 🕐 Mai–Okt. Mo–Fr 9–17, Sa–So 9–15 Uhr; Nov.–März So geschl.; sowie am 1. Jan., Thanksgiving und 25. Dez. 🚇 Muni Metro J, K, L, M, N und BART (Powell Street) 🚌 Muni Bus 5, 6, 21, 27, 30, 31, 38, 45; F-line Trolley; Powell-Mason und Powell-Hyde-Straßenbahnen

Los Angeles
Die Innenstadt von Los Angeles ist eher für Geschäftsreisende als für Touristen von Interesse, die Hollywood, West Hollywood, Beverly Hills oder Badeorte wie Santa Monica bevorzugen.

Los Angeles Visitor Information Center
✉ 900 Exposition Boulevard
☎ (213) 763-3466; www.discoverlosangeles.com 🕐 tägl. 9.30–17 Uhr
🚇 Metro Red Line (7th & Figueroa) 🚌 MTA Bus 20, 460; DASH A, E, F

Hollywood und Highland Visitor Information Center
✉ 6801 Hollywood Boulevard ☎ (323) 467-6412 🕐 Mo–Sa 10–22, So 10–19 Uhr
🚇 Metro Red Line (Hollywood & Highland) 🚌 MTA Bus 163, 210, 212, 217; DASH Hollywood

San Diego
San Diego breitet sich von seinem am Ufer des Pazifiks gelegenen Zentrum aus. Touristenattraktionen liegen nördlich des Zentrums.

International Visitor Information Center
✉ 1140 North, Harbor Drive ☎ (619) 236-1212;www.sandiego.org 🕐 Sommer und Herbst tägl. 9–17 Uhr; sonst tägl. 9–16 Uhr 🚇 Trolley (American Plaza) 🚌 Bus 30, 992

Unterwegs in Kalifornien

Mit dem Auto
Man kann in San Francisco und Teilen von San Diego ohne Auto auskommen, aber um ganz Kalifornien sehen zu können, sollte man einen Mietwagen nehmen. Die I-5 und US 101 sind die wichtigsten Autobahnen in Nord-Süd-Richtung. Landschaftlich reizvoll führt der Highway 1 entlang der Küste und verschmilzt mehrmals mit der US 101. Die I-80 verläuft in der Mitte Nordkaliforniens von Osten nach Westen, die I-10 und I-15 in Südkalifornien von Osten nach Westen.

Auf der Straße
- In Kalifornien benötigen Sie einen **gültigen Führerschein** Ihres Heimatlandes. Autovermietungen verleihen oft nur an Personen, die mindestens 21 Jahre oder älter sind (Kunden unter 25 müssen eventuell mehr bezahlen und bekommen nur bestimmte Fahrzeugtypen).
- Alle Insassen müssen **stets einen Sicherheitsgurt tragen**.
- Für Kinder unter acht Jahren und 145 cm Körpergröße ist ein **Kindersitz** Pflicht. Diesen erhält man in der Regel gegen eine zusätzliche Gebühr.
- Sofern nicht ausdrücklich verboten, ist es **erlaubt, an roten Ampeln rechts abzubiegen**, nachdem man angehalten hat. Das Abbiegen von einer Einbahnstraße in eine andere ist unter dieser Voraussetzung auch erlaubt.
- Es ist verboten, mit einem **Blutalkoholspiegel über 0,8 Promille** zu fahren.
- Die **zulässige Höchstgeschwindigkeit** auf Autobahnen beträgt in ländlichen Gebieten 65 oder 70 Meilen/Stunde (105 oder 112 km/h) und 55 bis 65 Meilen/Stunde (88 bis 105 km/h) auf Stadtautobahnen. In der

Unterwegs in Kalifornien

Stadt beträgt die zulässige Höchstgeschwindigkeit grundsätzlich 25 oder 30 Meilen/Stunde (40 oder 48 km/h), sofern nichts anderes angezeigt ist.
- In der San Francisco Bay Area, Los Angeles und San Diego sollten Sie die **Hauptverkehrszeiten auf den Autobahnen** von 7–10 und 16–19 Uhr meiden.

Inlandsflüge innerhalb Kaliforniens
- Bei frühzeitiger Planung sind Flüge zwischen Nord- und Südkalifornien erschwinglich. Dennoch lohnt es sich, die Landschaft mit dem Auto zu erkunden.

Innerstädtische Beförderungsmittel

San Francisco Bay Area
- **Hotels erheben hohe Parkgebühren** und Parkplätze an der Straße sind selten. Dies sind zwei Argumente für den öffentlichen Personennahverkehr.
- Die **Transit Information Line** (Tel. 511 oder 1 888 500 46 36 von allen Orten in der Bay Area aus) informiert über den öffentlichen Nahverkehr.
- **Muni** (Tel. 311 oder 1 415 7 01 23 11) betreibt Busse, Schnellbahnen, historische (cable cars) und moderne Straßenbahnen (trolleys) in San Francisco. Fahrscheine für die modernen sind etwas teurer.
- Für Touren von der Market Street nach Castro oder entlang dem Embarcadero eignen sich gut die **die altmodischen Straßenbahnen**. Das Fahrgeld passend bereithalten.
- **Umsteigetickets**, gültig für beliebig viele Fahrten in 90 Minuten, kosten 2,25 $. **Visitor Passes** für 1–7 Tage und 6–29 $ lohnen bei vielen Fahrten.
- **Tagestickets** sind z. B. im Visitor Information Center (▶35) erhältlich.
- **BART-Züge** (Tel. 1 415 9 89 22 78 oder 1 510 4 65 22 78) verkehren im Stadtzentrum und im südlichen San Francisco. Sie fahren auch zur East Bay und zum nördlichen San Mateo County (Tickets: BART-Bahnhöfe).

Los Angeles und Umgebung
- Es ist zwar schwierig, L. A. mit öffentlichen Verkehrsmitteln zu erkunden, aber dennoch möglich. Wer z. B. die *Queen Mary* besichtigen will, sollte lieber öffentlich fahren.
- Wenn Sie den öffentlichen Nahverkehr benutzen wollen, sollten Sie sich eine Unterkunft im Zentrum suchen, von wo aus die U-Bahnen und Buslinien verkehren. **MTA**-Busse und die Schnellbahnen der **Metro Line** (Tel. 1 323 4 66 38 76) verkehren im Stadtgebiet. MTA betreibt auch **DASH**-Minibusse für kürzere Touren auch in die nähere Umgebung (Tel. 1 213 8 08 22 73). Santa Monica und andere umliegenden Städte haben ein eigenes Bussystem. Außer für Schnellbahnen sollten Sie das Fahrgeld passend bereithalten!

San Diego
Im Zentrum sind Balboa Park und Old Town gut und Coronado und SeaWorld ausreichend gut angeschlossen. Man braucht aber viel Zeit, um nach La Jolla und zu anderen Zielen zu gelangen, zu manchen Orten gibt es nur schlechte oder auch gar keine Verbindungen.
San Diego Transit (Tel. 1 619 2 33 30 04) betreibt Buslinien im Stadtgebiet und Straßenbahnen im Zentrum, nach Old Town, Mission Valley und zu Kaliforniens Grenze nach Tijuana, Mexiko. In Bussen müssen Sie das Fahrgeld passend bereithalten. Straßenbahntickets gibt es an Automaten in den Bahnhöfen.

Erster Überblick

Taxis

In allen drei Städten ist nur schwer ein Taxi zu bekommen. Man bestellt es besser telefonisch oder stellt sich an den Taxiständen an.

- **San Francisco:** Yellow Cab (Tel. 1 415 3 33 33 33) und Luxor Cab (Tel. 1 415 2 82 41 41).
- **Los Angeles:** Yellow Cab (Tel. 1 877 7 33 33 05) und United Independent Taxi (Tel. 1 323 6 53 50 50).
- **San Diego:** Silver Cab (Tel. 1 619 2 80 55 55) oder Yellow Cab (Tel. 1 619 4 44 44 44).

Übernachten

Der Standard in ganz Kalifornien ist hoch. Die besten Unterkünfte gibt es in San Francisco, Los Angeles und in Urlaubsorten wie dem »Weinland«, der Monterey-Halbinsel, Santa Barbara und Palm Springs.

Hotels und Motels

- Am meisten verbreitet sind **Hotels und Motels**. In großen Städten fährt man mit Hotels am besten, während die Motels sich an den großen Ausfallstraßen anbieten.
- **Vollservice-Hotels** in Kalifornien bieten Annehmlichkeiten wie Fitnessräume, Hallenbäder, Wäschereien, Modems und Zimmersafes, Parkplatzservice und Portier. Motels haben häufig Swimmingpools und Heißwasserbäder ebenso wie Kabelfernsehen und Haartrockner.
- Viele Hotels und Motels lassen Kinder (das Höchstalter variiert) im Zimmer ihrer Eltern **kostenlos wohnen**. Manche erlauben Haustiere. Außer ggf. einem kontinentalen Frühstück sind Mahlzeiten nicht im Preis enthalten.
- Ein **Nachteil bei Motels** ist die mangelnde Sicherheit, da Sie nur die Zimmertür von der Außenwelt trennt.

Bed-and-Breakfast-Gästehäuser

- B&B in Kalifornien (Californian Association of Bed & Breakfast Inns; www.cabbi.com) sind teuer. Die Betreiber erwarten meist, dass man an Wochenenden mindestens zweimal und in den Ferien dreimal übernachtet. Viele wünschen nur Paare und sind wenig kinderfreundlich.

Urlaubsorte

- In Kalifornien gibt es zahlreiche erstklassige, luxuriöse Urlaubsgebiete mit Golf- und Tennisplätzen sowie Swimmingpools und Heißwasserbädern.

Hostels

- Hostels berechnen pro Nacht und Person nur 15–30 $. Die meisten haben getrennte Schlafsäle für beide Geschlechter, manche auch Zimmer für Paare und Familien. In den meisten kann man nur einige Tage am Stück bleiben. **Hostelling International – USA** (Tel. 1 240 6 50 21 00; www.hihostels.com).

Übernachtungspreise
Für eine Nacht im Doppelzimmer (ohne Steuern):
$ unter 100 $ $$ 100–175 $ $$$ über 175 $

Essen und Trinken

Kulinarisch gesehen ist der »Vielvölkerstaat« Kalifornien ausgeprägt kosmopolitisch.

Regionale Spezialitäten

- Der fruchtbare Boden Kaliforniens versorgt Küchenchefs mit einer **Unmenge frischer Zutaten** wie Sonoma-Lamm, Castroville-Artischocken, Gilroy-Knoblauch, Modesto-Mandeln und Datteln aus dem Coachella Valley.
Fisch und Meeresfrüchte sind eine weitere Spezialität. Eine der begehrtesten örtlichen Gerichte ist die für ihre Süße bekannte Dungeness-Krabbe. In San Francisco bekommt man *cioppino*, ein stark gewürztes Muschelgericht.

- San Francisco ist ebenfalls **für »seine« asiatische Küche bekannt**. *Dim sum* – eine Auswahl chinesischer Klöße und anderer leckerer Kleinigkeiten – muss man zum Mittagessen einmal probieren, ebenso wie *phó*, eine delikate vietnamesische Nudelsuppe mit Rindfleisch und Gemüse. Generell gehören asiatische Restaurants zu den preisgünstigsten.

- Die **kalifornische Küche**, die sich in den letzten 25 Jahren stetig weiterentwickelt hat, basiert auf frischen regionalen Zutaten und zeichnet sich durch innovative, häufig leichte Gerichte aus, in denen amerikanische mit asiatischen, mediterranen oder lateinamerikanischen Elementen verschmelzen.
Die neue amerikanische Küche basiert im Wesentlichen auf erstklassigen, ungewöhnlich zubereiteten Zutaten. Ein Schweinekotelett wird z. B. nur wenig gebraten und mit einem Fond aus frischen Kräutern serviert, während der dazugehörige Kartoffelbrei mit einem Hauch Knoblauch gewürzt ist. Regionale und ethnische Einflüsse sind spürbar.
Lateinamerikanische Gerichte sind überall im Bundesstaat zu haben, insbesondere in Gegenden nahe der mexikanischen Grenze.

Getränkespezialitäten

- **Kalifornische Weine** gehören zu den weltweit besten. Die Sorten aus dem Napa Valley und dem Sonoma Valley sind zwar am bekanntesten, man sollte aber keinesfalls die Weine aus der Nähe von Monterey oder Santa Barbara links liegen lassen.
Der Martini, der in Kalifornien erfunden worden sein soll, hat seine Popularität wiedererlangt. Gute Martini-Bars finden sich überall. Irish Coffee – Kaffee mit einem Schuss irischem Whiskey und geschlagener Sahne – soll im **Buena Vista Café** (▶ 73) in San Francisco erstmals serviert worden sein. **Margaritas**, eigentlich ein Import aus Mexiko, gelten heute als kalifornisches Nationalgetränk.

- In den letzten Jahren hat es ein Revival **lokaler Kleinbrauereien** gegeben, deren zahlreiche Spezialbiere heute im ganzen Bundesstaat erhältlich sind.
Die besten Bierkneipen sind das **Beach Chalet** (▶ 69) und die Beer Revolution in Oakland (http://beer-revolution.com) sowie das **Father's Office** (1018 Montana Avenue, Santa Monica; Tel. 1 310 7 36 22 24).

Die Qual der Wahl

Beliebt sind die überall aus dem Boden schießenden neuen Bistros und Cafés. Hier arbeiten oft gefeierte Küchenchefs. Zu den besonders populären gehören das **Delfina** (▶ 70) in San Francisco, **The French**

Erster Überblick

Laundry in Napa Valley (▶100) sowie das **Patina** und das **Spago Beverly Hills** (▶157) in L. A.
- Viele der beliebtesten Restaurants haben eine **full bar**, wo man auch ohne Reservierung einen Platz bekommt und ein Essen bestellen kann, manchmal von einer speziellen Barkarte, manchmal von der normalen Karte.
- **Saloons und Brauereikneipen**, die auf Getränke spezialisiert sind, aber auch vorzügliche Speisen anbieten, stehen besonders hoch im Kurs.
- Die Qualität eines Restaurants lässt sich **nicht immer anhand seines Äußeren beurteilen**. In Los Angeles kann ein sehr gutes Restaurant in einer kleinen Einkaufsstraße versteckt sein, und in San Francisco mag ein unscheinbares Lokal in einer bescheidenen Wohngegend einer ethnischen Minderheit Gerichte servieren, die zu den besten in der Stadt gehören.

Einige Top-Tipps
- **Das beste Essen unter freiem Himmel:**
  Copley's, 621 N. Palm Canyon Drive, Palm Springs (▶175), George's at the Cove, San Diego (▶185), Tra Vigne, St. Helena (▶100)
- **Die beste kalifornischer Küche:**
  Café Beaujolais, Mendocino (▶99), Chez Panisse, Berkeley (▶70), The French Laundry, Napa Valley (▶100)
- **Die beste Küche in Wohngebieten ethnischer Minderheiten:**
  La Super-Rica, Santa Barbara, Slanted Door, San Francisco (▶71), Ton Kiang, San Francisco (▶72)

Praktische Hinweise fürs Essengehen
- **Sie können schon für 15 $ pro Person gut essen**, besonders in ethnischen Restaurants. Bedenken Sie aber, dass Steuern, Trinkgeld und Getränke noch einmal 50 % und mehr ausmachen können.
- Die typischen Essenszeiten: **Frühstück** etwa 7–9.30/10 Uhr (obwohl einige Lokale den ganzen Tag und sogar abends Frühstück servieren); **Mittagessen** 11.30/12–14/14.30 Uhr; **Abendessen** 17–21.30/22 Uhr oder bis spätabends. Einige Esslokale sind rund um die Uhr geöffnet.
- **Rufen Sie vorher an.** Einige Restaurants verändern häufig ihre Öffnungszeiten und -tage oder bewirten zuweilen geschlossene Gesellschaften.
- Außer in Imbissstuben und Cafés **können Sie in allen Restaurants Tische reservieren**. Für populäre Lokale der Großstadt ist dies empfehlenswert.
- **In Kalifornien wird ein Trinkgeld erwartet**, in der Regel zwischen 15 und 20 %. Einige Restaurants berechnen für Gruppen von sechs oder mehr Personen eine zusätzliche Servicegebühr (15–18 %).
- **Legere Kleidung ist vielfach akzeptiert.** Einige Lokale haben jedoch Kleidervorschriften (Jackett und Krawatte für Herren) oder gewähren Personen in Jeans, kurzen Hosen oder Sportschuhen keinen Einlass.
- In allen Restaurants ist **das Rauchen in geschlossenen Räumen gesetzlich verboten**. Einige gestatten das Rauchen auf der Veranda. Auch in Bars herrscht Rauchverbot, obwohl einige diese Regelung nur lax handhaben.
- Mit Kreditkarten kann in den meisten, aber keineswegs allen Restaurants bezahlt werden. Wenn Sie sich nicht sicher sind, **sollten Sie Bargeld oder Reiseschecks dabeihaben**, die fast überall akzeptiert werden.

Preise
Für ein Hauptgericht (abends):
$ bis 10 $ $$ bis 25 $ $$$ über 25 $

Einkaufen

In Kalifornien kann man alles bekommen, feine asiatische Seide genauso wie farbenfrohe mexikanische Töpferware. Wenn Sie eher nach einheimischen Dingen suchen, sind vielleicht von örtlichen Künstlern hergestellter Schmuck, indianische Korbwaren oder kalifornische Weine, Mandeln und Datteln das Richtige.

Örtliche Spezialitäten

An der Nordküste, besonders in und um Mendocino, sollten Sie nach Schmuck und Bildern von örtlichen Künstlern suchen. In Carmel gibt es zahlreiche Galerien. Im San Joaquin Valley kann man gut Mandeln kaufen und in Reedley, in der Nähe von Fresno, von Mennoniten produzierte Decken (Mennonite Quilt Center, 1012 G Street, Reedley, Tel. 1 559 6 38 35 60). In San Franciscos Chinatown und Japantown gibt es Unmengen aus Asien importierte Waren. Für Filmsouvenirs ist Los Angeles prädestiniert, während man in der dortigen Olivera Street und San Diegos Old Town nach mexikanischen und zentralamerikanischen Importen Ausschau halten sollte. Eine Spezialität des Gebiets um Palm Springs ist indianisches Kunsthandwerk.

Preise

Kleidung zum normalen Ladenpreis ist in Kalifornien keineswegs ein Schnäppchen. Factory Outlets geben allerdings Rabatte auf Designermode. Importe aus Asien und Lateinamerika sind häufig günstig. Kalifornischen Wein, Nüsse, getrocknete Früchte und andere vor Ort produzierte Lebensmittel bekommt man nirgends preiswerter.

Praktische Tipps

- **Öffnungszeiten:** Läden und Geschäfte öffnen zwischen 9 und 12 Uhr. Besonders kleine Spezialgeschäfte öffnen oft erst um 12 Uhr, wie es sonntags die meisten Läden praktizieren. Mehrheitlich haben die Geschäfte bis 17 oder 18 Uhr geöffnet, in Einkaufsstraßen und -zentren häufig sogar bis 21 Uhr oder noch länger. Einige Läden haben an einem Wochentag, meistens donnerstags oder freitags, länger geöffnet.
- **Bezahlung:** Geschäfte akzeptieren Kreditkarten und Reiseschecks.
Verhalten: Es ist fast überall erlaubt zu stöbern. Häufig ist der Service sogar zu »diskret«, zuweilen wird man kaum bedient.

Die besten Einkaufsgegenden

- **Den eleganten Einkauf** tätigt man am Rodeo Drive in Beverly Hills (▶143).
- **Für den normalen Einkauf zu akzeptablen Preisen** geht man am besten in die Großstadt oder eine Einkaufsstraße in einem Vorort. San Franciscos Fisherman's Wharf ist trotz ihrer Popularität häufig überraschend preiswert. Hier finden Sie eine riesige Filiale von **Cost Plus World Market** (2552 Taylor Street, Tel. 1 415 9 28 62 00), der billige Importe aus aller Welt verkauft. Außerdem gibt es Einkaufszentren – darunter Ghirardelli Square, die Anchorage und Pier 39 (▶73) –, die mit Hunderten Fachgeschäften, Lebensmittelmärkten, Blicken auf die Bucht und Straßenkünstlern zum Shoppen einladen.
Die besten Kaufhäuser liegen an San Franciscos Union Square (▶72). Macy's, Neiman-Marcus und Saks Fifth Avenue sind alle hier, Nordstrom sowie Bloomingdale befinden sich ganz in der Nähe des **Westfield San Francisco Centres** (▶72).

Erster Überblick

Ausgehen

Die abwechslungsreiche Landschaft Kaliforniens lädt zu vielen Outdoor-Aktivitäten ein, während die Städte und Urlaubsgebiete Zentren des Nachtlebens und der Künste sind.

Information

- **Die örtlichen Zeitungen** bieten Informationen über Veranstaltungen.
- Mehrere Städte und Urlaubsorte unterhalten kostenlose 24-Stunden-Hotlines, die über bevorstehende Ereignisse informieren.
- Die **regionalen Visitor Bureaus und Information Centres** (►36f) geben Jahreskalender oder Saisonbroschüren mit Musik-, Theater- und Tanzveranstaltungen heraus. Adressen stehen im örtlichen Telefonbuch.

Nachtleben

Das kalifornische Nachtleben spielt sich ab in Los Angeles, San Francisco und, in geringerem Maße, San Diego und Palm Springs.

- **Bars:** In San Francisco und Los Angeles finden Sie die ganze Palette: edle Hotelsalons und schicke Bars in angesagten Restaurants, atmosphärische Etablissements in aufregenden Gegenden usw. (►73f).
- **Nachtclubs:** Wer pure Unterhaltung sucht, ist in den Nacht- und Tanzclubs in Los Angeles – am Sunset Strip! – bestens aufgehoben (►160).
- **Kultur:** Die Gegend um San Franciscos Civic Center mit ihrer Oper und Sinfonie der Weltklasse und dem Theater District, wo man Tourneetheater im Broadway-Stil und andere Aufführungen besuchen kann, ist eine Top-Adresse für die darstellenden Künste (Informationen ►73). In Los Angeles verteilt sich das kultuelle Angebot auf verschiedene Distrikte, bietet also mehrere Aufführungsorte im Stadtkern (►160).

Zuschauersportarten

Fünf Baseball-, drei Football- und vier Basketballteams Kaliforniens spielen in der jeweils höchsten US-Liga. Darüber hinaus gibt es hier professionellen Frauen-Basketball, drei Hockeyteams in der nationalen Liga, mehrere Pferderennbahnen, professionelle und Amateur-Fußballteams und viele College-Mannschaften in zahlreichen Sportarten.

Outdoor-Aktivitäten

- Tausende Meilen **landschaftlich reizvoller und häufig anspruchsvoller Wanderwege** durchziehen die Berge und Wälder.
- In der Sierra Nevada und anderen Gebirgsregionen gibt es viele **alpine Ski- und Snowboardpisten** sowie Langlaufloipen und Schneeschuhpfade.
- **Mountainbiking, Reiten und Felsklettern** erfreuen sich in der zerklüfteten kalifornischen Landschaft großer Popularität.
- **Die unterschiedlichsten Wassersportarten:** darunter Kanu- und Kajakfahren, Angeln, Floßfahrten, Segeln, Schwimmen, Surfen, Wasserski und Windsurfing gibt's entlang der Küste und in den Flüssen und Seen
- Während der Wanderung der Grauwale starten im Winter **Walbeobachtungsfahrten** von Monterey und anderen Küstenorten aus.
- **Fahrradfahren, Laufen und Joggen** sind beliebte Aktivitäten auf den vielen befestigten Wegen wie dem 51 km langen Jedediah Smith Memorial Bicycle Trail entlang dem American River Parkway nahe Sacramento.
- **Heißluftballonfahrten** starten vor allem im »Weinland«, aber auch in Südkalifornien und der Sierra.

San Francisco und die Bay Area

Erste Orientierung	44
In drei Tagen	46
TOP 10	48
Nicht verpassen!	50
Nach Lust und Laune!	58
Wohin zum …	68

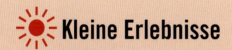 **Kleine Erlebnisse**

Hinter Gittern
Alcatraz (➤ 50), das Hochsicherheitsgefängnis in der San Francisco Bay, wurde in vielen Filmen als »Felsenknast« berühmt.

Kultureller Schmelztiegel
Im Viertel **Mission District** (➤ 65) mit spanischen Buchläden und Geschäften übt sich die Szene in friedlicher Koexistenz.

Studentisches Flair
Berkeleys (✚ 206 C1) muntere Atmosphäre mit Cafés, Restaurants, Parks und Buchläden garantiert einen relaxten Nachmittag.

San Francisco und die Bay Area

Erste Orientierung

Gutes Essen, ein sorgloses Leben und eine aktive Kulturszene sind seit den Tagen des Goldrauschs San Franciscos Markenzeichen. 1880 schrieb Robert Louis Stevenson die herzliche Atmosphäre dieser Stadt ihrem Völkergemisch zu: »Die Stadt ist im Kern nicht angelsächsisch, vor allem aber nicht amerikanisch. Die Geschäfte an den Straßen sind wie Konsulate der unterschiedlichsten Völker. Die Passanten unterscheiden sich voneinander wie die einzelnen Bilder einer Laterna magica.«

Auch an anderen Stellen in seinem Werk geht Stevenson auf das Zusammentreffen der Kulturen im San Francisco des 19. Jhs. ein. Die Stadt toleriert, ja zelebriert Exzentrik und Individualität mehr als jede andere in Amerika. Es ist kein Zufall, dass hier die Schriftsteller der *beat generation* lebten und dass hier die psychedelische Rockmusik und Aktionskünstler zu Hause waren, ganz zu schweigen von den Pionieren der Frauenbewegung und der Bewegung zur Gleichberechtigung der Homosexuellen.

Die ersten Siedler, Ohlone-Indianer, angezogen vom angenehmen Klima, ließen sich in der Nähe der heutigen Mission Dolores nieder. Spanische Seeleute entdeckten hinter der Meerenge, die später »Golden Gate« getauft wurde, einen »sehr edlen und großen Hafen«. Eine Masseneinwanderung wurde jedoch erst durch die Goldfunde ausgelöst. San Francisco erlebte eine 50-jährige Blütezeit, bis es 1906 durch das Große Erdbeben und Feuer zerstört wurde. Als die Stadt sich wieder erholt hatte, war ihr in Los Angeles eine große Rivalin erwachsen, die Wirtschaft hatte sich nach Süden orientiert. Dennoch zog San Francisco weiterhin Unternehmer und Künstler an und ist nach wie vor das Herz Nordkaliforniens. Die lebendige Historie, aber auch die Dynamik des 21. Jhs. mit ihren Multimediafirmen, macht sich deutlich bemerkbar.

Erste Orientierung

TOP 10
⭐ Chinatown & North Beach ➤ 48

Nicht verpassen!
- ⓫ Alcatraz Island ➤ 50
- ⓬ Fisherman's Wharf ➤ 51
- ⓭ South of Market ➤ 52
- ⓮ Golden Gate Park ➤ 54

Nach Lust und Laune!
- ⓯ Cliff House ➤ 58
- ⓰ California Palace of the Legion of Honor ➤ 58
- ⓱ Golden Gate Bridge ➤ 58
- ⓲ Palace of Fine Arts ➤ 59
- ⓳ Lombard Street ➤ 59
- ⓴ Coit Tower/Telegraph Hill ➤ 59
- ㉑ Ferry Building ➤ 62
- ㉒ Haas-Lilienthal House ➤ 62
- ㉓ Nob Hill ➤ 62
- ㉔ Union Square ➤ 63
- ㉕ Civic Center ➤ 63
- ㉖ Hayes Valley ➤ 64
- ㉗ Haight Street ➤ 64
- ㉘ Mission Dolores ➤ 64
- ㉙ Castro District ➤ 65
- ㉚ Mission District ➤ 65
- ㉛ Point Reyes National Seashore ➤ 66
- ㉜ Muir Woods National Monument ➤ 66
- ㉝ Sausalito ➤ 66
- ㉞ Filoli ➤ 67
- ㉟ Winchester Mystery House ➤ 67

San Francisco und die Bay Area

In drei Tagen

Wenn Sie unserem Dreitagesprogramm folgen, werden Sie sicher kein Highlight in San Francisco und Umgebung verpassen. Weitere Informationen finden Sie unter den Haupteinträgen (➤ 48ff).

Erster Tag

Vormittags
Nehmen Sie – nach einem herzhaften Frühstück – die Fähre nach ⓫ **Alcatraz Island** (unten; ➤ 50), dem Standort des berüchtigten Gefängnisses.

Nachmittags
Begeben Sie sich nach ★ **Chinatown & North Beach** (➤ 48f), wo sie in North Beach im Tommaso's (➤ 71) oder in der L'Osteria al Forno (519 Columbus Avenue, Tel. 1 415 9 82 11 24) italienisch essen. Durchstöbern Sie die Geschäfte in der Columbus und Grant Avenue. Fahren Sie dann nach Chinatown (➤ 48).

Abends
Genießen Sie von der Cocktail-Lounge des Top of the Mark (➤ 73) den Sonnenuntergang. Ein Essen im Gary Danko (➤ 70) ist ein echtes Erlebnis. Einen etwas günstigeren Abend erleben Sie im nicht weniger beliebten Zuni Café (➤ 72).

In drei Tagen

Zweiter Tag

Vormittags

Nehmen Sie die Powell-Mason-Linie zum **Cable Car Museum** (➤ 63). Gehen Sie nach Norden bis zur Greenwich Street, von hier aus vier Straßenblocks weiter nach Osten zum ⓴ **Coit Tower** (➤ 59f). Steigen Sie die Greenwich-und-Filbert-Treppe hinab.

Nachmittags

Essen Sie im Fog City Diner (1300 Battery Street, Tel. 1 415 9 82 20 00, $$) zu Mittag. Gehen Sie südlich den Embarcadero am Wasser entlang und genießen Sie das Panorama. Fahren Sie anschließend mit der historischen Straßenbahn der Linie F die Market Street hinauf. Steigen Sie an der 3rd Street aus und gehen Sie südlich in den ⓭ **South of Market** (➤ 52f). Setzen Sie sich in die Yerba Buena Gardens oder nutzen Sie das kulturelle Unterhaltungsangebot, darunter Museen, Galerien, einen Hightech-Videopalast, das Children's Creativity Museum und ein altmodisches Karussell.

Abends

Ein Tee im Café oder ein Cocktail in der Bar des West San Francisco Hotels (181 Third Street, Tel. 1 415 7 77 53 00) weckt Ihre Lebensgeister wieder. Das Town Hall (342 Howard Street, Tel. 1 415 9 08 39 00) überrascht mit Cajun-Küche und bringt einen Hauch New Orleans nach San Francisco.

Dritter Tag

Vormittags

Im wunderschönen ⓮ **Golden Gate Park** (unten; ➤ 54) ist von der städtischen Hektik nicht viel zu spüren. Beginnen Sie Ihre Expedition mit Blumen - beim im östlichen Parkbereich befindlichen Conservatory of Flowers und der nahe gelegenen Rhododendron Dell. Spazieren Sie weiter in westlicher Richtung zum Strybing Arboretum, wo Sie die prächtige botanische Vielfalt auf sich wirken lassen. Verpassen Sie nicht die beiden Hauptattraktionen: das de Young Museum (➤ 56) und die California Academy of Sciences (➤ 54).

Nachmittags

Essen Sie im Beach Chalet (➤ 69) und gehen Sie entlang der Ocean-Beach-Promenade nach Norden zum ⓯ **Cliff House** (➤ 58).

Abends

Genießen Sie ein chinesisches Abendessen im günstigen Yuet Lee (1300 Stockton Street, Tel. 1 415 9 82 60 20). Schauen Sie sich danach die Dauerbrenner-Show *Beach Blanket Babylon* (➤ 74) an, reservieren Sie rechtzeitig Tickets.

San Francisco und die Bay Area

4 Chinatown & North Beach

Im 19. Jh. ließen sich Chinesen in der heutigen Chinatown und Italiener im angrenzenden North Beach nieder. Viel stärker als andere Einwanderer bewahrten sie ihre Traditionen. Heutzutage leben Südostasiaten jeglicher Couleur in Chinatown, während in North Beach nur noch wenige Italiener verblieben sind. Aber der prägende Einfluss dieser beiden Volksgruppen ist noch immer spürbar.

Der nördlich an den Financial District angrenzende Broadway ist die traditionelle Grenze zwischen Chinatown und North Beach. Von der Columbus Avenue und dem Broadway aus bieten sich zwei gemütliche Spaziergänge an.

In Chinatown lassen sich die exotischsten Delikatessen aufspüren

Chinatown

In den letzten Jahrzehnten hat sich Chinatown über den Broadway, die Bush, Kearny und Stockton Street hinaus ausgedehnt. Manche beklagen, es gebe kaum noch authentisch Chinesisches. Wenn Sie das »wirkliche« Chinatown sehen wollen, schlendern Sie durch Seitenstraßen und Gässchen.

Biegen Sie von der Grant Avenue rechts in die Jackson Street und links in die Ross Alley ab und sehen Sie den Bäckern von **Golden Gate Fortune Cookies** (56 Ross Alley) beim Backen der Glückskekse zu. Gehen Sie die Ross Street weiter in südlicher Richtung, überqueren Sie die Washington Street. Hier ist die **Superior Trading Company** (837 Washington Street), eine Apotheke für chinesische Naturheilmittel. Östlich befindet sich der Waverly Place mit dem **Tin How Temple** (125

Chinatown & North Beach

BAEDEKER TIPP

Julia Morgan, Architektin von Hearst Castle (▶ 116), entwarf das geschmackvolle **Backsteingebäude** (vormals Heimat der Chinesischen Vereinigung Junger Christlicher Frauen) in 965 Clay Street, westlich der Stockton Street.

Waverly Place, 3. Stock). Ein Infoblatt fasst die Geschichte des kleinen Buddhistentempels für Sie zusammen. Hier stehen auch der **Jeng Sen Temple** (Nr. 146) und **Norras Temple** (Nr. 109); betreten Sie die Tempel leise und respektvoll.

Der Clay Street folgen Sie einen halben Häuserblock nach Westen (rechts) zur Stockton Street. In den Fenstern der Geschäfte können Sie Pekingenten, Sojasoßen, Hühner und gegrilltes Schweinefleisch bewundern. Einige Läden haben sich auf getrocknete Delikatessen wie schwarze und weiße Pilze, Haifischflossen, Jakobsmuscheln und Seeohren spezialisiert.

North Beach

Im noch heute unkonventionellen **City Lights Books** (▶ 73) auf der Columbus Avenue verkauften Schriftsteller der *beat generation* wie Jack Kerouac (▶ 22) ihre Werke und hielten sich häufig im **Vesuvio** (▶ 73) auf. Auf der Grant Avenue finden Sie Designer-Boutiquen und originelle Läden, aber auch alteingesessene Geschäfte wie die **Italian French Baking Co.** (1501 Grant Avenue). Nach einer Pause im Park des Washington Square bietet sich als nächstes Ziel Chinatown in südlicher Richtung auf der Columbus Avenue oder **der Coit Tower** (▶ 59ff) in nördlicher Richtung an.

Vom Washington Square sind Sie schnell auf der Filbert Street mit der katholischen **Saints Peter and Paul Church**, 1971 Schauplatz des Films *Dirty Harry* mit Clint Eastwood.

KLEINE PAUSE

Bei der **Ten Ren Tea Company** (949 Grant Avenue) können Sie exotische Teesorten kosten. Gehen Sie weiter auf der Grant Avenue bis zum Broadway zum **Caffe Trieste** (601 Vallejo Street). Der Treffpunkt der *beat generation* ist für einen Espresso gerade recht, ebenso das **Caffe Puccini** (411 Columbus). Die **Golden Gate Bakery** (1029 Grant Avenue) verkauft leckere Mond- und Eierkuchen sowie anderes chinesisches Gebäck. Das **New Asia** (772 Pacific Avenue) serviert chinesisches *dim sum* (mit Fleisch gefüllte Klöße) und andere Leckereien.

Beat Poet Jack Kerouac ließ sich im City Light Books in North Beach inspirieren

Chinatown
✚ 214 C4 ✉ North Beach 214 B4 🚌 1 California (nur Chinatown), 30-Stockton, 45-Union/Stockton

Tin How Temple
✉ 125 Waverly Place, 3rd floor ⏰ tägl. 10–16 Uhr
💵 frei (Spenden willkommen)

49

San Francisco und die Bay Area

⓫ Alcatraz Island

Die Überfahrt nach Alcatraz und der Besuch gelten als einer der Höhepunkte in San Francisco. Die 15-minütige Schifffahrt und das Panorama der Stadt sind sehr reizvoll. Was die Besucher aber noch mehr fasziniert, ist der Rundgang über »The Rock«, wo berüchtigte Gangster wie Al »Scarface« Capone, »Machine Gun« Kelly und Robert Stroud, der »Vogelmann von Alcatraz« eingesessen haben, da andere Vollzugsanstalten vor ihnen kapituliert hatten.

Der Gang durch Zellenblock und Hof vermittelt einen anschaulichen Eindruck vom einstigen Leben im Gefängnis. Ein Audioguide liefert dazu wichtige Informationen und bewegende Kommentare ehemaliger Insassen und Wachen. Während der drei Jahrzehnte, in denen das Bundesgefängnis in Betrieb war (1934–1963), gab es 14 Ausbruchsversuche: So ertranken 1962 vermutlich drei Männer bei dem Unterfangen, auf Regenmänteln, die als Flöße dienen sollten, das rettende Ufer zu erreichen. Acht Morde und fünf Suizide ereigneten sich auf der Insel, niemals jedoch eine Exekution. Die Schließung erfolgte 1963 auf Anordnung des damaligen Justizministers Robert F. Kennedy. In seiner bewegten Geschichte war Alcatraz auch schon Militärposten und 1969–1971 von Indianern besetzt, die das Eiland stellvertretend für alle Indianerstämme der USA als ihr Eigentum beanspruchten. Rechnen Sie für Überfahrt und Rundgang mindestens vier Stunden und buchen Sie im Sommer vorab.

»The Rock« erlebte viele Fluchtversuche von Häftlingen – alle scheiterten

KLEINE PAUSE
Cafés und Restaurants gibt es hier nicht, aber zumindest ein **Picknickareal** am Dock. Achtung: Dies ist der einzige Platz auf der Insel, wo Essen und Trinken erlaubt sind!

✚ außerhalb Karte 214 C5 ✉ Fisherman's Wharf, Pier 33 ☎ 1 415 9 81 76 25 (Fährzeiten und Information); www.alcatrazcruises.com; www.nps.gov/alcatraz
🕐 Hinfahrten (ca. alle halbe Std.): Okt.–Anfang März 8.45–13.30 (Abendfahrt 15.50 Uhr), Anfang März–Okt. 9.30–15.55 (Abendfahrten 18.10 und 18.45 Uhr)
💲 38 $ (Fähre, Eintritt, Audioguide), Kinder: 26,25 $ 🚌 30-Stockton, 19-Polk; Powell-Hyde-Straßenbahn; historische Straßenbahnen der Linie F (auf der Market Street in östlicher Richtung und um den Embarcadero)

Fisherman's Wharf

⑫ Fisherman's Wharf

Die kleine Flotte, die mit dem Morgenfang anlegt, zählt an der Wharf zu den wenigen Überbleibseln der einst blühenden Fischindustrie der Stadt. Heute beherrschen hier auf den Piers 39 bis 45 Seafood-Restaurants, T-Shirt- und Kramläden die Szene, die stets bevölkert ist von Straßenhändlern und Gauklern.

Billigkommerz und Touristentrubel kann man hier kaum entfliehen, aber immerhin gibt es ein paar echte nautische Attraktionen zu bestaunen, wie die USS *Jeremiah O'Brien* (Tel. 1 415 5 44 01 00), ein »Liberty Ship« aus dem Zweiten Weltkrieg, das am 9. Juni 1944 an der Invasion der Alliierten in der Normandie teilnahm sowie 1994 an der Jubiläumsfeier. Sein Maschinenraum ist im berühmten *Titanic*-Film von 1997 zu sehen. In rührender Weise antiquiert wirken die Apparaturen des U-Boots *USS Pampanito* (Tel. 1 415 7 75 19 43), das vorwiegend im Pazifik seinen Dienst versah.

Von Menschenmassen umlagert ist stets Pier 39 (Embarcadero, Ecke Powell Street) mit dem Aquarium of the Bay und dem Hard Rock Café. Die unterhaltsamste Attraktion hier ist kostenlos: Seehunde, die an der Westseite des Piers herumlümmeln und bellend um die Vorherrschaft streiten.

Ein Snack auf Pier 39 unter freiem Himmel bei frischer Brise, begleitet von der Musik der Seelöwen

KLEINE PAUSE
Frittierte Muscheln, Krabbencocktails und andere Meeresfrüchte an den **Imbissständen** bei Pier 47 und 39.

✚ 214 B5 ☎ 1 415 6 74 75 03; www.fishermanswharf.org 🚍 30-Stockton, 19-Polk; historische Straßenbahn der F-Linie (Market Street in östlicher Richtung und um den Embarcadero); Powell-Hyde Straßenbahn

BAEDEKER TIPP

■ Am großartigen **Hyde Street Pier** kann man historische Schiffe besichtigen, darunter einen Schoner und einen Schaufelraddampfer. Das Pier gehört zum **San Francisco Maritime National Historic Park**.

■ Entlang dem Kai warten Schiffe für die **Hafenrundfahrt** sowie **Fähren** in Richtung Sausalito (▶ 66) und andere Küstenorte. Schöne Naturerlebnisse bietet ein Tagesausflug (Proviant einpacken!) nach **Angel Island** (einem ehemaligen Auffanglager für Immigranten). Die Insel mit ihren historischen Sehenswürdigkeiten inmitten anmutiger Landschaft lässt sich gut per Pedes, Bahn oder Fahrrad erkunden (Fahrräder kann man je nach Saison am Pier leihen).

San Francisco und die Bay Area

⓭ South of Market

Geschäftsleben, Kultur und Unterhaltung verschmelzen im Bezirk SoMa. Im Moscone Center finden Messen und Konferenzen statt. Das herausragende San Francisco Museum of Modern Art begeistert die Kunstfreunde. Die Vergnügungsmöglichkeiten reichen von einem 100 Jahre alten Karussell bis hin zu Virtual-Reality-Spielen. Viele Attraktionen stammen aus den letzten zehn Jahren.

SoMa erstreckt sich vom Embarcadero nach Westen bis zur Division Street. Im westlichen Teil liegen einige beliebte Nachtclubs und Restaurants, aber die **Yerba Buena Gardens** stellen das eigentliche Herz des Distrikts dar. Es gibt hier Restaurants, eine Bowlingbahn, eine Eishalle, das **Moscone Convention Centre** und das 🎠 **Children's Creativity Museum**. Der 🎠 **Metreon-Komplex** beherbergt das IMAX sowie weitere Kinos und futuristische Spielzonen – die Ultra-Bowl-Video-Bowlingbahn ist herausragend – für Kinder und Erwachsene. Weiden, Kiefern und andere Baumarten umschließen den grasbewachsenen Hügel im ruhigen **East Garden**, vielleicht der schönste kleine Park der Stadt.

San Francisco Museum of Modern Art
Der Schweizer Mario Botta entwarf den kühnen Bau des **San Francisco Museum of Modern Art (SFMOMA)** aus dem Jahre 1995. Zu den hier vertretenen Künstlern gehören u. a. Henri

Das SFMOMA besitzt eine weltberühmte Sammlung moderner Kunst

South of Market

Matisse, Georgia O'Keeffe und Andy Warhol, aber auch Lokalmatadoren wie Richard Diebenkorn (►22); es gibt eine sehr gute Fotografiesammlung. Sehenswert sind die neuen **Rooftop Gardens** mit ihren Skulpturen und einer Cafébar (Haupthaus wegen Renovierung bis Anfang 2016 geschlossen). Am Rande der Yerba Buena Gardens warten unter anderen kulturellen Institutionen wie das **Cartoon Art Museum** für Comics, Cartoons und Zeichentrickfilme sowie das **Children's Creativity Museum**: Kunst und Technologie, spannend für Kinder und Jugendliche und das **Museum of the African Diaspora**, wo man interaktiv die Geschichte Afrikas und seine Rolle in der Welt erlebt. Das 2008 eröffnete **Contemporary Jewish Museum**, erbaut von Star-Architekt Daniel Libeskind, zeigt Historie, Kunst und Kultur der Juden.

KLEINE PAUSE

Im Erdgeschoss des Metreon gibt es mehrere Restaurants, wie das **Firewood Café** und der japanische **Sanraku Grill**. Bei schönem Wetter kann man auch ein kleines Picknick im **East Garden** oder auf einer der Terrassen darüber abhalten.

Yerba Buena Gardens
214 C2 ✉ eingegrenzt von Mission, 4th, Folsom und 3rd Street ☎ 1 415 8 20 35 50; www.yerbabuenagardens.com ◷ tägl. 6–22 Uhr 🚇 Muni Metro J, K, L, M, N und BART (New Montgomery) 🚌 9-San Bruno, 14-Mission, 15-Kearny, 30-Stockton

San Francisco Museum of Modern Art (SFMOMA)
214 D2 ✉ 151 3rd Street ☎ 1 415 3 57 40 00; www.sfmoma.org
◷ wechselnde Öffnungszeiten 🎫 18 $

Cartoon Art Museum
214 D2 ✉ 655 Mission Street ☎ 1 415 2 27 86 66; http://cartoonart.org
◷ Di–So 11–17 Uhr 🎫 7 $

Children's Creativity Museum
214 C2 ✉ 221 Fourth Street ☎ 1 415 8 20 33 20; http://creativity.org
◷ Sommer Di-So, sonst Mi-So 10-16 Uhr 🎫 11 $

Museum of the African Diaspora
214 D2 ✉ 685 Mission Street ☎ 1 415 3 5872 00; www.moadsf.org
◷ Mi-Sa 11–18, So 12–17 Uhr 🎫 10 $

Contemporary Jewish Museum
214 C2 ✉ 736 Mission Street ☎ 1 415 6 55 78 00; www.thecjm.org
◷ Do 13–20, Fr–Di 11–17 Uhr 🎫 12 $

BAEDEKER TIPP

Um Yerba Buena angemessen zu würdigen, muss man mindestens **einige Minuten im East Garden** sitzen (Eingang in der Mission Street, in der Mitte des Häuserblocks zwischen 3rd und 4th Street).

San Francisco und die Bay Area

⓮ Golden Gate Park

Ungefähr 75 000 Menschen strömen an einem sonnigen Tag in den Golden Gate Park. Das 405 ha große Naherholungsgebiet spielt eine wichtige Rolle im Leben der Stadt.

Die Magie des Golden Gate Park beruht weniger auf einzelnen Örtlichkeiten – wie Seen, Gärten, Hainen, Spielplätzen, einer Büffelherde, Windmühle und einem Lokal mit Seeblick –, sondern seinem harmonischen Gesamtensemble. Hier erwartet Sie jedoch nicht nur teils urwüchsige, teils kunstvoll gestaltete Natur, sondern als kulturelles Highlight auch das 2005 nach jahrelanger Renovierung wiedereröffnete **de Young Memorial Museum**. Auch die **California Academy of Sciences** residiert hier seit 2008 in einem neuen Domizil, das der Pritzker-Preisträger Renzo Piano ganz im Sinne eines »grünen Museums« entworfen hat, mit einem üppigen Dachgarten über Planetarium, Aquarium, Naturkundemuseum und Regenwald-Treibhaus: ein auch bezüglich seines Energiehaushalts sensationeller Bau, der die höchste Auszeichnung des »Leadership in Energy and Environmental Design«-Programms errang.

Planetarium und Aquarium

Das hochmoderne, digitale **Morrison Planetarium** bietet Vorführungen zur Welt der Sterne und Planeten – wochentags jede volle, am Wochenende jede dreiviertel Stunde. Hierfür werden gratis separate Eintrittskarten direkt beim Planetarium ausgegeben, die jeweils für die nächste Vorstellung

Besucher genießen die Ruhe am Stow Lake, einem der Highlights im Golden Gate Park

Golden Gate Park

Das viktorianische Conservatory of Flowers nach seiner Renovierung

gültig sind. (Deshalb sollten Sie sie sofort erwerben, noch bevor Sie das Museum erkunden, sonst können Sie Pech haben).

Im Untergeschoss befindet sich das **Steinhart Aquarium**, wo es 38 000 Lebewesen von 900 unterschiedlichen Spezies zu bewundern gibt, im Obergeschoss das **Kimball Natural History Museum** mit sehenswerten Dioramen zur Naturgeschichte. Spitzenköche verwöhnen den Gast in beiden Lokalen des Museums, dem **Academy Café** und dem eleganten **Moss Room**. Donnerstagsabends von 18 bis 22 Uhr richtet das Museum Festivitäten mit Umtrunk und Tanz aus.

Highlights im Park

Die bedeutendsten Sehenswürdigkeiten befinden sich in den östlichen und westlichen Ecken des Parks. Der John F. Kennedy Drive führt – doch sehr nahe – auf 5 km Länge zwischen der Stanyan Street und Ocean Beach an einigen von ihnen vorbei. Frisches Grün ist ein solch unverzichtbares Element des Golden Gate Park, dass man sich kaum vorstellen kann, dass fast seine gesamte Fläche einst von Sanddünen bedeckt war. Die heutige Pracht hat der Park John McLaren, seinem Leiter von 1890 bis 1943, zu verdanken. Doch auch die Lage hilft: Der Golden Gate Park befindet sich unmittelbar über einigen unterirdischen Flüssen.

Der sehr gepflegte Japanese Tea Garden

Wenn Sie nur wenig Zeit haben, konzentrieren Sie sich auf den Ostteil. Fahren Sie zur 8th Avenue (5-Fulton-Bus) und gehen Sie auf dem John F. Kennedy Drive in östlicher Richtung an der Rhododendron Dell vorbei zu den Attraktionen zwischen der 8th Avenue und dem Cross-Over Drive: dem **Japanese Tea Garden** und dem **San Francisco Botanical Garden at Strybing Arboretum**. Wenn Sie etwas mehr Zeit mitbringen, können Sie mit dem 5-Fulton-Bus in westlicher Richtung zum Ozean fahren. Gehen Sie an der 36th Avenue auf den Kennedy Drive und nach Süden zum **Buffalo Paddock** oder zur 47th Avenue, in deren Nähe die **Dutch Windmill** und das **Cliff House** liegen.

Das **Conservatory of Flowers**, eine Kopie der Königlichen Botanischen Gärten im englischen Kew Garden, ist nach einem Sturmschaden Mitte 1990 wieder sehr schön hergestellt. Das Gebäude aus dem 19. Jh. lohnt einen Blick ebenso wie die tropischen und subtropischen Pflanzen der Saisongärten. 🔢 Auf der anderen Straßenseite liegt westlich die üppige Rhododendron Dell. Südlich, am Bowling Green Drive, finden Sie den schönen National AIDS Memorial Grove, dahinter den Children's Playground, dessen Karussell 1912 erbaut wurde.

Das mit Kupferplatten verkleidete Gebäude des **de Young Memorial Museums** ist ein Werk des Baseler Architektenbüros Herzog & de Meuron, das 2000 durch den Bau der Tate Modern in London international bekannt wurde. Neben afrikanischen und indianischen Sammlungen bildet das Glanzstück des Museums die John D. Rockefeller III Collection of American Paintings. Außerdem lockt ein Skulpturenpark und vom markanten **Aussichtsturm** hat man einen grandiosen Blick auf die Bay Area. Von April bis November gibt es freitagabends ab 17 Uhr im Museum gratis Liveentertainment.

Japanischer und Botanischer Garten
Teiche, Pagoden und bambusgesäumte Wege schaffen eine friedvolle Atmosphäre im **Japanese Tea Garden**. Magnolien, Kamelien, Azaleen, japanischer Ahorn, Zwergkiefern und andere Pflanzen wachsen in diesem Garten, der für die Midwinter Exposition des Golden Gate Park von 1894 angelegt wurde. Sie können den Anblick bei einer

Golden Gate Park

Tasse Tee vom Teehaus aus genießen. Allerdings wird die Ruhe im Sommer häufig durch Touristenscharen gestört. Ruhiger geht es im nahe gelegenen **San Francisco Botanical Garden at Strybing Arboretum** zu, der zu jeder Jahreszeit einen Besuch wert ist. Über eine Fläche von 22 ha verteilen sich biblische Gärten, Duft- und Sukkulentengärten sowie Bäume und Pflanzen von mehreren Kontinenten.

KLEINE PAUSE
Die breiten Fenster der Kneipe im ersten Stock des **Beach Chalet** (▶69), eines 1925 im spanischen Kolonialstil erbauten Gebäudes, öffnen sich zum Ocean Beach. Lucien Labaudts beeindruckendes Wandgemälde stellt San Francisco in den 30er-Jahren dar.

---

außerhalb Karte 214 A1
N-Judah (Südseite des Parks) 5-Fulton (Nordseite des Parks)

California Academy of Sciences
55 Music Concourse Drive 1 415 3 21 80 00; http://www.calacademy.org
Mo–Sa 9.30–17, So 11–17 Uhr 30 $

Conservatory of Flowers
John F. Kennedy Drive zum Conservatory Drive 1 415 8 31 20 90;
www.conservatoryofflowers.org Di–So 10–16.30 (Einlass bis 16 Uhr) 7 $

de Young Memorial Museum
50 Tea Garden Drive, vom John F. Kennedy Drive abzweigend
1 415 7 50 36 00; http://deyoung.famsf.org
Di–So 9.30–17.15 Uhr (April–Nov. Fr bis 20.45) 10 $

Japanese Tea Garden
Tea Garden Drive, vom John F. Kennedy Drive abzweigend
1 415 7 52 11 71; http://japaneseteagardensf.com
März–Okt. tägl. 9–18 Uhr; sonst 9–16.45 Uhr 7$

San Francisco Botanical Garden at Strybing Arboretum
9th Avenue at Lincoln Way; www.sfbotanicalgarden.org
1 415 6 61 13 16 tägl. ab 7.30 Uhr, Nov.–Jan. bis 16, Mitte März–Sept. bis 18, sonst bis 17 Uhr 7 $

BAEDEKER TIPP

- Besuchen Sie den Park am Wochenende, wenn viele Straßen für Autos gesperrt sind.
- Im Sommer sollten Sie für einen Besuch des Japanese Tea Garden **spätestens um 9.30 Uhr dort sein**, um Warteschlangen zu vermeiden. Sportliche Besucher können Fahrräder oder Inlineskates in den Läden an der Stanyon Street zwischen Page und Waller Street mieten.
- Wenn Sie von Osten nach Westen gehen, erwarten Sie **weitere Attraktionen des Parks**, darunter Konzerte auf der Bühne beim Music Concourse, der Rose Garden, Stow Lake, der Buffalo Paddock und die Dutch Windmill.

San Francisco und die Bay Area

Nach Lust und Laune!

15 Cliff House

Schon seit mehr als 100 Jahren kommen die Menschen zum Cliff House, um einen Drink oder eine Mahlzeit zu sich zu nehmen und den fantastischen Seeblick zu genießen. Direkt vor der Küste liegt **Seal Island**, ein Lieblingsplatz von Vögeln und Seelöwen. Wenn es nicht zu windig ist, macht es Spaß, durch die unmittelbar nördlich vom Cliff House gelegenen Ruinen der **Sutro Baths** zu spazieren. Das war ein gigantisches Badehaus und Schwimmbecken, das in den 1960er-Jahren abbrannte. Zu Essen gibt es nur wenig aufregende amerikanische Kost. Der Brunch ist jedoch nicht schlecht und die Aussicht ist kaum zu übertreffen.

außerhalb Karte 214 A1 1090 Point Lobos Avenue 1 415 3 86 33 30; www.cliffhouse.com Mo–Sa 9–21.30, So 8.30–21.30 Uhr (Bar So–Do bis 23, Fr/Sa bis 24 Uhr) 18–46th Avenue; 38-Geary (aber nur mit Endstelle Point Lobos oder Fort Miley)

16 California Palace of the Legion of Honor

Der Palast der »Ehrenlegion«, 1924 im Stil des französischen Klassizismus fertiggestellt, ist eine geschmackvolle, verkleinerte Adaption des Pariser Palais de la Légion d'Honneur aus dem 18. Jahrhundert. Seine Lage auf einer windumwehten Klippe lohnt einen Halt. Es bietet sich ein Panorama der sich nach Osten und Süden ausdehnenden Stadt und ein Blick auf das Golden Gate im Norden durch knorrige Zypressen und Kiefern. Auch die Sammlung des Museums ist reizvoll, darunter europäische Kunstwerke bis zum 20. Jh., Porzellan und Skulpturen von Auguste Rodin.

außerhalb Karte 214 A1 34th Avenue an der Clement Street 1 415 7 50 36 00; http://legionofhonor.famsf.org Di–So 9.30–17.15 Uhr (letzter Einlass 16.30) 2-Clement, 18-46th Avenue, 38-Geary 10 $

17 Golden Gate Bridge

Der Anblick dieses 2,7 km langen Wahrzeichens (▶ 3D S. 60/61), das die Stadt mit Marin County verbindet, zählt zu den erhebendsten in San Francisco. Die Türme der Hängebrücke verjüngen sich bis zu ihrer auf einer Höhe von 227 m gelegenen Spitze. Das prägnante Orange der Brücke harmoniert mit dem blauen Himmel, dem dunkelgrauen Wasser der Bucht, den braunen bis grünen Hügeln und der Skyline von San Francisco. (Die Navy wollte die Brücke schwarzgelb streichen, damit sie von den Schiffen aus besser gesehen wer-

Das wellenumtoste Cliff House des California Palace of the Legion of Honor

Nach Lust und Laune!

den konnte.) Ein Spaziergang über das robuste und elegante Bauwerk kann an einem sonnigen Tag ein umwerfendes Erlebnis sein. Wolken und Wind hingegen sorgen für eisige Kälte. Die Aussichtspunkte an beiden Enden der Brücke bieten großartige Blicke. Eine luftigere Perspektive, bei der die Trossen der Brücke die Stadt quasi einrahmen, haben Sie, wenn man von der nördlichen (Marin-) Seite die Alexander-Avenue-Ausfahrt und die erste Straße links nimmt. Sie unterqueren die US 101, fahren dann rechts und die Conzelman Road zur Landspitze Marin Headlands.

außerhalb Karte 214 A4
www.goldengatebridge.org Autos und Fahrräder: rund um die Uhr; Fußgänger: im Sommer 5–21 Uhr; sonst 5–18.30 Uhr

18 Palace of Fine Arts

Die Stadtväter von San Francisco veranstalteten 1915 die aufwendige Panama-Pacific International Exposition, um zu dokumentieren, dass sich die Stadt vom Erdbeben und Feuer des Jahres 1906 erholt hatte. Die nur für kurze Zeit errichteten Gebäude dieser Messe wurden bis auf den klassizistischen Palast wieder abgebaut. Die Einheimischen hatten ihn so ins Herz geschlossen, dass er in den 1960er-Jahren nochmals nachgebaut wurde. Das früher hier befindliche **Exploratorium**, ein interaktives Museum für Naturwissenschaften, ist zum Pier 15 umgezogen.

außerhalb Karte 214 A4 Beach and Baker Street 1 415 5 61 03 60 (Exploratorium); www.palaceoffinearts.org; www.exploratorium.edu Exploratorium: Di–So 10–17 Uhr 30-Stockton 25 $

19 Lombard Street

Man kann Wichtigeres mit seiner Zeit anfangen. Aber was soll's, stürzen Sie sich also diesen unwiderstehlichen Hügel

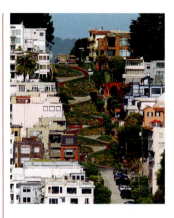

»Die kurvenreichste Straße der Welt«

hinunter, dessen Einbahnstraße acht Kurven hat, durch die Sie das Auto hindurchmanövrieren müssen.

214 A4 Lombard Street zwischen Hyde und Leavenworth Street (biegen Sie in die Hyde-Street ein) 19-Polk; Powell-Hyde Straßenbahn

20 Coit Tower/Telegraph Hill

Die exzentrische Lilie Hitchcock Coit stiftete das Geld für die Errichtung des Turms, der die von ihr so bewunderte städtische Feuerwehr ehrt. Die Blicke auf die Bucht und die Innenstadt von diesem 1933 erbauten Gebäude aus suchen ihresgleichen. Wandgemälde stellen Kalifornien in der Zeit der Weltwirtschaftskrise dar. Das Restauration Project der Wandgemälde ist abgeschlossen. Sie sind wieder zugänglich. Sollten Sie amouröse Gefühle empfinden, wissen Sie, warum die Leser einer örtlichen Zeitung Coit Tower zum besten Ort für Liebende wählten. Zwei mit Blumen gesäumte Treppen führen vom Coit Tower an Craftsman-Bungalows und anderen Gebäuden entlang den Osthang von Telegraph

San Francisco und die Bay Area

Golden Gate Bridge

Die Golden Gate Bridge, die 2012 ihr 75-jähriges Jubiläum hatte, überbrückt die »Golden Gate« (Goldenes Tor) genannte Meerenge zwischen der Halbinsel von San Francisco und der gegenüber liegenden Marin Peninsula. Sie ist eine der längsten und schönsten Hängebrücken der Welt und das bekannteste Wahrzeichen von San Francisco. Jährlich pilgern rund 14 Mio. Touristen zur Golden Gate Bridge und gut 112 000 Autos überqueren sie täglich.

❶ **Maße** Die Gesamtlänge der abends angestrahlten Brücke beträgt 2,7 km, ihre Höhe 67 m über Mittelwasser, die Höhe der Pfeiler 227 m und die Spannweite 1280 m.

❷ **Pfeiler** Während der Bauarbeiten schützte ein 47 m hoher Betonmantel die Basis der Pfeiler vor den Gezeiten. Das Wasser wurde abgepumpt, um einen wasserfreien Hohlraum zu schaffen. Die Stützpfeiler, die je einen 21 500 t schweren Turm tragen, müssen einen Gezeitendruck von knapp 100 km/h aushalten.

❸ **Pfeilerfundamente** Die Pfeilerfundamente sind 20 m mächtig. Sie wurden 345 m von der Küste entfernt etwa 30 m tief ins Meer eingelassen. Der Beton, der während des Baus in die Stützpfeiler und Verankerungen gegossen wurde, würde für einen 1,5 m breiten und 4000 km langen Weg reichen, z. B. von New York bis San Francisco.

❹ **Fahrbahn** Die Fahrbahn verläuft 67 m über dem Wasserspiegel des hier 97 m tiefen Meeres. Die stahlverstärkte Betonfahrbahn wurde gleichzeitig von beiden Pfeilern aus gebaut, damit der Zug auf die Stahlseile der Hängekonstruktion gleichmäßig verteilt war.

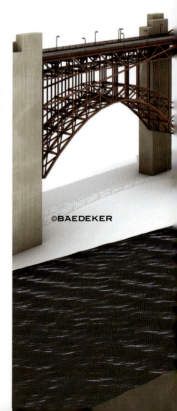

Golden Gate Bridge

Die Brücke führt über die Meerenge Golden Gate, die die Bucht von San Francisco mit dem Pazifik verbindet

San Francisco und die Bay Area

Hill hinunter. Die **Greenwich Steps** münden in die Montgomery Street, wo sich ein paar Schritte weiter südlich die hölzernen **Filbert Steps** nach Osten fortsetzen. Am Fuß von Telegraph Hill kann man an der Battery Street einen Bus ins Zentrum nehmen oder ein paar Blocks in nördlicher Richtung zur Fisherman's Wharf gehen. Der Spaziergang von North Beach (➤ 49) zum Coit Tower sorgt für ein paar schöne Stunden.

🚫 214 C4 ✉ Telegraph Hill Boulevard und Greenwich Street ☎ 1 415 3 62 08 08
🕐 Mai–Okt. tägl. 10–18 Uhr (sonst 10–17 Uhr)
🚌 39-Coit (vom Washington Square Park, Union-Street-Seite) 💲 7 $

㉑ Ferry Building

Das 1896 erbaute Ferry Building, hat die beiden größten Erdbeben San Franciscos überstanden. Heute ist es auch nicht mehr von dem einstigen Freeway in Beschlag genommen, der drei Jahrzehnte lang die Sicht auf die Fassade dieses Fährhafengebäudes versperrt hatte. Nach dem Umbau ist es schließlich als luxuriöse Markthalle mit feinen lokalen Produkten wie Fleisch, Fisch und anderen Leckereien auferstanden. Die Bodegas sind das ganze Jahr über geöffnet. Dreimal in der Woche findet der Farmers' Market statt (Di, Do 10–14, Sa 8–14 Uhr): Hier kann man sich wunderbar für ein Picknick am Wasser eindecken. Besonders beeindruckend ist das im natürlichen Licht erstrahlende dreistöckige »Hauptschiff« der Markthalle. (Es wird von den Einheimischen *skylit nave* genannt).

🚫 außerhalb Karte 214 C3 ✉ Ecke Embarcadero und Market Street ☎ 1 415 9 83 80 30; www.ferrybuildingmarketplace.com; www.cuesa.org 🕐 Mo–Sa 10–18, So 11–17 Uhr (unterschiedl. Öffnungszeiten der Restaurants)
🚇 Embarcadero Station (BART und alle Muni-Bahnhöfe); F-line Straßenbahn
🚋 1-California

㉒ Haas-Lilienthal House

Viele Häuser an der breiten Van Ness Avenue wurden 1906 gesprengt, um das Vordringen der Feuer zu stoppen, die auf das Erdbeben gefolgt waren. Das imponierende, im Stil der englischen Architektur des frühen 18. Jhs. erbaute Haas-Lilienthal-Haus gehörte zu den Nutznießern dieser Strategie. Mit seinen 24 im Stil der Zeit eingerichteten Räumen war dieses 1886 für den bekannten deutschstämmigen Kaufmann William Haas erbaute Haus im Vergleich zu den zerstörten Anwesen bescheiden. Es ist aber immer noch ein luxuriöses Gebäude, von dem Sie sich während der einstündigen Führung selbst einen Eindruck verschaffen können. Rundgänge durch Pacific Heights beginnen hier sonntags um 12.30 Uhr.

🚫 214 A3 ✉ 2007 Franklin Street, nahe der Washington Street ☎ 1 415 4 41 30 00; www.sfheritage.org 🕐 Mi, Sa 12–15, So 11–16 Uhr 🚋 1-California, 27 Bryant, 47–49 Van Ness/Mission 💲 8 $

㉓ Nob Hill

Nob Hill ist eines der reizvollsten Viertel der Stadt. Es entwickelte sich zu *der* Adresse des 19. Jhs., als die »vier Großen« der Eisenbahnfürsten – Charles Crocker, Leland Stanford, Mark Hopkins und Collis Huntington – Tausende Dollar ausgaben, um sich in der Nähe der California und Mason Street Anwesen zu bauen. Die **Grace Cathedral** (California und Taylor Street) steht auf dem Grund des ehemaligen Hauses von Crocker, das ebenso wie die Anwesen seiner Freunde im Erdbeben und Feuer von 1906 zerstört wurde. Das **Fairmont Hotel** (California und Mason Street) brannte kurz vor seiner Eröffnung aus, die Hülle aber überlebte, auch die der James Flood Mansion aus rotem

Nach Lust und Laune!

WIE FUNKTIONIERT DIE CABLE CAR?
Unter der Powell, der Hyde, der Mason und der California Street verlaufen Drahtseile. Um eine *cable car* in Gang zu setzen, benutzt der »Greifer« eine lange Stange gleichen Namens, die sich in das Drahtseil einklinkt, sodass die Bahn mitgezogen wird. Um anzuhalten, löst dieser die Stange wieder vom Drahtseil. Im **Cable Car Museum** sieht man die Antriebsräder für die Kabel. Ein toller Spaß, von den Stahlseilen der Cable Car über die Hügel gezogen zu werden. (Mason und Washington Street, Tel. 1 415 4 74 18 87; April–Sept. tägl. 10–18 Uhr; sonst 10–17 Uhr; geschl. 1. Jan., Ostersonntag, Thanksgiving, 25. Dez. Bus: 1-California; Powell-Hyde and Powell-Mason cable cars; Eintritt frei).

24 Union Square
Die Warenhäuser Niketown, Tiffany & Company, Neiman Marcus und Macy's sind im Trubel des Zentrums und des Financial District zu Hause. An der Westseite des Platzes liegt das Westin St. Francis, wo Fatty Arbuckles Karriere mit der verhängnisvollen Party endete. Gegenüber liegt Maiden Lane, im 19. Jh. der Rotlichtbezirk, heute Heimat feiner Geschäfte. Die runde Rampe an der Galerie in 140 Maiden Lane soll Frank Lloyd Wrights Probe für das Guggenheim Museum in New York gewesen sein. Drei Blocks südlich vom Union Square auf der Powell Street liegen das San Francisco Visitor Information Center (➤ 35) und der Wendepunkt für zwei Straßenbahnlinien.
🚇 214 C2
🚌 3-Jackson, 30-Stockton, 38-Geary, Powell-Hyde und Powell-Mason-Cable-Cars

Sandstein auf der anderen Seite der Mason Street (heute der Pacific Union Club). Um die Aussicht zu genießen, sollten Sie **Top of the Mark** (➤ 73) besuchen, die Bar des Mark Hopkins International Hotel mit Blick auf die Skyline California und Mason Street).
🚇 214 A3 🚌 1-California Bus; alle Cable-Car-Linien

Die mächtige Kuppel des von einem Park umgebenen Civic Center

25 Civic Center
Die Lichtstrahlen und die marmornen Stufen seiner massiven Rotunde scheinen vom Himmel auf das Hauptstockwerk von San Franciscos flotter **City Hall** (Polk und McAllister Street) herunterzufallen. Es gibt täglich kostenlose Führungen (Tel. 1 415 5 54 61 39) durch dieses 1915 im Stil des französischen Barockrevivals er-

Malerisches altes Haus mit bunter Fassade in Haight-Ashbury

richtete Gebäude, in dem Marilyn Monroe den Baseballstar Joe DiMaggio heiratete. Auf der anderen Seite der Civic Center Plaza liegt das **Asian Art Museum** (Larkin und McAllister Street; Tel. 1 415 5 81 35 00; 15 $) mit Ausstellungsstücken aus über 30 Ländern.
✚ 214 A1 ✉ Ecke Polk und McAllister
☎ 1 415 5 54 60 23; http://sfgsa.org
🕐 Mo–Fr 8–20 Uhr 🚇 Civic Center (BART und alle Muni); Van Ness (Muni) G5-Fulton, 19-Polk, 21-Hayes, 47-Van Ness

Asian Art Museum
✚ 214 A1 ✉ Ecke Polk und McAllister
☎ 1 415 5 81 35 00; www.asianart.org
🕐 Di–So 10–17 Uhr 🍴 12 $

26 Hayes Valley
Die westlich von der Van Ness Avenue gelegene Hayes Street wird von Geschäften gesäumt, die originell, aber nicht zu verrückt, unkonventionell, aber nicht zu ausgeflippt sind. Ein Milchkaffee, etwas Süßes oder ein Sandwich im La Boulange (500 Hayes Street, Tel. 1 415 8 63 33 76, tägl. 7–19 Uhr) stärken nach einer Shoppingtour.
✚ 214 A1

27 Haight Street
Ein Musikkritiker aus San Francisco schrieb, dass der »Summer of Love« von 1967 niemals stattgefunden habe, sondern er nur ein Hirngespinst von Journalisten gewesen sei. Dies würde es nur noch ironischer machen, dass die Ecke Haight und Ashbury Street, das Zentrum der Flower-Power-Zeit, bis zum heutigen Tag eine Art Pilgerziel für viele Besucher ist. Ob es nun einen »Summer of Love« gegeben hat oder nicht, bis auf die abgemagerten Gestalten in ihren gefärbten Hemden, die um Kleingeld betteln und Joints verkaufen wollen, deutet heute kaum etwas darauf hin. In der Ben-and-Jerry's-Filiale an der Ecke Haight und Ashbury bekommt man immerhin Cherry-Garcia-Eiscreme, die nach dem verstorbenen Grateful-Dead-Musiker Jerry Garcia benannt ist, der in 710 Ashbury Street in der Nähe wohnte. Eine Oase des Idealismus der Sechzigerjahre ist das **Red Victorian Bed, Breakfast & Art** (1665 Haight Street, nahe Cole Street). In seiner Peace Center Arts Gallery finden sich Poster und T-Shirts.
✚ außerhalb Karte 214 A1 🚌 33-Stanyan, 71-Haight-Noriega

28 Mission Dolores
Das älteste Gebäude San Franciscos, 1791 entstanden, heißt offiziell Misión San Francisco de Asis. Die aus Adobeziegeln gebauten 1,2 m dicken Wände der Kapelle haben

Nach Lust und Laune!

ABSEITS DER AUSGETRETENEN PFADE
Von San Franciscos zweithöchstem Punkt **Twin Peaks** aus sieht man im Norden Marin County, im Osten Oakland. Trotz gelegentlich heftigen Windes ist das Panorama grandios. (Twin Peaks Boulevard, vom Portola Drive abzweigend; nehmen Sie von Castro aus die Market Street Richtung Westen.) Bus 37-Corbett (von der Nordseite der Market Street westlich der Castro Street).

✚ außerhalb Karte 214 A1 🚋 Muni (K, L, M), Straßenbahn der F-line 🚌 24-Divisadero, 33-Stanyan, 37-Corbett

㉚ Mission District

Die Mission Dolores liegt an der nördlichen Grenze des Mission District, viele Jahre eine der wichtigsten Wohngegenden der lateinamerikanischen Bevölkerung. Heute erlebt dieser Bezirk einen Aufschwung, da viele Asiaten, Araber und erfolgreiche junge Leute hierhin ziehen. Ein beliebter Abschnitt ist der Valencia Corridor, die acht Blocks der Valencia Street zwischen der 16th und der 24th Street, wo es zahlreiche billige Geschäfte, preiswerte Lokale und Buchläden gibt. An der 24th Street, zwischen Mission und Bryant Street ist der lateinamerikanische Einfluss am stärksten. Im **Precita Eyes Mural Arts & Visitors Center** (2981 24th Street, nahe der Alabama Street, Tel. 1 415 2 85 22 87, tägl.), führt Sie eine dort erhältliche Lagekarte zu den Wandmalereien dieser Gegend, darunter die Werke vieler lateinamerikanischer Künstler. In der **Galeria de la Raza/Studio 24** (2857 24th Street, an der Bryant Street, Tel. 1 415 8 26 80 09, Mi–So) werden Werke von Amerikanern und Lateinamerikanern ausgestellt und verkauft.

✚ außerhalb Karte 214 B1
🚋 BART (16th Street, 24th Street)
🚌 14-Mission, 22-Fillmore, 26-Valencia, 27-Bryant, 48-Quintara/24th Street

schon mehrere Erdbeben überstanden. Hier befinden sich noch die ursprünglichen, in Mexiko gegossenen Glocken wie auch die originalen Stützpfähle aus Redwood-Holz. Für die Deckenmalereien wurden Gemüsefarben benutzt.

✚ außerhalb Karte 214 C1 ✉ Ecke Dolores und 16th Street ☎ 1 415 6 21 82 03; www.missiondolores.org ⏰ tägl. 9–16 Uhr (Mai–Okt. bis 16.30) 🚋 J-Church (Muni), historische Straßenbahn der F-line; BART (16th und Mission Street) 🚌 22-Fillmore 💵 5 $

㉙ Castro District

In den Siebzigerjahren ließen sich in diesem Wohnviertel der Mittelklasse Homosexuelle nieder. Schon bald hatte sich die Gegend einen internationalen Ruf als ein Mekka der Schwulen-Szene erworben. Die neuen Bewohner unterstützten die Wahl von Harvey Milk, der ein Fotogeschäft auf der Castro Street betrieb und das erste offen homosexuelle Mitglied der Stadtregierung war. Er wurde 1978 ermordet. Zwei weitere wichtige Orte liegen auf der anderen Seite der Castro Street. Die **Twin Peaks Tavern** (401 Castro Street) war eine der ersten Bars für Homosexuelle, deren Fenster sich zur Straße öffneten. Wenige Türen weiter steht das im spanischen Stil erbaute **Castro Theatre** (49th Castro Street), das 1922 ursprünglich als Stummfilmkino fungiert hatte. Zwichen den Shows spielt fast jeden Abend ein Organist die Mighty Wurlitzer.

Mission District: bekannt für seine wunderbaren Wandgemälde

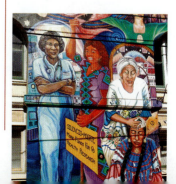

San Francisco und die Bay Area

31 Point Reyes National Seashore

Küsten-Miwoks besiedelten vor Jahrhunderten die vielleicht schönste Wildnis in der ganzen Bay Area, die heutige Point Reyes National Seashore. Halten Sie am Bear Valley Visitor Center 61 km nordwestlich von San Francisco. Sie erreichen es von Olema aus über den Highway 1. Der kürzere von zwei einfachen Spazierwegen führt zu **Kule Loklo**, einem nachgebauten Miwok-Dorf. Der etwas längere Earthquake Trail kreuzt die San-Andreas-Spalte. Hier steht ein Zaun, der sich während des Bebens von 1906 um 5 m verschoben hat. Das 34 km vom Besucherzentrum gelegene **Point Reyes Lighthouse** thront auf einem Felsvorsprung, zu dem 308 steile Stufen hinabführen. Die Klippe oberhalb wird als der windigste Punkt an der amerikanischen Westküste bezeichnet. Ein schöner Tagesausflug von San Francisco aus: Point Reyes und Muir Woods National Monument.

✚ 206 B2 ✉ Highway 1 (nehmen Sie von San Francisco aus die US 101 in nördlicher Richtung zur Ausfahrt Mill Valley/Stinson Beach und folgen Sie den Wegweisern) ☎ 1 415 4 64 51 00; www.nps.gov/pore ⏰ Park: tägl. Sonnenaufgang bis Mitternacht oder mit Campinglizenz; Besucherzentren: wechselnde Öffnungszeiten; Leuchtturm: Fr–Mo 10–16.30 Uhr 💲 frei

32 Muir Woods National Monument

Die Redwoods in diesem 18 km von der Golden Gate Bridge entfernten Küstenwald werden über 60 m hoch. Wenn Sie auf Ihrer Reise durch Kalifornien keine anderen Redwood-Wälder besuchen, legen Sie in Muir Woods einen Stopp ein. Von Mai bis Oktober besucht man ihn am besten vor 10 oder nach 16 Uhr, wenn weniger Menschen da sind. Aber die meisten verlassen ohnehin nicht die befestigten Wege. Um einen guten Eindruck von der Pflanzen- und Tierwelt zu bekommen, sollten Sie den Hauptweg bis zu Bridge 4 folgen, dann zum Eingang gehen, aber auf dem nicht so überlaufenen Hillside Trail. Für die 3 km benötigt man eine gute Stunde (Karten am Parkeingang).

✚ 206 B1 ✉ Muir Woods Road, neben dem Panoramic Highway (nehmen Sie von San Francisco aus die US 101 nach Norden zur Ausfahrt Mill Valley/Stinson Beach und folgen Sie den Wegweisern) ☎ 1 415 3 88 25 95; www.nps.gov/muwo ⏰ tägl. 8 Uhr bis Sonnenuntergang 💲 7 $

33 Sausalito

Die Stadt auf der gegenüberliegenden Seite der Bucht ist so bieder

Point Reyes National Seashore ist von bezaubernder, wilder Schönheit

Nach Lust und Laune!

Redwood-Baumriesen im Muir Woods National Monument

geworden, dass Spuren ihrer bewegten Vergangenheit kaum erhalten sind. Im 19. Jh. verkehrten hier Schmuggler und Seeleute. Ihnen folgten Mitte des 20. Jhs. Künstler und Nonkonformisten. Am Besten besucht man die Stadt mit dem Boot, entweder der **Golden Gate Ferry** (Tel. 511, gebührenfrei, oder 415 4 55 20 00 von außerhalb der Bay Area) vom Ferry Building (Market Street und Embarcadero in San Francisco) aus oder mit der **Blue & Gold Fleet** (Tel. 1 415 7 05 82 00) von Pier 41 aus. Die Stadt lässt sich gut zu Fuß erkunden. Auf der Hauptstraße Bridgeway liegen Geschäfte und Restaurants.

🗺 206 B1 ✉ neben der US 101 (nehmen Sie die Alexander-Avenue-Ausfahrt am Nordende der Golden Gate Bridge und folgen Sie den Wegweisern ins Zentrum)
🚌 Route 10/Golden Gate Transit

34 Filoli

5,5 ha Garten umgeben das 42 km südlich von San Francisco gelegene 43-Zimmer-Anwesen, das für William Bowers Bourn II. errichtet wurde. Sein Imperium umfasste unter anderem die **Empire Mine** (▶93). Das Äußere dieses im palladianischen Stil erbauten Gebäudes diente in der Einführungssequenz der Fernsehserie *Denver Clan* als Anwesen der Carringtons. Wenn Sie schon europäische Herrenhäuser oder Hearst Castle in Kalifornien besucht haben, werden Sie die Hausführung nicht allzu spektakulär finden. Die als eine Reihe von »Räumen« angelegten Gärten aber sind herausragend.

🗺 206 B1 ✉ Canada Road, westlich von der Edgewood-Road-Ausfahrt der I-280 ☎ (650) 364-8300; www.filoli.org 🕐 Mitte Feb.–Ende Okt. Di–Sa 10–14.30, So 11–14.30 Uhr (Führungen; Reservierung empfohlen)
💰 Feb.–Mai: 20 $, Jun.–Okt.: 18 $

35 Winchester Mystery House

Die Erbin der Waffenfabrik Sarah Winchester glaubte einer Prophezeiung, derzufolge sie sterben werde, wenn die Bauarbeiten an ihrem Haus endeten. Folglich ließ sie es von 1884 bis zu ihrem Tod 38 Jahre später ständig erweitern. Die 160 Zimmer umfassen Kuriositäten wie an der Decke endende Treppenhäuser, aber auch modische Elemente wie Tiffanyfenster und Parkettböden mit Einlegearbeiten.

🗺 208 B5 ✉ 525 S. Winchester Boulevard, neben der I-280, San Jose ☎ (408) 247-2101; www.winchestermysteryhouse.com
🕐 Sept.–Mai tägl. 9–15 (Anwesen), 9–17 Uhr (Wohnhaus); Juni–Aug. 9–17 (Anwesen), 9–19 Uhr (Wohnhaus) 💰 30 $

AMÜSIEREN SIE SICH

Das **Tech Museum of Innovation** (201 S. Market Street, San Jose, Tel. 1 408 2 94 83 24, 20 $) widmet sich interaktiv der Kommunikations- und Filmtechnik, Medizin, Computern, Astronomie etc. **Six Flags Discovery Kingdom** (1001 Fairgrounds Drive, neben Highway 37, Vallejo, Tel. 1 707 6 43 67 22, 64,99 $) 56 km nordöstlich von San Francisco: Fahrgeschäfte und Meerestier-Shows. Vergnügungspark **California's Great America** (Great America Parkway, neben der US 101, Santa Clara, Tel. 1 408 9 88 17 76, 62,99 $) südlich der Stadt. Parks im Winter geschlossen.

San Francisco und die Bay Area

Wohin zum ...
Übernachten?

> **Preise**
> für eine Nacht im Doppelzimmer (ohne Steuern):
> $ unter 100 $ $$ 100–175 $ $$$ über 175 $

Chancellor Hotel $$
Das 15-stöckige Hotel bietet Komfort zu gemäßigten Preisen. Die hohen Räume sind von mittlerer Größe und besitzen Deckenventilatoren. Tiefe Badewannen verleihen dem Bad einen Hauch von Luxus. Die meisten der 137 Zimmer haben bis zu drei Betten, aber es gibt auch einige Suiten mit zwei Zimmern. Zudem besitzt das Hotel ein eigenes Restaurant und eine Bar.
✚ 214 B5 ✉ 433 Powell Street, San Francisco, CA 94102 ☎ 1 415 3 62 20 04 oder 1 800 4 28 47 48; www.chancellorhotel.com

Cow Hollow Motor Inn & Suites $–$$
In angenehmer Umgebung nahe Union und Chestnut Street gelegen, gut geführt und mit zivilen Preisen, kostenlosem Internetzugang und Parkplatz.
✚ 214 C4
✉ 2190 Lombard Street, San Francisco, CA 94123 ☎ 1 415 9 21 58 00; www.cowhollowmotorinn.com

Hotel Del Sol $$
Anders als die Motels auf der Lombard Street westlich der Van Ness Avenue gehört dieses individuellere Haus mit 57 Zimmern zur Boutique-Hotel-Kette »Joie de Vivre« und liegt in einer ruhigen Seitenstraße des Marina Districts, unweit Chestnut und Union Street mit ihren schönen Läden und Restaurants. Town Car Service und beheizter Swimmingpool.
✚ außerhalb Karte 214 A4 ✉ 3100 Webster Street, San Francisco, CA 94123
☎ 1 415 9 21 55 20 oder 1 877 4 33 57 65; www.jdvhotels.com/hotels/sanfrancisco/del_sol

Hotel Diva $$
Zentral, nur einen Block vom Union Square entfernt im Theaterbezirk gelegen, bietet das moderne Haus mit 116 komfortablen Zimmern ein gutes Preis-Leistungs-Verhältnis, auch für Gäste mit Hunden. Gewöhnungsbedürftig sind das Edelstahldesign der Lobby und die entsprechenden Kopfenden als Pendant in den Zimmern mit kobaltblauem Teppichboden, coolem Licht und Schlafkomfort. Zu den Extras gehören außerdem High-Speed Internet, iPod Docking Stations und ein Fitnessraum.
✚ 214 B2 ✉ 440 Geary Street, San Francisco, CA 94102 ☎ 1 415 8 85 02 00 oder 1 800 5 53 19 00; www.hoteldiva.com

Hotel Monaco $$$
Nahe dem Union Square gelegenes, sehr eindrucksvolles und luxuriöses Hotel. Es besitzt eine Beaux-Arts-Fassade, ein aufregendes Foyer – wo Sie unter der bemalten Gewölbedecke abends auf Kosten des Hauses Wein am Kamin trinken können – sowie 201 lebhaft und bunt eingerichtete Zimmer, einige mit Whirlpools.
✚ 214 B2 ✉ 501 Geary Street, San Francisco, CA 94102 ☎ 1 415 2 92 01 00 oder 1 866 6 22 52 84; www.monaco-sf.com

Hotel Rex $$$
Das Rex ist eine stilvolle Replik der Literatensalons des San Francisco der 1920er-Jahre. Es besitzt ein Foyer, dessen Wände voller Bücher

Wohin zum ...

stehen und in den 94 Zimmern stehen Walnuss-Schränkchen. Marmorbäder verleihen einen Hauch von Luxus. Im Foyer lädt eine heimelige Lounge zum Verweilen ein.

214 B2 ✉ 562 Sutter Street, San Francisco, CA 94102 ☎ 1 415 4 33 44 34 oder 800 4 33 44 34; http://thehotelrex.com

Ritz-Carlton $$$

Das Ritz-Carlton dürfte San Franciscos feinstes Hotel sein. Alles atmet hier Luxus. Das klassizistische Gebäude selbst ist sehr eindrucksvoll. Das Foyer und die Flure sind mit Antiquitäten und Gemälden ausgestattet, die Zimmer üppig möbliert und die Bäder protzen mit italienischem Marmor, der Service ist bemerkenswert liebenswürdig.

214 C3 ✉ 600 Stockton Street, San Francisco, CA 94108 ☎ 1 415 2 96 74 65 oder (800) 2413-3333; www.ritzcarlton.com

Taj $$$

Nicht weit vom Union Square gelegen, setzt das Taj den Maßstab für erstklassigen Service in San Francisco. Intim, ruhig, luxuriös und mit 110 Zimmern. Sobald Sie das Foyer betreten, sind Sie von Eleganz umgeben. Zu den Glanzstücken Ihres komfortablen Zimmers gehören ein antiker Schreibtisch und ein Marmorbad. Viele Zimmer haben Sitzecken. Das Hotelrestaurant Campton Place (5) gilt als die Top-Adresse der Stadt.

214 C2 ✉ 340 Stockton Street, San Francisco, CA 94108 ☎ 1 415 7 81 55 55 oder (866) 969 1825; www.tajhotels.com/sanfrancisco

White Swan Inn $$–$$$

Dies ist das eleganteste der zahlreichen zentralen Bed & Breakfasts. Die Inneneinrichtung des edwardianischen Gebäudes von 1908 erinnert an ein englisches Stadthaus. Dieses Gefühl hat man in den 26 großen Zimmern mit Kaminen und Himmelbetten ebenso wie in der Bibliothek, wo nachmittags Häppchen serviert werden. Man kann das Frühstücksbüfett auf dem Zimmer oder im Salon genießen.

214 B2 ✉ 845 Bush Street, San Francisco, CA 94108 ☎ 1 415 7 75 17 55 oder 1 800 9 99 95 70; www.whiteswaninnsf.com

Wohin zum ...
Essen und Trinken?

Preise
für ein Hauptgericht (abends):
$ bis 10 $ $$ bis 25 $ $$$ über 25 $

Absinthe $$$

Dieses feine französische Bistro im Gebiet des Civic Center gehört zu den besten Lokalen für einen Drink oder eine Mahlzeit vor/nach einem Sinfoniekonzert, einer Oper oder einem Ballettbesuch. Die Häppchen und Vorspeisen sind großzügig und delikat. Probieren Sie die verführerische kalte Meeresfrüchteplatte;

214 A1 ✉ 398 Hayes Street, San Francisco ☎ 1 415 5 51 15 90; www.absinthe.com

🕐 Di–Fr 11.30–24, Sa 11–24, So 11–22 Uhr (Do–Sa Bar bis 2)

Beach Chalet $$

Diese Kombination aus Brauereikneipe und Restaurant nimmt das obere Stockwerk eines historischen Gebäudes am Westrand des Golden Gate Park ein. Als eines der malerischsten und freundlichsten Lokale in San Francisco ist es zur Zeit des Sonnenuntergangs und

San Francisco und die Bay Area

zum Sonntagsbrunch häufig überfüllt. Wenn Sie essen wollen, können Sie von einer speziellen amerikanischen Karte mit Fisch und Meeresfrüchten, Nudelgerichten, Sandwiches und Snacks wählen. Vom Park Chalet Garden Restaurant auf der Rückseite blicken die Gäste auf den angrenzenden Park.

✚ außerhalb Karte 214 A1 ✉ 1000 Great Highway, Golden Gate Park, San Francisco ☎ 1 415 3 86 84 39; www.beachchalet.com ⏰ Mo–Do 9–22, Fr 9–23, Sa 8–23, So 8–22 Uhr

Bix $$$

Abendlokal im Art-déco-Stil der 1930er-Jahre. Suchen Sie sich einen Platz an der Theke, bestellen Sie einen Martini oder Cosmopolitan und hören Sie dem Klavierspieler zu. Oder bitten Sie um einen Tisch im Unter- oder im Zwischengeschoss und kosten Sie die feinen amerikanischen Gerichte.

✚ 214 C3 ✉ 56 Gold Street, San Francisco, zwischen Montgomery und Sansome Street ☎ 1 415 4 33 63 00; www.bixrestaurant.com ⏰ mittags: Fr 11.30–14.30 Uhr; abends: Mo–Do 17.30–23, Fr–Sa 17.30–24, So 17.30–23 Uhr

Boulevard $$$

Das Boulevard gehört innen wie außen zu den schönsten Restaurants. Es nimmt das Erdgeschoss des Audiffred Building ein, eines 1889 erbauten Schmuckstücks auf dem Embarcadero. Die Einrichtung könnte direkt aus Paris stammen. Aber die Kreationen der Küchenchefin Nancy Oakes sind kalifornisch, mit mediterranen, asiatischen und lateinamerikanischen Elementen. Die Karte mit Gerichten der Saison wechselt häufig.

✚ außerhalb Karte 214 C2 ✉ 1 Mission Street, San Francisco ☎ 1 415 5 43 60 84; www.boulevardrestaurant.com ⏰ mittags: Mo–Fr 11.30–14 Uhr; abends: So–Do 17.30–22, Fr–Sa 17.30–22.30 Uhr

Chez Panisse $$$

Seit den 1970er-Jahren hat Alice Walkers Gastronomietempel immer wieder die kalifornische Küche revolutioniert. Es ist seit dieser Zeit eines der Toprestaurants in der Bay Area und für besondere Gelegenheiten sehr geeignet. Jeden Abend wird zweimal ein Menü serviert, das aus frischen Zutaten der Saison besteht. Das Essen ist hier recht kostspielig, doch Montagabende sind vergleichsweise preiswert. Im oberen Stock gibt es ein legeres Café (Tel. 1 510 5 48 50 49), das mittags wie abends außergewöhnliche Salate, leckere Pizzen und mehr serviert.

✚ 206 C1 ✉ 1517 Shattuck Avenue, Berkeley ☎ 1 510 5 48 55 25; www.chezpanisse.com ⏰ Chez Panisse: Mo–Sa 18–22.30; Café: mittags: Mo–Do 11.30–15.45, Fr–Sa 11.30 bis 15 Uhr; abends: Mo–Do 17–22.30, Fr–Sa 17–23.30 Uhr

Delfina $$–$$$

Die lebhafte Trattoria im leicht heruntergekommenen, aber immer ansehnlicher werdenden Mission District San Franciscos ist nach wie vor beliebt und die Speisen sind ein kulinarischer Genuss. Sie machen den vielleicht fehlenden Charme des italienischen Speiselokals wegen seiner ungünstigen Lage wieder wett. Die Gerichte variieren je nach Saison, auf der Karte könnte z. B. stehen: Stahlkopfforelle mit Lauchgemüse an Zitronenkapernbutter oder geröstete Lammkeule mit Cannellini-Bohnen und schwarzen Oliven, dazu Weine aus Italien und Kalifornien. Das Delfina-Café ist gleich nebenan.

✚ außerhalb Karte 214 B1 ✉ 3621 18th Street, San Francisco ☎ 1 415 5 22 40 55; www.delfinasf.com ⏰ abends: Mo–Do 17.30 bis 22, Fr–Sa 17.30–23, So 17–22 Uhr

Gary Danko $$$

Dieses Restaurant im Fisherman's Wharf von San Francisco genießt bei vielen Besuchern den besten Ruf. Die Gäste können Menüs der zeitgenössischen amerikanischen Küche mit bis zu fünf Gängen wählen, das Angebot der einzelnen Gänge ist ebenfalls groß. Versäumen Sie nicht den Käsegang, bei

Wohin zum ...

dem 16 bis 20 kalifornische und internationale Käsesorten zur Auswahl stehen. Die Speisen, der Wein sowie der Service sind einmalig.
214 A5 ✉ 800 North Point Street, San Francisco ☎ 1 415 7 49 20 60; www.garydanko.com ⏰ abends: tägl. 17.30–22 Uhr

Greens $$

Dieses schon lange sehr beliebte vegetarische Restaurant hat auch unter Menschen, die sonst Fleisch essen, viele Anhänger. Sie bemerken u. U. nicht einmal, dass die köstliche Pizza mit Rote Bete und nicht mit Wurst belegt ist und dass die großartigen *Enchiladas* mit Ziegenkäse anstatt Hühnchen gefüllt sind. Samstagabends gibt es ausschließlich Fünf-Gänge-Menüs zu einem festen Preis.
außerhalb Karte 214 A4 ✉ Fort Mason Center, Building A, San Francisco ☎ 1 415 7 71 62 22; www.greensrestaurant.com ⏰ mittags: Di–Sa 11.45–14.30, So 10.30–14 Uhr; abends: tägl. 17.30–21 Uhr

The House $–$$

Mit asiatisch inspirierter Kost wartet dieses minimalistische Restaurant auf, etwas abseits des Trubels von North Beach. Der kreative einheimische Küchenchef serviert ausgefallene Gerichte wie Blue Lake Bean Tempura oder Lachs mit Sesam-Soja-Kruste in Bonito-Sake-Sud. Alles etwas eng hier, aber netter, aufmerksamer Service.
214 C4 ✉ 1230 Grant Avenue, San Francisco ☎ 1 415 9 86 86 12; www.thehse.com ⏰ mittags: Mo–Sa 11.30–14.30 Uhr; abends Mo–Do 17.30–22, Fr 17.30–23, Sa 17–23, So 17–22 Uhr

La Mar Cebicheria Peruana $$–$$$

In großartigem Ambiente am Embarcadero hat der international tätige Küchenchef Gaston Acurio sein erstes Lokal in Nordamerika eröffnet. Seine traditionelle peruanische Küche ist äußerst beliebt bei Einheimischen. Die opulente Karte bietet z. B.: Spezialitäten wie *ceviches* (Fisch und Krustentier) oder *lomo saltado*, ein Pfannengericht mit sautiertem Tenderloin-Beef, Zwiebeln, Tomaten und Koriander mit Bratkartoffeln und Reis. Unter den Cocktails erwartungsgemäß: *Pisco sour* und *Pisco punch*.
außerhalb Karte 214 C4 ✉ Pier 1.5 (Embarcadero), San Francisco ☎ 1 415 3 97 88 80; www.lamarcebicheria.com ⏰ mittags: tägl. 11.30–14.30; abends: So–Mi 17.30–21.30, Do–Sa 17.30–22 Uhr

Slanted Door $$$

In einer Stadt, in der man gutes vietnamesisches Essen als selbstverständlich erachtet, spielt das Slanted Door in der ersten Liga. Am Ferry Building (▶ 62) gelegen, zieht es Gäste aus ganz San Francisco an, die die einfallsreichen Gerichte von Küchenchef Charles Phan kosten möchten. Stellen Sie sich auf ein unruhiges Restaurant und darauf ein, dass Sie selbst mit einer Reservierung auf einen Tisch warten müssen. Die Karte mit Gerichten der Saison bietet u. a. frische Frühlingsrollen, pikant gewürzten Tintenfisch, karamellisierte Krabben.
außerhalb Karte 214 C4 ✉ Embarcadero und Market Street, San Francisco ☎ 1 415 8 61 80 32; www.slanteddoor.com ⏰ mittags: tägl. 11.30–14.30, So bis 15 Uhr; abends: tägl. 17.30–22 Uhr

Tommaso's Restaurant $$–$$$

In diesem alteingesessenen italienischen Familienbetrieb in North Beach ist immer der Teufel los, schon wegen der ausgezeichneten Holzofenpizza (angeblich die erste an der ganzen Westküste), aber auch wegen der Auswahl an Pasta, Salaten und Leckereien aus dem Backofen. Renner unter den Desserts ist Tiramisù. Einen Tisch reservieren kann man hier nicht, machen Sie sich auf etwas Wartezeit gefasst.
214 C4 ✉ 1042 Kearny Street, San Francisco ☎ 1 415 3 98 96 96; www.tommasos.com ⏰ Di–Sa 17–22.30, So 16–21.30 Uhr

San Francisco und die Bay Area

Ton Kiang Restaurant Dim-Sum Seafood $-$$

Dies ist eines der beliebtesten chinesischen Restaurants San Franciscos in einer ethnischen Nachbarschaft. Es liegt am stark asiatisch geprägten Geary Boulevard einige Blocks vom Golden Gate Park entfernt. Genießen Sie mittags außergewöhnliches *Dim sum* oder abends chinesisch zubereiteten frischen Fisch und frische Meeresfrüchte. Besonders gut: in Salz gebackenes Hühnchen.

✚ außerhalb Karte 214 A1
✉ 5821 Geary Boulevard, San Francisco
☎ 1 415 3 87 82 73; www.tonkiang.net ⊙ Mo–Do 10–21, Fr 10–21.30, Sa 9.30–21.30, So 9–21 Uhr

Zarzuela $-$$

In ansprechender Umgebung und mit schönem Blick speist man bei diesem Spanier auf dem Russian Hill: Vor der Tür rattert regelmäßig das Hyde Street Cable Car vorbei, und mit Aussicht auf Coit Tower und Alcatraz munden hier, freundlich serviert, Paella mit Meeresfrüchten, Tapas und Sangría. Aber: Man kann weder reservieren noch in der Nähe parken.

✚ 214 A4 ✉ 2000 Hyde Street, San Francisco ☎ 1 415 3 46 08 00 ⊙ Di–Do 17.30–22, Fr–Sa 17.30–22.30 Uhr

Zuni Café $$-$$$

Manche kommen, um sich die Menschen hier anzugucken – vor allem in der schicken Kupferbar –, manche wegen Judy Rodgers erstklassiger mediterraner Küche. Früher oder später kommt jeder ins Zuni, das seit drei Jahrzehnten eine lokale Institution ist. Im Holzfeuerofen werden großartige ganze Hühner gebraten. Huhn und der Caesar-Salat und die Hamburger auf *focaccia* sind Klassiker. Suchen Sie sich einen Platz auf dem Balkon oder spülen Sie in der Bar im Erdgeschoss mit einem Martini oder einer Bloody Mary ein paar Austern hinunter.

✚ außerhalb Karte 214 A1 ✉ 1658 Market Street, San Francisco ☎ 1 415 5 52 25 22; www.zunicafe.com ⊙ Di–Do 11.30–23, Fr–Sa 11.30–24, So 11–23 Uhr

Wohin zum ... Einkaufen?

In San Francisco, einem der Shopping-Paradiese in den USA, gibt es unterschiedliche Einkaufsgegender mit jeweils eigenem Charakter.

Der **Union Square** ist das Herz des innerstädtischen Einkaufsbezirks. Hier finden Sie Kaufhäuser wie Macy's, Neiman-Marcus und Saks Fifth Avenue und Boutiquen von Armani, Gucci, Polo, Vuitton, Hermès, Tiffany und Cartier. Der Herrenausstatter **Wilkes Bashford** (375 Sutter Street, Tel. 1 415 9 82 43 80, www.wilkesbashford.com) und **Gump's** (135 Post Street, Tel. 1 415 9 82 16 16, www.gumps.com), wo hochklassige Antiquitäten und Glaswaren verkauft werden, sind etablierte Geschäfte. Riesige Filialen von Apple, Sephora, Williams-Sonoma, Niketown und Victoria's Secret liegen ebenfalls in der Gegend des Union Square. Im nahen **Westfield San Francisco Center** (865 Market Street, Tel. 1 415 4 95 56 56, www.westfield.com/sanfrancisco) finden Sie Dutzende von Spezialgeschäfter sowie Filialen von Bloomingdale's und Nordstrom.

Im **Financial District** ist die **Crocker Galleria** (50 Post Street, Tel. 1 415 3 93 15 05, www.thecrockergalleria.com) mit drei Ebenen voller Geschäfte und Restaurants sowie Dachgärten einen Besuch wert. In der Nähe des Hafens befindet sich das **Embarcadero Center** (www.embarcaderocenter.com) mit mehr als 100 Läden im jeweiligen Untergeschoss, darunter Buch- und Beklei-

...lungsläden sowie Reisebüros. Den **Jackson Square** an der Grenze des Financial District säumen zahlreiche feine Antiquitätenläden.

Die **Union Street** im Marina District ist für ihre modischen Boutiquen, Antiquitätengeschäfte und Juweliere bekannt.

Bei der **Fisherman's Wharf** gibt es drei Einkaufskomplexe: **Ghirardelli Square** (900 North Point Street, Tel. 1 415 7 75 55 00, www.ghirardellisq.com), **Anchorage Square** (2800 Leavenworth Street, Tel. 1 415 7 75 60 00, www.anchoragesquare.com) und **Pier 39** (Embarcadero an der Beach Street, Tel. 1 415 981 74 37, www.pier39.com). Die Spezialgeschäfte verkaufen alles, von Lenkdrachen bis hin zu Möbeln. Hier finden Sie auch am leichtesten Souvenirs für Ihre Bekannten.

North Beach ist bekannt für italienische Delikatessen und Bäckereien wie für seine schrulligen Boutiquen, Kunstgalerien und Buchläden. **City Lights Books** (261 Columbus Avenue, Tel. 1 415 3 62 81 93, www.citylights.com) ist der berühmteste.

Hayes Valley, nahe dem Civic Center entlang der Hayes Street, hat sich zu einem Zentrum für trendige Kunstgalerien und -geschäfte entwickelt.

Preisbewusste sollten die Discounter und Factory Outlets um **South of the Market** aufsuchen, darunter **Jeremy's** (2 South Park Street, Tel. 1 415 8 82 49 29, www.jeremys.com) und **Nordstrom Rack** (555 Ninth Street, Tel. 1 415 9 34 12 11). In **Chinatown** und **Japantown** lassen sich ebenfalls günstige Einkäufe tätigen.

In **Haight-Ashbury**, dem Hippie-Eldorado der 1960er-Jahre, bekommt man immer noch authentische Kleidungstücke aus dieser Zeit, neben Art-déco-Accessoires, etwa bei **Wasteland** (1660 Haight Street, Tel. 1 415 8 63 31 50, www.shopwasteland.com). Die schicken Läden um die Castro Street wenden sich bevorzugt an homosexuelle Kundschaft beiderlei Geschlechts.

Wohin zum ... Ausgehen?

Aktuelle und detaillierte Veranstaltungshinweise finden Sie in den beiden kostenlosen Wochenmagazinen Bay Guardian (www.sfbg.com) und SF Weekly (www.sfweekly.com) sowie in der Sonntagsausgabe des San Francisco Chronicle (www.sfgate.com).

BARS UND CAFÉS

Die **Top of the Mark** im auf dem Nob Hill gelegenen Mark Hopkins Inter-Continental Hotel (999 California Street, Tel. 1 415 3 92 34 34) ist eine der besten Bars. Andere Klassiker sind der im Art-déco-Stil gehaltene **Redwood Room** im Clift Hotel (495 Geary Street, Tel. 1 415 9 29 23 72) und das **Americano** (Hotel Vitale, 8 Mission Street, Tel. 1 415 2 78 37 77) mit seiner Terrasse. Im **Buena Vista Café** (2765 Hyde Street, Tel. 1 415 4 74 50 44) nahe bei Fisherman's Wharf soll der Irish Coffee erfunden worden sein. Im **Spec's** (12 Saroyan Place, bei der Columbus Avenue, Tel. 1 415 4 21 41 12) und im **Vesuvio** (255 Columbus Avenue, Tel. 1 415 3 62 33 70) kann man noch das Ambiente des alten North Beach genießen. Trendsetter bevölkern vor allem die **Sightglass Coffee Bar** (270 7th Street, Tel. 1 415 8 61 13 13) in SOMA und das **Balboa Café** (3199 Fillmore Street, Tel. 1 415 9 21 39 44) im Marina District.

Schwulenbars konzentrieren sich in Castro, der Lower Polk Street und South of the Market, in der Valencia Street gibt es Lesbenlokale.

MUSIK THEATER UND KABARETT

Jazzfreunde gehen ins **Café du Nord** (2170 Market Street, Tel. 1 415 8 61 50 16; soll 2015 wieder offen

San Francisco und die Bay Area

sein) im Castro-Viertel, hier ist feine Garderobe angesagt, oder zum Fillmore, San Franciscos historischen Jazz District. Dort angesagt sind **Sheba Piano Lounge** (1419 Fillmore Street, Tel. 1 415 4 40 74 14), **Yoshi's San Francisco** (1330 Fillmore, Tel. 1 415 6 55 56 00) oder der **Boom Boom Room** (1601 Fillmore, Tel. 1 415 6 73 80 00). In der **Great American Music Hall** (859 O'Farrell Street, Tel. 1 415 8 85 07 50), im **Fillmore** (1805 Geary Boulevard, Tel. 1 415 3 46 30 00) und im **Slim's** (333 11th Street, Tel. 1 415 2 55 03 33) spielen Topacts aus Rock, Blues …

Die geschätzte **San Francisco Symphony** (201 Van Ness Avenue, Tel. 1 415 8 64 60 00) und die **San Francisco Opera** (301 Van Ness Avenue, Tel. 1 415 8 64 33 30) gehören zu den Attraktionen des Civic Center.

Am Westrand des Union Square befindet sich **TLX Bay Area**, wo man täglich Restkarten zum halben Preis für Theateraufführungen am selben Tag kaufen kann (keine Reservierungen möglich).

In verschiedenen Theatern werden Broadway-Musicals und Dramen von Tourneetheatern aufgeführt, etwa im **Orpheum** (1192 Market Street), im **Golden Gate** (1 Taylor Street, an der 6th und Market Street) und im **Curran** (445 Geary Street). Unter der Nummer 1 888 7 46 17 99 bekommt man Informationen. Das nichtkommerzielle **American Conservatory Theater** ist im **Geary Theater** (415 Geary Street, Tel. 1 415 7 49 22 28) beheimatet.

Im **Club Fugazi** (678 Green Street, Tel. 1 415 4 21 42 22) wird der Dauerbrenner *Beach Blanket Babylon* gegeben, eine Musikrevue mit ausgefallenen Kostümen – darunter absurd hohe Hüte – und intelligenten Texten über San Francisco.

NIGHT CLUBS

Das **Mezzanine** (444 Jessie Street, Tel. 1 415 6 25 88 80) ist eine absolut angesagte Diskothek mit toller Galerie und coolen Darbietungen, während die **DNA Lounge** (375 11th Street, Tel. 1 415 6 26 14 09) südlich der Market Street alternative Rockmusik und Hip-hop-Bands bietet. Im **Ruby Skye** (420 Mason Street, Tel. 1 415 6 93 07 77) legen in einem ehemaligen viktorianischen Theater mit futuristischer Einrichtung Top-DJs elektronische Musik auf.

SPORT

Das Baseballteam **San Francisco Giants** (Eintrittskarten: Tel. 1 415 9 72 20 00) ist im AT&T Park im China Basin zu Hause. Die Konkurrenten aus der East Bay, die **Oakland A's** (Tickets: Tel. 1 510 6 38 05 00), spielen im Oakland-Alameda County Coliseum, wo auch die **Oakland Raiders** (Tel. 1 510 8 64 50 20) ihre Spiele der National Football League austragen. Das Footballteam **San Francisco 49ers** (Tel. 1 415 6 56 49 00) spielt im Candlestick Park, aber Eintrittskarten sind nur schwer zu bekommen. Rufen Sie **Ticketmaster** (Tel. 1 800 7 45 30 00, www.ticketmaster.com) an, oder schauen Sie in die Kleinanzeigen im *San Francisco Chronicle*. Die **Golden State Warriors** (Eintrittskarten: Tel. 1 510 9 86 22 00) tragen ihre Spiele der nationalen Basketballliga in der Oracle Arena in Oakland aus.

San Francisco ist auch eine tolle Stadt, um selbst Sport zu treiben. Man kann im Golden Gate Park, am Meer oder an der Bucht kilometerweit mit dem Rad fahren, in der Bucht segeln oder kleine Boote am Stow Lake im Golden Gate Park mieten und am Lake Merced fischen. Der **Golden Gate Park** besitzt 20 öffentliche Tennisplätze (Tel. 1 415 7 53 70 01) und einen Par-3-Golfplatz. Die meisten Golfer bevorzugen aber die anspruchsvolleren Plätze im **Lincoln Park** (Tel. 1 415 2 21 99 11), im **Harding Park** (Tel. 1 415 6 64 46 90) oder in **Flemming** am Skyline Boulevard (Tel. 1 415 6 64 46 90).

Nordkalifornien

Erste Orientierung	76
In fünf Tagen	78
TOP 10	80
Nicht verpassen!	90
Nach Lust und Laune!	94
Wohin zum …	97

Kleine Erlebnisse

Geologie live
Die blubbernden Schlammtöpfe im **Lassen Volcanic National Park** (➤ 95) zeigen, dass die Erde nicht zur Ruhe gekommen ist.

Abenteuer auf dem Fluss
Nach der Schneeschmelze rauschen Flüsse durch das **Gold Country** (➤ 92). Rafting mit stabilen Gummiflößen ist genial.

Von Riesen und Zwergen
Wer im **Humboldt Redwoods State Park** (➤ 94) an den 100 m hohen Baumgiganten vorbeiwandert, fühlt sich wie ein Zwerg.

Nordkalifornien

Erste Orientierung

Nordkalifornien jenseits der Bay Area ist ein großes Gebiet. Hier liegen einige der teuersten Anwesen der Welt. Zu den Naturwundern der Region zählen zerklüftete Felsvorsprünge an der Küste, einsame Buchten, hoch aufragende Redwood-Wälder, heiße Quellen, die Granitfelsen der Sierra Nevada, eindrucksvolle Höhlen und der angeblich magische Mount Shasta.

In den 1960er-Jahren bezeichnete ein Reiseschriftsteller Nordkalifornien als »nicht verführerisch«, weil es weder besonders auffallend sei noch ein aufregendes gesellschaftliches Leben besitze. Doch die Region hat durchaus ihre Reize, beispielsweise das schicke »Weinland«. Attraktive Gasthäuser finden sich sowohl an der Küste als auch im Hinterland.

Über die US 101, I-5 und I-80 lassen sich die meisten Sehenswürdigkeiten der Gegend gut erreichen. Die US 101 führt von San Francisco nach Norden an den westlichen Ausläufern des »Weinlands« vorbei und weiter ins Redwood Country. Die zunächst mehr oder weniger parallel die Küstenlinie begleitende US 101 verläuft von San Francisco aus die ersten 418 km durch das Binnenland nach Norden und folgt die nächsten 160 km der Küste bis kurz vor die Grenze zu Oregon.

Bis ungefähr zur Mitte Nordkaliforniens verläuft die I-5 parallel zur US 101. Sie durchquert das Gebiet der Shasta Cascade mit dem Lassen Volcanic Park. Die I-80 führt von San Francisco aus nach Norden zur Hauptstadt des Bundesstaates, Sacramento. Weiter östlich von der I-80 aus stößt man auf das »Goldland« und Lake Tahoe. Der Yosemite National Park und Mono Lake liegen direkt östlich von der Bay Area und sind auf mehreren Wegen erreichbar.

Das State Capitol von Kalifornien im Stadtzentrum von Sacramento

Die Bodega Bay im Abendlicht

Erste Orientierung

TOP 10
- Yosemite National Park ➤80
- »Wine County« ➤84

Nicht verpassen!
- ㊱ Sonoma Coast & Mendocino ➤90
- ㊲ Sacramento & Gold Country ➤92

Nach Lust und Laune!
- ㊳ Redwood Country ➤94
- ㊴ Shasta Cascade ➤94
- ㊵ Lake Tahoe ➤96
- ㊶ Mono Lake ➤96

Nordkalifornien

In fünf Tagen

Fünf Tage sollten Sie sich für die Erkundung des Nordens Zeit nehmen. Folgen Sie unserer Route und Sie werden kein Highlight verpassen.

Erster Tag

Vormittags
Fahren Sie von San Francisco aus auf der US 101 nach Norden und (bei Santa Rosa) in westlicher Richtung auf den Highway 12. Rasten Sie an der **Bodega Bay** (▶90), bevor Sie auf dem Highway 1 nach **Goat Rock Beach** fahren (▶90), wo sich die Seelöwen tummeln.

Nachmittags
Das Panorama der Lagune macht ein Mittagessen im River's End in Jenner unvergesslich. Nach einer landschaftlich reizvollen Geschichtsstunde im **Fort Ross Historic State Park** (▶20) fahren Sie auf der Fort Ross Road nach Osten und auf der Cazadero Road nach Süden zum Highway 116. Nehmen Sie in Guerneville die River Road und erreichen Sie so weiter östlich die Weinregion Russian River Valley.

Abends
Essen Sie in Healdsburg im Bistro Ralph (▶100). Wenn Sie Glück haben spielt im Healdsburg Plaza eine Band.

Zweiter Tag

Vormittags
Nehmen Sie um 11 Uhr an der Führung durch die **Simi Winery** im ★»**Wine County**«(▶84) teil.

Nachmittags
Kaufen Sie in der Oakville Grocery (▶102) in Healdsburg für ein Picknick ein. Fahren Sie auf der Healdsburg Avenue und der Eastside Road nach Süden. Biegen Sie links auf die Trenton-Healdsburg Road. Direkt vor der River Road liegt der Mark West Estate (7010 Trenton-Healdsburg Road, Tel. 1 707 8 36 96 47) mit tollen Pinot Noir-Weinen. Nehmen Sie die River Road nach Osten an der US 101 vorbei bis **Calistoga** (▶84, »Wine County«).

Abends
Essen Sie im Zentrum von Calistoga in einem Restaurant Ihrer Wahl.

In fünf Tagen

Dritter Tag

Vormittags
Machen Sie eine Fahrt mit dem Heißluftballon oder wandern Sie durch den R. L. Stevenson State Park (11 km nördlich von Calistoga am Highway 29).

Nachmittags
Essen Sie im Tra Vigne (➤ 100) und fahren Sie anschließend nach Süden nach Rutherford zum **Mumm Napa Valley** (➤ 88) im ★ »**Wine County**«; anschließend weiter auf dem Highway 29 nach Süden, dann auf dem Highway 12 nach Osten und die I-80 nach ㊲ **Sacramento** (➤ 92). Dies ist insgesamt ein etwa zweistündiger Trip.

Abends
Essen Sie im Rio City Café in Sacramento (➤ 100) zu Abend.

Vierter Tag

Vormittags
Schlendern Sie durch die Altstadt von Sacramento und besichtigen Sie das **California State Railroad Museum** und **Sutter's Fort** (➤ 92).

Nachmittags
Auf der I-80 nach Osten und dann auf dem Highway 49 nach Norden. Mittagspause in **Nevada City** (➤ 92) im Café Mekka (237 Commercial Street, Tel. 1 530 4 78 15 17). Dann auf dem Highway 49 nach Süden. Besuchen Sie im ㊲ **Gold Country** (➤ 92) die **Empire Mine**, wenn sie geöffnet ist.

Abends
Übernachten Sie in Sutter Creek.

Fünfter Tag

Vormittags
Nehmen Sie den Highway 49 nach Süden, dann Highway 120 nach Osten zum ★ **Yosemite National Park** (rechts, ➤ 80).

Nachmittags
Besuchen Sie Glacier Point und Yosemite Valley. Im Sommer ist der Sonnenuntergang am Hetch Hetchy Reservoir sehr schön.

Abends
Essen Sie im Restaurant der Ahwahnee Lodge (➤ 101) zu Abend.

Nordkalifornien

⭐ Yosemite National Park

Diese Landschaft zählt zu den herausragenden Naturschönheiten der USA und gehört zum »Pflichtprogramm« jedes Kalifornienbesuchers; die Wasserfälle, die Granitmonolithen Half Dome und El Capitan, Mariposa Grove mit ihren Mammutbäumen und der Blick vom Glacier Point auf das Yosemite Valley und seine Umgebung sind atemberaubend. Und mitten darin liegt Ahwahnee Lodge, ein Hotel, das sehr gut in die Landschaft passt.

Besichtigung des Parks

Die meisten fahren direkt ins Yosemite Valley. Es lohnt sich aber, zunächst zum 915 m über dem Tal gelegenen **Glacier Point** zu fahren (nehmen Sie die Wawona Road nach Süden zur Glacier Point Road). Von hier genießen Sie einen unvergesslichen Blick auf die Hauptattraktionen des Tals (außer El Capitan). Aus unmittelbarer Nähe verblüffen sie dann umso mehr.

Fahren Sie über die Glacier Point Road (im Winter geschlossen) zurück und auf der Wawona Road nach Norden zum Yosemite Valley. Nach dem Tunnel parken Sie rechts

El Capitan (links) und Cathedral Rocks im Tal des Yosemite National Park

Yosemite National Park

VIEL SPASS BEIM WANDERN

Im Yosemite National Park gibt es kurze und leichte, aber auch Wanderwege mittleren Schwierigkeitsgrads wie den zwei Kilometer langen Weg zum **Sentinel Dome**, den Halbkreis (10 km) oder auch den vollen Kreis (21 km) um das **Yosemite Valley**. Der Four Mile Trail (6,5 km) zwischen dem Yosemite Valley und **Glacier Point** ist recht kurz, aber mit viel Kletterei verbunden, wenn man ihn nicht in die andere Richtung, also bergab, geht. Wenn Sie ins Hinterland wollen, halten Sie am Wilderness Center (nahe dem Besucherzentrum; geöffnet: Mai bis Oktober), um die Erlaubnis und Informationen einzuholen.

und gehen über die Straße zum Aussichtspunkt, der direkt auf El Capitan blickt. Fahren Sie ein kurzes Stück weiter zum Parkplatz der **Bridalveil Falls** (Brautschleier-Wasserfälle), die diesen Namen tragen, weil schon der leiseste Windhauch ihre zarte Kaskade um 3–4 m verweht.

Wenn Sie weiter nach Osten fahren, wird die Straße zum Southside Drive. Halten Sie an, wenn Sie etwas Interessantes sehen, was häufig der Fall sein wird. Folgen Sie den Schildern zur Sentinel Bridge und fahren Sie links vom Southside Drive zum Valley Visitor Center ab. Hier lernen Sie zu unterscheiden, welche Teile des Parks durch Erosion geformt wurden und welche durch Vulkanismus. Vor Urzeiten stand das Wasser bis auf 2745 m hoch und schliff

Nordkalifornien

alle Felsen unterhalb ab. Massive Erschütterungen unter der Erdkruste, zu denen später die Erosion kam – sie war verursacht durch Eiszeitgletscher, die sich durch weichere Granitschichten fraßen – schufen die gigantischen Felstafeln, die chaotisch in die Landschaft hineinragen.

Besuchen Sie die **Ahwahnee Lodge** östlich vom Besucherzentrum. Charakteristika dieses Luxushotels sind die breiten Balken der Decken, Steinkamine und indianisches Kunsthandwerk. Fahren Sie von hier aus auf dem Northside Drive in Richtung Westen zum Parkplatz der **Yosemite Falls**. Es sind eigentlich drei Wasserfälle, die während der Schneeschmelze jedoch wie einer aussehen. Der leichte Wanderpfad zum unteren Abschnitt, den Lower Falls, ist als Rundgang von 800 m Länge angelegt. Ein wenig weiter westlich auf dem Northside Drive erreicht man **El Capitan**, der schroff fast 1100 m vom Talboden aufragt. Er ist so robust, dass ihm selbst die Gletscher, die sich in Jahrtausenden stetig durch das Tal fraßen, nichts anhaben konnten.

Von El Capitan aus fährt man die Wawona Road nach Süden und am Abzweig zum Glacier Point vorbei, um zu den gigantischen Mammutbäumen, zwei von ihnen gehören zu den größten weltweit, der **Mariposa Grove** zu gelangen. Bei viel Betrieb fährt nur der Shuttlebus (vom Wawona Store aus).

Man braucht einen ganzen Tag, um nur an den Attraktionen des Yosemite National Park vorbeizuhasten. Ganz wichtig: das **Hetch Hetchy Reservoir** und die blühenden Wiesen der **Tuolumne Meadows** (Highway 120/Tioga Road, östlich vom Big Arch Rock Entrance; Tioga Road, vom Spätherbst bis Spätfrühling gesperrt).

Anreise

Nehmen Sie von San Francisco aus die I-580 und den Highway 132 nach Osten. Wechseln Sie in Modesto auf den Highway 99 nach Süden. In Merced nehmen Sie den Highway 140 nach Osten in den Nationalpark hinein. Von Los Angeles aus fahren Sie die I-5 nach Norden und den Highway 99 in Richtung Fresno. Von hier aus führt der Highway 41 in den Park.

KLEINE PAUSE

Wenn Sie sich verwöhnen wollen, sind Sie im Dining Room (►98) der **Ahwahnee Lodge** richtig. Schauen Sie auf jeden Fall kurz ins Restaurant mit seiner hohen Decke. Beim Besucherzentrum gibt es Fastfood; gutes Essen bietet auch das Wawona Hotel.

✚ 209 D5 ✉ Eingänge: South Entrance (Highway 41), Arch Rock (Highway 140), Big Oak Flat (Highway 120, an der Westseite des Parks), Tioga Pass (Highway 120, an der Ostseite; nur im Sommer geöffnet) ☎ Informationen zum Park: 1 209 3 72 02 00; www.nps.gov/yose; Zimmerreservierung: 1 801 5 59 48 84; www.yosemitepark.com; Campingplatzreservierung: 1 877 44 46 77, 1 518 8 85 36 39 von außerhalb der USA oder Kanadas); www.recreation.gov; Fahrradverleih: 1 209 3 72 12 08; Leihpferde: 1 209 3 72 83 48 💰 20 $ (pro Auto; Ticket an sieben aufeinanderfolgenden Tagen gültig)

Der Winter im Yosemite National Park ist genauso bezaubernd wie der Sommer

BAEDEKER TIPP

- Versuchen Sie **Sommerwochenenden** zu vermeiden – da ist am meisten los, an Wochentagen im Sommer ist es leerer. Die Woche vor dem Memorial-Day-Wochenende und die Woche nach Labor Day sind recht ruhig und das Wetter ist mild.
- Wenn möglich, sollten Sie **mindestens eine Nacht im Yosemite National Park verbringen**. Sie können campieren oder in der luxuriösen Ahwahnee Lodge, dem historischen Wawona Hotel oder in der legeren Yosemite-Lodge wohnen oder auch Block- und Zelthäuschen mieten.
- Im Tal haben Sie Gelegenheit, **Fahrräder zu leihen** (allein im Tal selbst gibt es 19 km meist flachere Radwege) oder einen **geführten Ausritt** zu buchen.
- Sie können die Sehenswürdigkeiten entweder selbst anfahren oder den kostenlosen Shuttlebus nehmen, der jede davon und zusätzlich den Glacier Point ansteuert.
- Besuchen Sie das nachgebaute **Indianerdorf von Ahwahnee** (▶ 20).
- Ein gut 1,6 km langer Weg (früher eine Straße) im Crane-Flat-Gebiet führt zur **Tuolumne Grove**, wo 25 gigantische Mammutbäume stehen. In dieser Richtung ist es ein Spaziergang, aber der Rückweg kostet einige Anstrengung (Highway 120 und Tioga Road).
- Um das **Hetch Hetchy Reservoir** zu schaffen, das San Francisco zum Großteil mit Wasser versorgt, wurde ein gewaltiger Staudamm errichtet.

Nordkalifornien

»Wine County«

Die im »Wine County« produzierten Chardonnays, Cabernets und anderen Sorten gehören zu den besten Weinen der Vereinigten Staaten. Und die Landschaft – im Sonoma County dichtes Grün, im Napa County trocken und mediterran – ist genauso beeindruckend wie der Wein.

Auch wenn Sie kein Weintrinker sind, ist die Gegend einen Ausflug wert. Hier können Sie wandern, Rad und Kanu fahren, sich in luxuriösen Kurorten aufhalten und in trendigen Restaurants essen. Aber der Wein bleibt die Hauptattraktion. In beiden Countys sind mehr als 400 Weinbaubetriebe registriert. Die Namen **Napa** und **Sonoma** bezeichnen sowohl Städte und Täler als auch Countys. Beide befinden sich nördlich von San Francisco, wobei Sonoma County direkt westlich von Napa County liegt.

Calistoga, am schmalen Nordende des fruchtbaren Napa Valley gelegen, dem wohl renommiertesten Weinanbaugebiet Amerikas, eignet sich hervorragend als Ausgangspunkt für den Besuch von Winzern der Spitzen-»Appellationen«. Von **Healdsburg**, mit seinem von Läden und Restaurants gesäumten Hauptplatz, lassen sich gut Ausflüge in die nicht weit entfernten Täler Alexander, Dry Creek und Russian River Valley unternehmen, wo gleichfalls exzellente Tropfen gedeihen.

Die Weingüter und andere Attraktionen

Buena Vista Carneros Winery:
Der moderne kalifornische Weinbau nahm von diesem 1857 von dem ungarischen Einwanderer Agoston Haraszthy gegründeten Bioweingut seinen Ausgang. Sie können mit oder ohne Führer die Weinkeller aus dem 19. Jh. besichtigen. Spezialitäten sind Pinot Noirs und Chardonnays.
🗺 206 C2 ✉ 18000 Old Winery Road, neben E. Napa Street, Sonoma ☎ 1 800 9 26 12 66; www.buenavistawinery.com 🕐 tägl. 10–17 Uhr; Lunch mit Wein-Degustation tägl. zwischen 11 und 15 Uhr 💰 30 $

Reife Trauben im Sonoma Valley

»Wine County«

Benziger Family Winery:
Zu der Führung durch dieses für ihre guten Chardonnays und Cabernets bekannte Weingut gehört auch eine Fahrt mit der Straßenbahn in die Weinberge.
206 C2 ✉ 1883 London Ranch Road, westlich neben dem Arnold Drive, Glen Ellen ☎ 1 888 4 90 27 39; www.benziger.com ⏰ tägl. 10–17 Uhr, Fahrten auf dem Traktoranhänger 11–15.30 Uhr, alle halbe Stunde außer 12 Uhr 💰 40 $

Jack London State Historic Park:
Das Museum stellt Erinnerungsstücke an Jack London aus. Ein Spaziergang von einer Meile (1,6 km) führt zur Ruine des Traumhauses, das er baute, aber niemals bewohnte (es wurde durch ein Feuer zerstört).
206 C2 ✉ 2400 London Ranch Road ☎ 1 707 9 38 52 16; www.parks.ca.gov ⏰ Park tägl. 9.30–17, Dez.–Feb. Di, Mi geschl. 💰 10 $

Kunde Family Estate
Hier wird ein erstklassiger Zinfandel aus Trauben gekeltert, die auf Rebstöcken aus dem 19. Jh. wachsen.
206 C2 ✉ 9825 Sonoma Highway (nördlich vom Nordende des Arnold Drive), Kenwood ☎ 1 707 8 33 55 01; www.kunde.com ⏰ tägl. 10.30–17 Uhr, mit Voranmeldung 💰 20 $

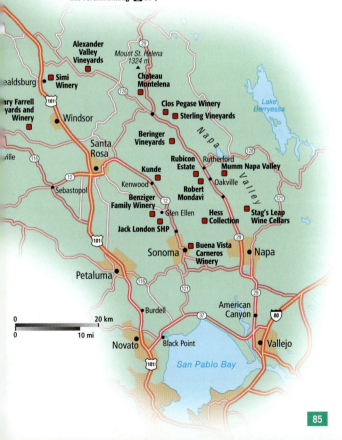

Nordkalifornien

> **MON DIEU!**
> Bei einer berühmten Weinprobe in Paris, bei der die Herkunft der Weine geheim gehalten wurde, verliehen französische Weinexperten – sehr zu ihrer späteren Verärgerung – 1976 einem **Stag's Leap Wine Cellars Cabernet Sauvignon** und einem **Chateau Montelena Chardonnay** das höchste Prädikat. »Ah, wieder ein Franzose«, schrieb ein Tester über einen Tropfen, der sich als kalifornischer Wein entpuppte.

Das Weingut Carneros in Napa Valley

Simi Winery:
Im 19. Jh. gegründet, setzt die Simi Winery heute alle modernen Techniken des Weinbaus ein. Ihr Ruf beruht auf Cabernets, Chardonnays und weißen Sauvignons. Dieses große Weingut eignet sich gut als erster Stopp im Gebiet von Healdsburg. Hier können Sie ein Exemplar der kostenlosen Karte über die Russian River Wine Road bekommen, mit deren Hilfe sich auch kleinere Weinkeller finden lassen.
🗺 206 B2 ✉ 16275 Healdsburg Avenue (Ausfahrt Dry Creek Road von der US 101, an der zweiten Ampel links), Healdsburg ☎ 1 707 4 33 69 81; www.simiwinery.com 🕐 tägl. 10–17 Uhr; Führungen 11, 14 Uhr 💰 15 $

Alexander Valley Vineyards:
Der Familienbetrieb knapp 10 km von Healdsburg wurde bekannt durch seinen Cabernet Sauvignon und den »Sin Zin« (»Sündigen Zinfandel«).
🗺 206 B2 ✉ 44 Highway 128, Healdsburg ☎ 1 707 4 33 72 09; www.avvwine.com 🕐 tägl. 10–17 Uhr 💰 15 $

Gary Farrell Vineyards & Winery:
Entlang der Westside Road liegen die Weingüter Rochioli, Porter Creek und ganz im Westen Gary Farrell. Rotweine sind hier die Spezialität sowie ein vollmundiger und dennoch frischer Chardonnay.
🗺 206 B2 ✉ 10701 Westside Road, Healdsburg ☎ 1 707 4 73 29 09; www.garyfarrellwinery.com 🕐 tägl. 10.30–16.30 Uhr; Führungen nach Vereinbarung 💰 15 $

»Wine County«

Chateau Montelena
Der älteste Teil des steinernen Hauptgebäudes stammt aus dem Jahr 1882. Bei einer Blindverkostung in Frankreich belegten die Chardonnays dieses Weinkellers den ersten Platz, aber mittlerweile haben seine Cabernets noch mehr Preise eingeheimst.
206 C2 ✉ 1429 Tubbs Lane, neben Highway 29, Calistoga
☎ 1 707 9 42 51 05; www.montelena.com ⏰ tägl. 9.30–16 Uhr, verschiedene Führungen und Weinproben 💰 20 $

Clos Pegase
Der postmoderne Architekt Michael Graves entwarf das Gebäude. Hier werden erstklassige Chardonnays, Merlots und Cabernets produziert.
206 C2 ✉ 1060 Dunaweal Lane, Calistoga ☎ 1 707 9 42 49 81; www.clospegase.com ⏰ tägl. 10.30–17 Uhr, Weinproben 10.30, 12, 13.30 und 15 Uhr 💰 20 $

Sterling Vineyards
Eine geschlossene Gondel befördert Sie zum Hauptgebäude der Sterling Vineyards. Deren Spezialität sind Merlot und Chardonnay. Bei der »Sterling Silver Experience« erhält man neben der Weinprobe einen Einblick in die hauseigene Kunstsammlung mit Werken von Picasso, Chagall, Frasconi und Ansel Adams.
206 C2 ✉ 1111 Dunaweal Lane, Calistoga ☎ 1 707 9 42 33 45; www.sterlingvineyards.com ⏰ Mo–Fr 10.30–16.30, Sa, So 10–17 Uhr; nur selbstgeführte Rundgänge 💰 28 $

Beringer Vineyards
Giebel, Türme und Ornamente verleihen den 1876 gegründeten Beringer Vineyards eine gotische Optik. Die Rundgänge dieses für seine Chardonnays, Cabernets und Merlots bekannten Betriebs führen auch durch Tunnel, die chinesische Arbeiter in den Hang des Spring Mountain gruben.
206 C2 ✉ 2000 Main Street, St. Helena ☎ 1 707 9 63 89 89; www.beringer.com ⏰ Juni–Okt. tägl. 10–18 Uhr; Nov.–Mai 10–17 Uhr, mehrere Führungen und Weinproben 💰 40 $

BAEDEKER TIPP

Sie können in einem von Calistogas Kurbetrieben ein **Schlammbad** nehmen. Manche schwören auf das traditionelle Verfahren (Preis: etwa 100 $): Dusche, zehn Minuten im Schlamm, anschließend Einweichen in einem heißen Mineralbad, einige Zeit im Dampfbad, Einwickeln in eine Decke und eine Massage. Bei dem »Schlamm« handelt es sich in Wirklichkeit um Vulkanasche, die meist mit Torf gemischt wird. Nach jedem Gebrauch wird sie aus hygienischen Gründen bis zum Sieden erhitzt. Die Puristen von **Indian Springs** (1712 Lincoln Avenue, Tel. 1 707 9 42 49 17, www.indianspringscalistoga.com) benutzen ausschließlich Vulkanasche. Der **Mount View Spa** (1457 Lincoln Avenue, Calistoga, Tel. 1 707 9 42 57 89, www.mountviewhotel.com) und **Health Spa Napa Valley** (1030 Main Street, St. Helena, Tel. 1 707 9 67 88 00, www.napavalleyspa.com), zwei besonders exklusive Betriebe, offerieren Anwendungen mit und ohne Schlamm.

Nordkalifornien

> **AUSFLÜGE AM BODEN UND IN DER LUFT**
> - **Adventures Aloft** (Tel. 1 800 9 44 44 08, www.nvaloft.com) veranstaltet Ballonfahrten zum Sonnenaufgang im Napa Valley
> - **Sonoma Thunder** (Tel. 1 707 8 29 98 50, www.balloontours.com) im Sonoma Valley. Die Preise, in denen ein Frühstück enthalten ist (die Flüge finden meist morgens statt), liegen bei etwa 225 $ pro Person.
> - **Triple Creek Horse Outfit** (Tel. 1 707 8 87 87 00) bietet geführte Ausritte durch die State Parks in Sonoma und Napa Valley an.
> - **Getaway Adventures** (Tel. 1 800 4 99 24 53, www.getawayadventures.com) vermietet Fahrräder und organisiert interessante Wander-, Fahrrad-, Kajak- und Kanutrips im Napa und im Sonoma County. Einige Radtouren führen auch zu Weinkellern.

Culinary Institute of America:
Der an der Westküste gelegene Campus Greystone hat einen Geschenkladen, ein Restaurant und ein Korkenziehermuseum mit einigen kuriosen Gerätschaften. Kleinere Einweisungen in die Kochkunst finden Sa, So um 13.30 Uhr in Kombination mit einer Weinprobe statt (Reservierung!).
206 C2 ✉ 2555 Main Street, St. Helena ☎ 1 707 9 67 11 00; www.ciachef.edu/california, Führungen tägl. 11.45, 14.45 und 17 Uhr

Frog' Leap:
Erkennungsmerkmal ist die historische rote Scheune von 1884. Hier werden Bio-Weine angebaut und mit traditionellen Techniken ausgebaut.
206 C2 ✉ 8815 Conn Creej Road, Rutherford ☎ 1 707 9 63 47 04; www.frogsleap.com 🕐 tägl. 10–16 Uhr; Touren 10 und 15.45 Uhr 💰 20 $

Mumm Napa Valley:
Fotografien über die Weinherstellung von Ansel Adams (▶ 22), eine interessante Führung und die Möglichkeit, temperamentvolle Schaumweine zu kosten, machen Mumm Napa Valley zu einem lohnenden Halt. In der Probierecke kann der Besucher drei Gläser jüngster Lese kosten.
206 C2 ✉ 8445 Silverado Trail, Rutherford ☎ 1 800 6 86 62 72; http://mummnapa.com 🕐 tägl. 10–16.45 Uhr, Führungen: um 10, 11, 13, 15 Uhr 💰 25 $

Robert Mondavi:
Das Gut des Branchenriesen gewährt vorzüglichen Einblick in den Weinbau, auch bei der Degustation (nicht nur des Fumé Blanc, dessen Aromen an große Loire-Weine heranreichen). Oft überlaufen im Sommer.
206 C2 ✉ 7801 St. Helena Highway, Oakville ☎ 1 888 7 66 63 28; www.robertmondaviwinery.com 🕐 tägl. 10–17 Uhr, Führungszeiten wechseln 💰 30 $

Hess Collection:
In diesem Versteck in den Bergen konkurrieren erstklassige moderne Kunst (Bacon, Stella …), die Aussicht auf das Tal und vollblumige Cabernets und Chardonnays miteinander.
206 C2 ✉ 4411 Redwood Road, westlich vom Highway 29, Napa ☎ 1 707 2 55 11 44; www.hesscollection.com 🕐 tägl. 10–17.30 Uhr, Führungszeiten wechseln 💰 25 $

»Wine County«

Ein Erlebnis der besonderen Art ist eine Fahrt mit einem Heißluftballon über die endlosen Weinstöcke von Sonoma County

BAEDEKER TIPP

- Um von San Francisco aus zum **Napa Valley** zu gelangen, müssen Sie die US 101 nach Norden zum Highway 37 nehmen, dann in östlicher Richtung zum Highway 121 und, ebenfalls nach Osten, zum Highway 29 und von hier aus nach Norden weiterfahren.
- Die Weingüter am **Silverado Trail** sind meist weniger überlaufen als die am mehr oder weniger parallel verlaufenden Highway 29.
- Um zum **Sonoma Valley** zu kommen, fahren Sie die US 101 nach Norden bis zum Highway 37, dann nach Osten zum Highway 121, anschließend in Richtung Norden zum Highway 12 und dann weiter nach Norden.
- Nördlich von San Francisco neben der US 101 liegen das **Alexander Valley** (Ausfahrt Healdsburg) und das **Russian River Valley** (Ausfahrt River Road und dann nach Westen).
- Die meisten Weingüter in Napa und einige in Sonoma erheben eine **Gebühr für die Weinprobe** (meist über 10 $), die häufig beim Kauf vergütet wird.
- Im Sommer empfiehlt es sich, **Führungen vorher zu buchen**, da einige Weingüter die Teilnehmerzahl begrenzen.
- Wenn Sie selbst fahren, denken Sie daran, dass ein **Blutalkoholspiegel von mehr als 0,8 Promille** den Tatbestand der Trunkenheit am Steuer erfüllt.
- Machen Sie auf jeden Fall eine Führung durch einen Weinbaubetrieb mit – beispielsweise bei **Robert Mondavi, Beringer oder Simi**.

Nordkalifornien

36 Sonoma Coast & Mendocino

An der Küste in der Nähe des Highway 1 auf dem Weg durch die Countys Sonoma und Mendocino leben viele interessante Tiere und Pflanzen, darunter Wale, Seelöwen, Fischadler, Wildblumen und Redwoods. Die Attraktionen dieser felsenreichen Strände und ehemaligen Fischer- und Holzfällerorte sind zwar schlicht, bereiten aber viel Freude: z. B. das aus dem 19. Jh. stammende Point Arena Lighthouse und die Mendocino Coast Botanical Gardens.

Nur Alfred Hitchcock war in der Lage, für seinen Film *Die Vögel* das friedliche Dorf **Bodega**, auf dem Highway 12 unmittelbar neben Highway 1 gelegen, und das ebenso friedvolle Fischerstädtchen **Bodega Bay** am Highway 1 in Orte des Grauens zu verwandeln. Die Kirche und das Schulgebäude in Bodega stehen noch heute. Der renovierte Bar- und Essbereich im **Tides Wharf Restaurant** (835 Highway 1, Tel. 1 707 875 36 52) ist nicht mehr so atmosphärisch wie zu Hitchcocks Zeit, aber die Fischgerichte sind lecker. Richtung Norden im **Terrapin Creek Café** (1580 Eastshore Road/Highway 1, Tel. 1 707 875 2700) können Sie kalifornische Spezialitäten mit internationalem Touch kosten.

🔭 Ausblick mit Seelöwen

Seelöwen lümmeln sich am windigen **Goat Rock Beach**, 10 Meilen (16 km) nördlich von Bodega Bay in Jenner. Trapper, die auf die Felle von Fischottern aus waren, gründeten das 9 Meilen (14 km) weiter gelegene **Fort Ross** (▶ 20). Im Mai schmücken rosa Blütenkaskaden das ganz in der Nähe gelegene **Kruse Rhododendron State Reserve** (www.parks.ca.gov). Jack London beschrieb diesen Küstenabschnitt in *The Human Drift* folgendermaßen: »Wir folgten den gesamten Weg dem Küstenverlauf. Wir fanden die Straßen im Bereich des Fort Ross besonders eindrucksvoll. An jedem Fluss wand sich die Straße um Schwindel erregende Klippen,

Die Pazifikküste bei Navarro Point im Mendocino County

Sonoma Coast & Mendocino

BAEDEKER TIPP

- Am ersten Tag eines Ausflugs von San Francisco aus könnten Sie die **Sonoma-Küste hinauffahren** und an den Highlights anhalten, bis Sie in Mendocino sind.
- Sie können den Highway 1 in Bodega Bay erreichen, indem Sie in Santa Rosa von der US 101 auf den Highway 12 in westlicher Richtung wechseln. **Der schnellste Weg nach Mendocino** von San Francisco führt über die US 101 Nord bis Cloverdale, dann auf dem Highway 128 nach Westen und auf den Highway 1 nach Norden. Alternative ist die Strecke auf dem zwar längeren, aber reizvolleren Highway 1.

tauchte in üppige Wälder aus Bäumen und Farnen ein und kletterte entlang der Klippen wieder hervor.«

Etwa 58 Meilen (93 km) nördlich von Fort Ross befindet sich das **Point Arena Lighthouse** und noch einmal 20 Meilen (32 km) weiter das niedliche **Elk**, ein guter Boxenstopp mit ein paar Geschäften und Cafés.

In den 1950- und 1960-Jahren zogen viele Künstler in das etwa 13 Meilen (21 km) nördlich von Elk gelegene **Mendocino**. Die Lage auf einer Landspitze sowie gute Restaurants und Bed & Breakfasts laden zu einem Stopp ein. Durchstöbern Sie die Läden und kleinen Museen und besuchen Sie die **Mendocino Coast Botanical Gardens** (18220 N Highway 1, Fort Bragg, Tel. 1 707 9 64 43 52). Ein Sandstrand und kilometerlange Dünen gehören zu den besonderen Reizen des **MacKerricher State Park** (Highway 1, nördlich von Fort Bragg, Tel. 1 707 9 64 91 12).

Das Weinbaugebiet inmitten der Redwood-Wälder östlich von Mendocino am Highway 128 ist für seinen Chardonnay, Pinot Noir und seine Schaumweine bekannt. **Husch** (4400 Highway 128, Philo, Tel. 1 800 5 54 87 24) und **Roederer Estate** (4501 Highway 128, Philo, Tel. 1 707 8 95 22 88, www.roedererestate.com) sind gute Tipps für eine Weinprobe.

KLEINE PAUSE

Das **Café Beaujolais** in Mendocino genießt den besten Ruf (▶99). Leider ist es oft recht überlaufen, doch der herrliche Panoramablick entschädigt dafür.

---

206 B2/B3

Point Arena Lighthouse
45500 Lighthouse Road, Küste bei Mendocino neben Highway 1
1 707 8 82 28 09; www.pointarenalighthouse.com tägl. 10–15.30 Uhr, im Sommer bis 16.30 Uhr 7,50 $

Botanical Gardens
18220 N Highway 1, Fort Bragg 1 707 9 64 43 52; www.gardenbythesea.org März–Okt. tägl. 9–17 Uhr; Nov.–Feb. 9–4 14 $

MacKerricher State Park
Highway 1, nördlich von Fort Bragg 1 707 9 64 88 98; www.parks.ca.gov/?page_id=436 Öffnungszeiten bitte erfragen frei

Nordkalifornien

37 Sacramento & Gold Country

Nach Goldfunden in der Sierra wurde Sacramento die Hauptstadt Kaliforniens. Wie üblich, folgten die Politiker dem Geld – und hier gab es jede Menge davon. Viele Sehenswürdigkeiten illustrieren das Leben zur Zeit des Goldrauschs, aber um echte Goldminen und Goldgräberstädte zu sehen, müssen Sie ins Gold Country reisen.

Sacramento

Das **California State Railroad Museum** zeigt Waggons und Lokomotiven der letzten 150 Jahre. Das Museum ist der Höhepunkt der ein wenig zu aufgeräumten Altstadt, wo hölzerne Gehwege, restaurierte Häuser und alte Schilder an die Zeiten des Goldrauschs erinnern.

Gold, Silber und der Handel finanzierten das im korinthischen Stil erbaute **State Capitol** (10th und L Street) mit seiner Rotunde und seinen Gärten. **Sutter's Fort State Historic Park** mit dem **State Indian Museum** und das **California Museum** vermitteln regionale Geschichte.

Ein historischer Zug im California State Railroad Museum in Sacramento

Highlights im Gold Country

Zum Gold Country, zum »Goldland«, fahren Sie die I-80 East zum Highway 49, der die Region von Norden nach Süden durchquert. Nördlich der I-80, von Sacramento aus ungefähr 60 Meilen (96 km) auf dem Highway 49, liegt **Nevada City**. In der Altstadt stehen noch viele Bauwerke, die aus der Zeit des Goldrauschs stammen. Nördlich der Stadt liegt der **Malakoff Diggins State Historic Park** (▶21).

Viele Minen waren rasch erschöpft. Die **Empire Mine** im **Empire Mine State Historic Park** förderte jährlich 170 t Gold und war bis in die 1950er-Jahre in Betrieb. Der Highway 49 schlängelt sich von Grass Valley aus 24 Meilen (38 km) zurück zur I-80 und nach **Auburn**. Der **Marshall Gold Discovery State Historic Park** liegt 18 Meilen (29 km) weiter südlich. Hier entdeckte James Marshall (▶17) 1848 ein Nugget – und setzte den Goldrausch in Gang.

Sacramento & Gold Country

Hangtown
Placerville, südlich von Coloma und 44 Meilen (70 km) östlich von Sacramento auf dem Highway 49, war zur Zeit des Goldrauschs als »Hangtown« bekannt, ein Hinweis auf die bevorzugte Art ihrer Einwohner, Gerechtigkeit walten zu lassen. Der Rundgang durch die **Gold Bug Mine** vermittelt einen Eindruck von den Arbeitsbedingungen der Goldgräber. Sehenswert ist auch der **Columbia State Historic Park** 70 Meilen (113 km) südlich von Placerville, der das Leben zur Zeit des Goldrauschs zeigt.

KLEINE PAUSE
Ein Drink zur Happy Hour oder ein Abendessen bei **Paragary's** (1401 28th Street, Tel. 1 916 4 57 57 37).

---

207 D2

Visitors Center
1002 Second St., Old Sacramento
1 916 4 42 76 44; http://discover gold.org tägl. 10–17 Uhr

California State Railroad Museum
125 I Street 1 916 4 45 66 45; www.csrmf.org tägl. 10–17 Uhr
9 $

Sutter's Fort State Historic Park
2701 L Street 1 916 4 45 44 22; www.parks.ca. gov/?page_id=485
tägl. 10–17 Uhr 5 $

California Museum
1020 O Street 1 916 6 53 75 24; www.californiamuseum.org Mo–Sa 10–17, So 12–17 Uhr 8,50 $

Empire Mine State Historic Park
10791 E Empire Street, südlich vom Highway 49, Grass Valley
1 530 2 73 85 22; www.parks.ca.gov/?page_id=499
tägl. 10–17 Uhr 7 $

Marshall Gold Discovery State Historic Park
207 D2 310 Back Street, Highway 49, Coloma 1 530 6 22 34 70; www.parks.ca.gov/?page_id=484
Park: tägl. Ende Mai–Anfang Sept. 8–19, sonst 8–17 Uhr, Museum: tägl. Nov.–März 10–16, sonst bis 17 Uhr
8 $

Gold Bug Mine
Highway 49, dann US 50 Ost und Bedford Avenue nach Norden, Placerville
1 530 6 42 52 07; www.goldbugpark.org
April–Okt. tägl. 10–16; Nov.–März Sa–So 12–16 5 $

Columbia State Historic Park
11255 Jackson Street, vom Highway 49 ab, Columbia
1 209 5 88 91 28; www.parks.ca.gov/?page_id=552
tägl. 10–16 Uhr
frei

BAEDEKER TIPP

- Vorsicht: Auf dem **kurvenreichen** Highway 49 geht es manchmal kaum voran.
- Wenn Sie nur **einen Tag** Zeit haben, besuchen Sie Nevada City, Grass Valley, Coloma und Placerville. Oder Sie übernachten in Sutter Creek und erforschen das Stadtzentrum, bevor Sie weiter nach Süden fahren.
- Bestaunen Sie die Redwoods im **Calaveras Big Tree State Park** neben dem Highway 4 bei Arnold.

Nordkalifornien

Nach Lust und Laune!

38 Redwood Country

Nordkaliforniens größte Redwood-Bäume wachsen in Mendocino County und weiter nördlich. Die 31 Meilen (50 km) lange **Avenue of the Giants** (Highway 254) schlängelt sich nördlich von Garberville auf der US 101 bis Pepperwood. (Garberville liegt etwas über 320 km nördlich von San Francisco.) Nördlich von Weott lädt der **Humboldt Redwoods State Park** zu einem Spaziergang durch die Redwoods ein.

Nördlich des Parks liegen die interessanten Städte **Ferndale**, **Eureka** (wo man am besten übernachten kann) und **Arcata**, mit ihren viktorianischen Häusern in den historischen Ortskernen (folgen Sie den Highway-Schildern). Noch weiter nördlich hinter Trinidad, liegt der **Patrick's Point State Park** mit Steilküste, von der man einen großartigen Blick auf den Ozean genießt.

17 Meilen (27 km) hinter Patrick's Point liegt der Eingang zum **Redwood National and State Parks**. Halten Sie am Thomas H. Kuchel Visitor Center (US 101, südlich von Orick, Tel. 1 707 4 65 77 65) um den Weg nach Tall Trees Grove und zu den Redwoods in der Lady Bird Johnson Grove zu erfragen. **Crescent City**, etwa 40 Meilen (64 km) nördlich von Orick, ist die letzte große Stadt vor der Grenze zu Oregon. Wenn Sie so weit kommen besuchen Sie das 1856 fertiggestellte **Battery Point Lighthouse**.

Gigantische Redwood-Bäume im Humboldt Redwoods State Park

Humboldt Redwoods State Park
✚ 206 B4 ☎ 1 707 9 46 24 09; www.parks.ca.gov/?page_id=425 ◷ April–Okt. tägl. 9–17, Nov.–März 10–16 Uhr 🎫 frei

Patrick's Point State Park
✚ 206 B2 ☎ 1 707 6 77 35 70; http://www.parks.ca.gov/?page_id=417 ◷ Öffnungszeiten tel. erfragen 🎫 frei

Redwood National and State Parks
✚ 206 B5 ☎ 1 707 4 64 61 01; www.nps.gov/redw/ ◷ Park: tägl. Crescent City und Thomas H. Kuchel Visitor Center: Winter tägl. 9–16; sonst tägl. 9–17 Uhr 🎫 frei

Battery Point Lighthouse
✚ 206 C5 ✉ Battery Point Island, am Ende der A Street ☎ 1 707 4 64 30 89; www.delnortehistory.org/lighthouse ◷ April–Sept. tägl. 10–16, Okt. März Sa–So 10–16 Uhr (gezeitenabhängig, bitte anrufen) 🎫 3 $

39 Shasta Cascade

Im äußersten Norden thront der **Mount Shasta** zwischen den Redwoods an der Küste und dem Kaskadengebirge. Mit ihrer frischen

Nach Lust und Laune!

Kiefernwälder umgeben den gigantischen Lake Tahoe, ein Paradies für Outdoorsportler

klaren Luft und den einfachen bis anspruchsvollen Wanderwegen ist die Gegend ideal für ein- oder mehrtägige Touren. Der 4317 m hohe Gipfel des Mount Shasta ist das ganze Jahr über mit Schnee bedeckt. Auskünfte zu Wanderungen, Campingplätzen und zusätzliche Infos erhalten Sie bei dem **Mount Shasta Visitors Bureau** (Tel. 530 9 26 48 65, http://visitmtshasta.com).

Südlich vom Mount Shasta sind die neben der I-5 liegenden **Lake Shasta Caverns** einen Besuch wert. An der Südwestspitze des Lake Shasta befindet sich neben der I-5 der **Shasta Dam** (Tel. 1 530 2 75 44 63). Der Staudamm, einer der größten der USA, ist für Begehungen offen (Öffnungszeiten telefonisch erfragen, Eintritt frei).

In **Weaverville**, 47 Meilen (75 km) westlich von Redding, steht das **Joss House** (Oregon und Main Street, Tel. 1 530 6 23 52 84), ein 1874 von chinesischen Einwanderern errichteter taoistischer Tempel (Do–So 10–17 Uhr).

Der **Lassen Volcanic National Park**, 49 Meilen (79 km) östlich von Red Bluff (Highway 36 nach Osten, Highway 89 nach Norden), fasziniert mit sprudelnden, schwefelhaltigen heißen Quellen, Aschekegeln, Lavateichen und kochenden Schlammlöchern. Der Lassen Peak Hike (anstrengend!) eröffnet Ausblicke auf die Seen und Bäume des Parks und den Mount Shasta. Der leichtere Bumpass Hell Trail führt zu Gebieten mit geothermaler Aktivität.

✚ 207 D4 ✉ I-5 ☎ 1 530 3 65 75 00 oder 1 800 3 26 69 44 Information zur Region Shasta Cascade; www.nps.gov, www.parks.ca.gov

Lake Shasta Caverns
✚ 206 C4 ✉ 20359 Shasta Caverns Road, Lakehead ☎ 1 530 2 38 23 41 oder 1 800 7 95 22 83; http://lakeshastacaverns.com
⏰ April, Mai, Sept. tägl. 9–15 (Führungen stündl.); Ende Mai bis Anfang Sept. 9–16 Uhr (halbstündl. Führungen); Okt.–März Führungen 10, 12, 14 Uhr
💰 24 $

Nordkalifornien

Lassen Volcanic National Park
☐ 207 D3 ☎ 1 530 5 95 44 80; www.nps.gov/lavo/index.htm ◉ Park: ganzjährig; Visitor Center: April–Okt. tägl. 9–17 Uhr, Nov. Mo/Di geschl., Dez.–März geschl. 🖲 10 $

④⓪ Lake Tahoe

Die Grenze der Bundesstaaten Kalifornien und Nevada verläuft mitten durch den Lake Tahoe, den größten Bergsee Nordamerikas. Im Sommer strömen Besucher an seine Strände und in die nahen Berge. Im Winter werden die Hänge, die zu den besten Pisten Kaliforniens gehören, von Skifahrern bevölkert. 1960 fanden im Squaw Valley am Westufer des Lake Tahoe die Olympischen Winterspiele statt. Auf der Nevadaseite des Sees gibt es viele gut besuchte Kasinos.

Um ein Gefühl für die Topografie zu bekommen, nehmen Sie eine Gondel von **Heavenly** (Ski Run Boulevard, neben der US 50, South Lake Tahoe, Tel. 1 800 2 20 15 93 oder 1 775 5 86 70 00, www.skiheavenly.com). Das gesamte Bassin liegt vor Ihnen, wenn die Gondel über die Pisten des **Heavenly Ski Resort** bis auf eine Höhe von 2780 m hinauffährt. Oben können Sie wandern oder essen gehen.

Die 115 km um den See können Sie an einem Tag abfahren. Bei viel Verkehr im Sommer empfiehlt es sich, nur einen Teil, etwa die **Pope-Baldwin Recreation Area** und die **Emerald Bay**, beide auf der Südseite am Highway 89 gelegen, zu erkunden. Wenn die Emerald Bay ihr Ziel ist, besuchen Sie auch **Vikingsholm**, ein rustikales Anwesen aus den 1920er-Jahren. Oder Sie fahren nach Norden zum **Sand Harbor Beach** (Highway 28) bzw. nach **Tahoe City** (Highway 89).
☐ 207 E2 ✉ US 50 (Lake Tahoe Süd, Kasinos in Nevada); Highway 89 (Tahoe City, West- und Nordufer) ☎ 1 530 5 41 52 55 (Süden), 1 775 5 88 59 00 (Nevada) und 1 530 5 81 69 00 (Norden, Infos für Besucher und zu Unterkünften); www.visitinglaketahoe.com

④① Mono Lake

Krustiges, korallenähnliches Tuffgestein ragt aus dem See, 13 Meilen (21 km) östlich vom Yosemite National Park. Vom South Tufa Trail (Highway 120, 5 Meilen (8 km) östlich der US 395), sehen Sie die bizarrsten Spitzen und Millionen Zugvögel, die sich hier versammeln. Die Geisterstadt **Bodie** (▶21) liegt 31 Meilen (50 km) nordöstlich von Lee Vining.
☐ 209 E5 ✉ Scenic Area Visitor Center, US 395, Lee Vining ☎ 1 760 6 47 30 44; www.monolake.org ◉ tägl. 9–17 Uhr

Mono Lake: eine Mondlandschaft aus Tu[ff]

Wohin zum ...
Übernachten?

Preise
für eine Nacht im Doppelzimmer (ohne Steuern):
$ unter 100 $ $$ 100–175 $ $$$ über 175 $

SONOMA COAST & MENDOCINO

Jenner Inn & Cottages $$–$$$
Der Ausblick über das Land, das ins Meer zu stürzen scheint, lässt einen in Jenner an der Küste von Sonoma die Anstrengungen der Reise schnell vergessen. Die Räume, Suiten und Hütten dieser Unterkunft, kuscheln sich zwischen Bäume oder ans Ufer. Von hier aus können Sie die Umgebung genießen, an der Küste wandern, Weingüter besuchen oder anderen Freizeitaktivitäten nachgehen. In manchen Zimmern befinden sich Kamine, Saunen und Küchen; nur wenige haben Telefon oder Fernseher, sodass Sie hier wirklich »abschalten« können.
✚ 206 B2 ✉ 10400 Coast Route 1, Box 69, Jenner, CA 95450 ☎ 1 707 8 65 23 77 oder 1 800 7 32 23 77; www.jennerinn.com

MacCallum House Inn $$–$$$
Wenn Sie durch Mendocino schlendern, fällt Ihnen dieses Hotel sicher auf. Das 1882 erbaute Gebäude mit seiner auffälligen Fassade ist wunderschön restauriert worden. Die 19 Räume verteilen sich auf das Haupthaus, sieben Häuschen und eine Scheune und sind mit Antiquitäten möbliert. Einige Zimmer haben Terrassen, Kamine und Küchennischen, und viele punkten mit der Aussicht auf das Meer oder die Gärten. Im Hotel gibt es ein gutes Restaurant.
✚ 206 B3 ✉ 45020 Albion Street, Box 206, Mendocino, CA 95460 ☎ 1 707 9 37 02 89 oder 1 800 6 09 04 92; www.maccallumhouse.com

Stanford Inn by the Sea & Spa $$$
Wenn Sie ein aktiver (und betuchter) Reisender sind, werden Sie dieses ländliche, stilvolle Hotel lieben. Das zweistöckige Gasthaus liegt direkt südlich der Stadt nahe des Highway 1 und blickt auf den Fluss und den Ozean. Es bietet geräumige Zimmer mit Kaminen und Dachterrassen. Nach einem Tag an der frischen Luft können Sie zum Kaminfeuer im Salon zurückkehren, wo Snacks und Wein serviert werden. Diese und das tolle vegetarische Frühstück sind im Preis inbegriffen.
✚ 206 B3 ✉ Coast Highway und 44850 Comptche-Ukiah Road, Box 487, Mendocino, CA 95460 ☎ 1 707 9 37 56 15 oder 1 800 3 31 88 84; www.stanfordinn.com

WINE COUNTY

Comfort Inn Calistoga $$$
Das Hotel am Rand von Calistoga ist einfach, für den Preis jedoch wunderbar. Die Zimmer überraschen nicht sonderlich, sind aber zweckmäßig. In der Sauna, einem beheizten Pool oder dem Whirlpool können Sie sich von Ihrer Tour durch die Weingüter erholen. Im Preis ist ein bescheidenes kontinentales Frühstück inbegriffen.
✚ 206 C2 ✉ 1865 Lincoln Avenue, Calistoga CA 94515 ☎ 1 707 9 42 94 00 oder 1 800 6 52 51 30; www.comfortinncalistoga.com

Gaige House Inn $$$
Dieses Bed & Breakfast befindet sich in einem im Stil des frühen 18. Jhs. erbauten italienisch angehauchten Gebäude von 1890.

Nordkalifornien

Einige der sonnigen Zimmer weisen aber südostasiatische Elemente auf. Sie können sich auf der Terrasse in einer Hängematte erholen und auf Calabazas Creek blicken oder abends in den Aufenthaltsräumen mit den Bücherregalen an den Wänden einen Wein auf Kosten des Hauses trinken. Einige Zimmer haben Kamine, in denen man tatsächlich ein Holzfeuer entzünden kann, geräumige Balkone und Whirlpools. Der Service ist engagiert und das reichhaltige Frühstück erstklassig.
✚ 206 C2 ✉ 13540 Arnold Drive, Glen Ellen, CA 95442 ☎ 1 707 9 35 02 37 oder 1 800 9 35 02 37; www.gaige.com

Villagio Inn & Spa $$$
Wenn Sie es sich so richtig gut gehen lassen möchten, steigen Sie in diesem Luxushotel im unteren Napa Valley ab. Bei diesen Preisen kann man sich darauf freuen, von morgens bis abends verwöhnt zu werden. Dazu gehört eine Flasche Wein zur Begrüßung, das Champagnerfrühstück und der Nachmittagstee. Den Wellnessbereich sollten Sie unbedingt besuchen, auch wenn Sie kein Gast sind.
✚ 206 C2 ✉ 6481 Washington Street, Yountville, CA 94599 ☎ 1 707 9 44 88 77 oder 1 800 3 51 11 33; www.villagio.com

SACRAMENTO & GOLD COUNTRY

Amber House Bed & Breakfast $$$
Die beiden Häuser dieses Hotels nahe dem Kapitol sind im amerikanischen Craftsman- und holländischen Kolonialstil errichtet. Die Zimmer sind nach berühmten Künstlern und Autoren benannt und entsprechend gestaltet. So passt das Lord-Byron-Zimmer zu einem romantischen Aufenthalt und das Brahms-Zimmer ist sehr gemütlich. Auch die Bäder sind wunderschön.
✚ 206 C2 ✉ 1315 22nd Street, Sacramento, CA 95816 ☎ 1 916 4 44 80 85 oder 1 800 7 55 65 26; www.amberhouse.com

Murphys Historic Hotel and Lodge $–$$
Die historischen Räume und der Saloon versetzen die Gäste hier in die Zeit des Goldrauschs. Wer mag, kann in der Nähe sogar Gold schürfen. Sie können aber auch ganz modern Kunst- oder Antiquitäten shoppen gehen. Das Hotel eignet sich bestens als Ausgangspunkt für eine Weintour in die Ausläufer der Sierra: Probierstuben der Weingüter Black Sheep, Milliaire und Stevenot sind ganz in der Nähe. Die neun historischen Zimmer sind mit Antiquitäten möbliert und haben kein eigenes Bad; schon Mark Twain und der Räuber Black Bart waren zu Gast. Die modernen Zimmer verfügen über eigene Bäder.
✚ 206 C2 ✉ 457 Main Street, Murphys, CA 95247 ☎ 1 209 7 28 34 44 oder 1 800 5 32 76 84; www.murphyshotel.com

YOSEMITE

Ahwahnee Hotel $$$
Die 1927 eröffnete Ahwahnee Lodge gehört zu den luxuriösesten Hotels in den amerikanischen Nationalparks. Die Gemeinschaftsbereiche sind mit riesigen Kaminen ausgestattet und bieten einen großartigen Blick auf den Park. Der Nachmittagstee in der Great Lounge ist ein Highlight. Die kleineren Gästezimmer sind stilvoll mit indianischen Motiven eingerichtet. 24 Häuschen liegen verstreut im Wald.
✚ 209 D5 ✉ Ahwahnee Drive, Yosemite National Park, CA 95389 ☎ 1 801 5 59 48 84; www.yosemitepark.com/the-ahwhnee.aspx

Best Western Yosemite Gateway Inn $
Wenn Sie innerhalb des Parks kein Zimmer finden, versuchen Sie es in diesem gut geführten Motel etwa 24 km vor dem Südeingang des Parks. Die Zimmer sind schön, aber nichts Besonderes; zum Teil haben sie einen Balkon, eine Terrasse, eine Küche und Blick aufs Bergpanorama. Die Apartments mit zwei

Schlafzimmern und Küche sind für Familien ein Schnäppchen (höchstens sechs Personen). Es gibt einen Garten, einen beheizten Pool innen und außen, einen Whirlpool, einen Fitnessraum und Waschmaschinen.
🞣 209 D4 ✉ 40530 Highway 41, Oakhurst, CA 93644 ☎ 1 559 6 83 23 78 oder 1 888 2 56 80 42; www.yosemitegatewayinn.com

Yosemite Lodge at the Falls and Curry Village $$$

Die Yosemite Lodge hat 249 motelartige Zimmer, Restaurants, eine Bar und einen Swimmingpool olympischen Ausmaßes. Das rustikale Curry Village besteht aus 183 Hütten mit Zimmern mit und ohne Bad, 427 Zelthütten mit Gemeinschaftsbädern, 18 Motelzimmern und Esslokalen. Es gibt keine Klimaanlagen. Hier kommt man eher unter als in der Ahwahnee Lodge, sollte aber dennoch weit im Voraus buchen.
🞣 209 D5 ✉ Northside und Southside Drive, Yosemite National Park, CA 95389
☎ 1 801 5 59 48 84 (Reservierungen für alle Hotels im Yosemite Park); www.yosemitepark.com/yosemite-lodge.aspx, www.yosemitepark.com/curry-village.aspx

LAKE TAHOE

Aston Lakeland Village Resort $$–$$$

Dieser moderne Hotelkomplex liegt in einem Waldgebiet mit eigenem Strand am Südufer des Lake Tahoe. Zu den Kasinos und Skigebieten in Nevada fahren gratis Shuttlebusse. Die Unterkünfte reichen von Hotelzimmern bis zu Stadthäusern mit vier Schlafzimmern, mit Küche, Kamin und Balkon oder Terrasse. Zudem gibt es Pools und Saunen.
🞣 207 E2 ✉ 3535 Lake Tahoe Boulevard, South Lake Tahoe, CA 96150
☎ 1 530 5 44 16 85 oder 1 800 8 22 59 69; www.astonlakelandvillage.com

Wohin zum ...
Essen und Trinken?

Preise
für ein Hauptgericht (abends):
$ bis 10 $ $$ bis 25 $ $$$ über 25 $

SONOMA COAST & MENDOCINO

Café Beaujolais $$–$$$

Mendocinos bekanntestes Restaurant ist rustikal, lässig und in einem von Gärten umgebenen viktorianischen Bauernhaus untergebracht. Aber der Ruf, den es sich wegen seiner reinen, frischen Zutaten und seiner innovativen kalifornischen Küche erworben hat, reicht weit über die Region hinaus. Die Karte wechselt mit den Jahreszeiten. Sie können mit vor Ort produzierten Biozutaten, frischem Fisch und Meeresfrüchten, Fleisch von frei laufenden Tieren, eigenem Brot und einer exzellenten Weinkarte rechnen.
🞣 206 B3 ✉ 961 Ukiah Street, Mendocino
☎ 1 707 9 37 56 14; www.cafebeaujolais.com
🕒 mittags: Mi–So 11.30–14.30 Uhr; abends: ab 17.30 Uhr

Mendo Bistro $$–$$$

Beliebtes Lokal in Fort Bragg mit New American Cuisine aus saisonalen einheimischen Zutaten. Inhaber und Küchenchef Nicholas Petti und Gattin Jaimi punkten mit herzlicher Gastlichkeit und zivilen Preisen. Auf

Nordkalifornien

der Karte stehen hausgemachte Pasta, biologisch produzierte Fleisch- und Geflügelgerichte (bei denen man Zubereitung und Sauce selbst wählen kann) sowie Fisch und Meeresfrüchte, z. B. Muscheln und Austern.
🞤 206 B3 ✉ 301 North Main Street, 2nd floor, Fort Bragg ☎ 1 707 9 64 49 74; www.mendobistro.com 🕒 tägl. 17–21 Uhr

WINE COUNTY

Bistro Ralph $$–$$$
Dieses legere Restaurant, an der Plaza im Herzen von Healdsburg gelegen, ist gerade dabei, sich einen Ruf für gute kalifornische Hausmannskost zu erwerben. Der Besitzer und Küchenchef Ralph Tingle verwendet mit Erfolg Lammfleisch aus Sonoma und regionale Zutaten. Die Bedienung ist freundlich, an der Bar treffen sich die Einheimischen. Probieren Sie Weine aus der Region, bestellen Sie etwas zu essen und lauschen Sie der Gerüchteküche. Die Veranda ist an Sommerabenden sehr angenehm.
🞤 206 B2 ✉ 109 Plaza Street, Healdsburg ☎ 1 707 4 33 13 80; www.bistroralph.com 🕒 Mo–Sa 11.30–21, So 10–15 Uhr

Downtown Bakery $–$$
Göttliche Frühstücksvariationen mit frisch gebackenem Brot und Gebäck sowie sündhaft leckeren Kuchen und Torten. Zum Lunch werden schmackhafte Sandwiches und Focaccia-Pizzas serviert.
🞤 206 B2 ✉ 308 A Center Street, Healdsburg ☎ 1 707 4 31 27 19; http://downtownbakery.net 🕒 Mo–Fr 6–17.30, Sa 7.30–17, So 7–16 Uhr

The French Laundry $$$
Thomas Kellers französisch-amerikanische Kreationen sind jeden Preis wert. Die Zutaten der 9-gängigen Degustations-Menüs nach Art des Küchenchefs (auch als vegetarische Version) wechseln täglich und saisonal. Unter den Highlights sind Essenz von der geräucherten *foie gras*, Wirsing oder Maine-Hummer-Schwanz mit Buchweizenspätzle und Rote-Bete-Vinaigrette. Reservierungen sind bis zwei Monate im Voraus möglich.
🞤 206 C2 ✉ 6640 Washington Street, Yountville ☎ 1 707 9 44 23 80; www.frenchlaundry.com 🕒 mittags: Fr–So 11–13 Uhr; abends: tägl. 17.30–21.15 Uhr

the girl and the fig $$–$$$
Auf einem noblen Anwesen nahe Sonoma Plaza bringt das einladende Restaurant (schöne Terrasse!) einen Hauch provenzalischer Atmosphäre ins amerikanische »Wine Country«: mit frischen, saisonal-regionalen Zutaten, von Krustentier bis Safran-Eintopf. Auch einfache Gerichte wie Schlachtplatte oder *Croques monsieur* (Schinken-Käse-Toast) stehen auf der Karte, neben einer guten Käse-Auswahl und kalifornischem Wein im Rhône-Stil.
🞤 206 C2 ✉ 110 W. Spain Street, Sonoma ☎ 1 707 9 38 36 34; www.thegirlandthefig.com 🕒 Mo–Do 11.30–22, Fr–Sa 11–23, So 10–22 Uhr

Tra Vigne $$–$$$
Viele halten das Tra Vigne für das »Weinland«-Restaurant schlechthin. Die Bedienung ist freundlich und effizient. Die Umgebung ist exakt wie in der Toskana (bitten Sie um einen Platz auf der Terrasse, wenn Sie reservieren), was auch für das Essen – frische Pasta, gegrilltes Fleisch sowie Fisch und Meeresfrüchte – gilt. Die gut zusammengestellte Weinkarte konzentriert sich allerdings auf einheimische Produkte. In den hohen Räumen des Restaurants befindet sich eine schöne Bar. Probieren Sie einen der Grappas.
🞤 206 C2 ✉ 1050 Charter Oak Avenue, St. Helena ☎ 1 707 9 63 44 44; www.travignerestaurant.com 🕒 Mo–Sa 11.30–21, So 11–15 (Brunch) und 15 bis 21 Uhr

SACRAMENTO & GOLD COUNTRY

Rio City Café $$
In der Altstadt, am Ufer des Sacramento, bietet das nette, lebendige

Wohin zum …

Lokal solide California Cuisine (mit asiatischem und italienischem Touch), wie Jambalaya-Reiseintopf, Ahi-Thunfisch-Nachos, Pasta, Fisch und Burger und vieles mehr. Am schönsten speist es sich an warmen Sommerabenden auf der Terrasse und bei kühler Witterung innen am heimeligen Kaminfeuer.

✚ 206 C2 ✉ 1110 Front Street, Sacramento
☎ 1 916 4 42 82 26; www.riocitycafe.com
🕓 Mo–Do 11–21, Fr 11–22, Sa 10–22, So 10–21 Uhr

YOSEMITE NATIONAL PARK

Ahwahnee Dining Room $$–$$$

Zwar zeichnet sich der Ahwahnee Dining Room, das Hauptrestaurant der Ahwahnee Lodge, nicht durch eine revolutionäre Küche aus, doch die gut zubereiteten amerikanischen Gerichte (gegrilltes Steak, Fisch in leichter Sauce) passen zur klassischen Hotelumgebung. Während Sie das 10 m hohe Deckengewölbe, die Kronleuchter und die mit Tischwäsche und Porzellan eingedeckten Tische bewundern, werden Sie verstehen, dass Jeans oder kurze Hosen und Sportschuhe nicht erwünscht sind. Versuchen Sie, möglichst weit im Voraus zu reservieren (bis zu 60 Tage möglich). Besondere Weihnachts- und Neujahrsdinner sind so beliebt, dass die Plätze sogar verlost werden.

✚ 209 D5 ✉ Ahwahnee Road, Yosemite National Park ☎ www.yosemitepark.com/ahwahnee-dining-room.aspx 🕓 Mo–Sa Frühstück: 7–10, mittags 11.30–14, So Brunch: 7–14 Uhr, tägl. abends 17–20.30 Uhr

Erna's Elderberry House & Restaurant $$–$$$

Das Lokal gehört zu den besten Kaliforniens und ist die Fahrt vom Yosemite National Park wert. Es liegt in Oakhurst, über den Highway 41 etwa 23 km südlich vom Südeingang des Parks. Hier wird jeden Abend ein wechselndes, französisch und kalifornisch geprägtes, sechs-Gänge-Festpreismenü aus frischen Zutaten serviert. Die Speisesäle haben ein angenehm modernes Ambiente.

✚ 209 D4 ✉ 48688 Victoria Lane, Oakhurst
☎ 1 559 6 83 68 00; www.elderberryhouse.com
🕓 abends: tägl. 17.30–20.30; Brunch: So 11–13 Uhr; erste 3 Januarwochen geschl.

Mountain Room Restaurant $$–$$$

Das nur abends geöffnete, beste Restaurant in der Yosemite Lodge (▶ 99) serviert Gerichte wie Steak, Meeresfrüchte und Pasta, kombiniert mit einem unglaublichen Blick auf die Yosemite Falls. Sie können auch in die weniger formelle Mountain Room Lounge gehen, wo es leichtere Speisen gibt, oder im legeren Food-Court frühstücken bzw. zu Mittag oder Abend essen.

✚ 209 D5 ✉ neben dem Northside Drive, Yosemite National Park ☎ 1 209 3 72 14 03; www.yosemitepark.com/mountain-room-restaurant.aspx 🕓 So–Do 17–20, Fr, Sa 17–20.30 Uhr

LAKE TAHOE

Sunnyside Restaurant & Lodge $$–$$$

Im Sommer wie im Winter ist das Lokal, in wunderschöner Umgebung an den Ufern des Lake Tahoe gelegen, ein wahrer Besuchermagnet. Im gehobenen Speisesaal dominieren Steaks das lukullische Geschehen, während im lässigeren Lakeside Grill auch Kleinigkeiten wie knusprige Zucchini-Sticks, gebackene Calamari, Burger aller Art, Sandwiches und Salate auf den Tisch kommen. Ein Dessert-Traum ist der *Hula Pie* (Schoko-Cookie, Macademia-Eis, heißer Vanilla-Fudge, Schlagsahne und gehackte Macademia-Nüsse). Legere Kleidung ist ebenso willkommen wie kleine Gäste.

✚ 207 E2 ✉ 1850 W Lake Boulevard, West Shore ☎ 1 530 5 83 72 00; www.sunnysidetahoe.com
🕓 Lakeside Grill: Fr–Sa 16–21, So–Do 16–21.30 Uhr; Dining Room: Fr–Sa 5.30–21 Uhr, So–Do 17.30–20.30

Nordkalifornien

Wohin zum ... Einkaufen?

Kunst und Kunsthandwerk, Wein, Delikatessen, Antiquitäten und Sportartikel rangieren ganz vorne.

MENDOCINO

Man kann durch Mendocinos kleine Straßen wandern und in den Ladenfenstern nach Kunst, Kunsthandwerk und handgearbeitetem Schmuck Ausschau halten. Lohnend: das **Mendocino Art Center** (45200 Little Lake Street, Tel. 1 707 9 37 58 18, www.mendocinoartcenter.org).

SONOMA

Den Hauptplatz der Stadt säumen mehrere Lebensmittelgeschäfte und Bäckereien, so auch die **Sonoma Cheese Factory** (2 Spain Street, Tel. 1 707 9 96 19 31, www.sonomacheesefactory.com), die örtliche Käseprodukte zum Verkauf anbietet.

SACRAMENTO

In den historischen Gebäude am Flussufer von Sacramento finden Sie Kunst- und Kunsthandwerksläden. Der **Huntington, Hopkins & Co. Store** (113 I Street, Tel. 1 916 3 23 72 34) bietet Gegenstände aus viktorianischer Zeit zum Kauf.

»WINE COUNTY«

Jedes Weingut, das Führungen und Weinproben anbietet, verkauft Wein in Flaschen oder Kisten. Zwei Niederlassungen der historischen **Oakville Grocery** führen Spitzenweine und Delikatessen. Das Originalgeschäft befindet sich im **Napa Valley** (7856 St. Helena Highway, Oakville, Tel. 1 707 9 44 88 02), der zweite Laden im **Russian-River-Viertel** (124 Matheson Street, Healdsburg, Tel. 1 707 4 33 32 00, www.oakvillegrocery.com).

Wohin zum ... Ausgehen?

Nordkalifornien ist nicht gerade für sein Nachtleben bekannt. Doch die Vergnügungen in der Natur machen dies leicht wett.

MUSIK

Es gibt mehrere alljährliche Musikfestivals, darunter das **Mendocino Music Festival** (im Juli; klassische Musik, Gospel, Jazz, Oper u. a.; Tel 1 707 9 37 20 44), Lake Tahoes **Arts Music Theatre Festival** (Valhalla; Juni–Sept.; Tel. 1 530 5 41 49 75) und das **Jazz and Blues Festival** (Sept.; ein Wochenendereignis am Johnson's Beach am Russian River; Tel. 1 949 3 62 33 66). In Sacramento lohnt ein regelmäßiger Blick in die Veranstaltungstipps de Zeitung *Sacramento Bee* oder auf www.sacramento365.com.

SPORT

Die **Kings**, Sacramentos Erstliga-Basketballmannschaft, spielen in der Sleep Train Arena (1 Sports Parkway, Tel. 1 916 9 28 69 00).

Nordkalifornien mit seinen faszinierenden Landschaften ist eine tolle Gegend, um selbst Sport zu treiben. Während der warmen Jahreszeit stehen Wanderern, Mountainbikern und Reitern Hunderte Meilen von Wegen zur Verfügung. Kanu-, Kajak- und Floßfahrer können die vielen Wasserläufe der Region befahren. Im Winter ist Nordkalifornien ein Paradies für Sk fahrer und Snowboarder.

Die Zentralküste

Erste Orientierung	104
In drei Tagen	106
TOP 10	108
Nicht verpassen!	113
Nach Lust und Laune!	120
Wohin zum ...	122

☀ Kleine Erlebnisse

Algenwald und Riesenkraken
Das **Monterey Bay Aquarium** (➤ 114) zeigt eindrucksvoll die Unterwasserwelt am Rande des Pazifischen Ozeans.

Old Spanish Days Fiesta St. Barbara
Auf diesem Fest feiert **Santa Barbara** (➤ 109) fünf Tage im August Restaurierung im spanischen Stil.

Gigantische Kolonie der Seeelefanten
Von Aussichtsplätzen kann man bis zu 10 000 Tiere am Strand bei **San Simeon** (➤ 120) beobachten.

Die Zentralküste

Erste Orientierung

An der dünn besiedelten Küste Zentralkaliforniens geht es merklich ruhiger zu als in den großen Städten. Das Wasser ist hier von kristallklarem Blau, schaumgekrönte Wellen krachen an die Felsküste, und Wildblumen sprießen an steilen Hängen, die in den Pazifik abfallen. Sie können die Pracht von am Meer gelegenen Bars und Restaurants durch große Panoramafenster genießen oder Strandwanderungen unternehmen. Am besten reisen Sie mit dem Auto; doch die Region ist teilweise durch Buslinien erschlossen.

Die Highlights liegen entlang des landschaftlich reizvollen Highway 1. Im Sommer geht es oft nur langsam voran, doch das Panorama entschädigt. Schon die Aussichtspunkte am Highway 1 sind den Trip an die Zentralküste wert. Aber achten Sie auf die Straße: eine falsche Lenkbewegung und Ihr Auto wird zum U-Boot.

Monterey liegt 186 km südlich von San Francisco und 540 km nördlich von Los Angeles nahe der Südspitze der halbmondförmigen Monterey Bay. Die anderen größeren Städte auf der Halbinsel, Pacific Grove und Carmel, sind nicht weit entfernt und Big Sur liegt weniger als 48 km weiter im Süden. Am schnellsten kommen Sie von San Francisco aus über die I-280 nach Süden zum Highway

Der Highway 1 ermöglicht spektakuläre Ausblicke auf die kalifornische Pazifikküste

Erste Orientierung

TOP 10
- ⭐ Big Sur ➤ 108
- ⭐ Santa Barbara ➤ 109

Nicht verpassen!
- ㊷ Monterey Peninsula ➤ 113
- ㊸ Hearst Castle ➤ 116

Nach Lust und Laune!
- ㊹ Santa Cruz ➤ 120
- ㊺ Cambria ➤ 120
- ㊻ Harmony ➤ 121
- ㊼ Morro Bay ➤ 121
- ㊽ Avila Beach/Pismo Beach ➤ 121
- ㊾ Ojai ➤ 121

Der prächtige Pool von Hearst Castle

85, dann in südöstlicher Richtung zur US 101, weiter nach Süden zum Highway 68 und schließlich in Richtung Westen. Von Los Angeles aus nehmen Sie die I-5 nach Norden zum Highway 46, fahren diesen nach Westen bis zur US 101 nach Salinas, wo Sie auf den Highway 68 in Richtung Westen wechseln. Hearst Castle und Santa Barbara liegen direkt neben dem Highway 1.

Die Zentralküste

In drei Tagen

Wenn Sie unseren Empfehlungen folgen und drei Tage Zeit investieren, können Sie die interessantesten Sehenswürdigkeiten der Zentralküste kennenlernen. Nähere Informationen zu den Highlights finden Sie unter den Haupteinträgen (➤ 108ff).

Erster Tag

Vormittags
Starten Sie in Pacific Grove auf der ㊷ **Monterey Peninsula** (oben) wo der starke Wind am **Asilomar State Beach** (➤ 114) Sie durchpusten wird. Wenn Sie während der Schmetterlingssaison hier sind, fahren Sie anschließend zum **Monarch Grove Sanctuary** (➤ 114) und dann den spektakulären **17-Mile Drive** (➤ 114).

Nachmittags
Nehmen Sie in Monterey eine europäisch-amerikanische Bistromahlzeit im ruhigen und geschmackvollen Montrio Bistro (414 Calle Principal, Tel. 1 831 6 48 88 80) zu sich. Im **Monterey Bay Aquarium** (➤ 114) warten Meeresbewohner auf Sie, deren Fütterung spätnachmittags immer sehr unterhaltsam ist. Anschließend geht es zum Shoppen nach Carmel oder zum Point Lobos Natural State Reserve (➤ 115).

Abends
Kehren Sie für ein romantisches Abendessen ins historische **Tarpy's Roadhouse** (➤ 124) oder nach Monterey zurück.

Zweiter Tag

Vormittags
Fahren Sie den Highway 1 nach Süden bis ★ **Big Sur** (➤ 108) und gönnen Sie sich eine Pause im Café Kevah, das zum legendären Restaurant Nepenthe gehört. Und dann geht es wieder ab nach Süden.

In drei Tagen

Nachmittags
Besuchen Sie die Seeelefanten-Kolonie im Norden von Hearst Castle. Fahren Sie weiter nach ㊺ **Cambria** (➤ 120f) und essen Sie im **Sea Chest Restaurant** (6216 Moonstone Beach Dr, Tel. 1 805 9 27 45 14) mit tollen Fischgerichten, Austern und Meeresblick. Kehren Sie anschließend zurück zu einem Rundgang durch das großartige ㊸ **Hearst Castle** (➤ 116). Später sollten Sie noch ㊻ **Harmony** (➤ 121) 8 km südlich von Cambria besuchen.

Abends
Suchen Sie sich eine Unterkunft in ㊼ **Morro Bay** (➤ 121) und spazieren Sie vor dem Essen auf dem Embarcadero.

Dritter Tag

Vormittags
Bei San Luis Obispo wird der Highway 1 zur US 101. Rasten Sie am ㊽ **Pismo Beach** (➤ 121), flanieren Sie über Pismo Pier oder den Strand, und fahren Sie dann auf der US 101 weiter nach ★ **Santa Barbara** (➤ 109).

Nachmittags
Haben Sie in Santa Barbara Quartier bezogen, winkt der Italiener Toma, direkt am Strand gelegen, mit schönem Blick aufs Meer (334 W Cabrillo Blvd., Tel. 1 805 9 62 07 77, www.romarestaurant.com). Nicht weit davon führt vom Cabrillo Boulevard der Holzsteg der **Stearns Wharf** (➤ 109) weit in den Santa Barbara Channel hinein. Am Besten parken Sie östlich davon und machen dort einen Spaziergang, anschließend geht's weiter nach Osten zum **East Beach** (➤ 119) mit seinem feinen Sand und dann hinauf zur imposanten **Mission Santa Barbara** (links; ➤ 109).

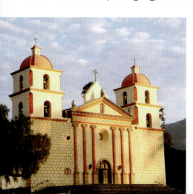

Abends
Fahren Sie von der Mission aus zu einem der Parkplätze beim **State-Street-Einkaufsviertel** (➤ 110). Tipp fürs Abendessen: die Trattoria **Palazzio** (➤ 125).

Die Zentralküste

Big Sur

Die Natur herrscht in Big Sur, einer Landschaft von wilder Schönheit, die Ansel Adams in seinen Fotografien verewigt hat. Henry Miller beschrieb die Gegend als »das Gesicht der Erde, so wie der Schöpfer es aussehen lassen wollte«. Jeden Winter reißen Sturmfluten Teile des Highway 1 weg, während im Sommer der Wind heult und Felsen von den Klippen auf die Straße krachen.

Atemberaubende Sicht auf Big Sur vom Pacific Coast Highway

Big Sur beginnt südlich von Carmel und erstreckt sich fast bis zum Hearst Castle. Die **Bixby Bridge**, ungefähr 13 Meilen (21 km) südlich von Carmel, ist eine der höchsten einbogigen Brücken der Welt. Parken Sie auf der Nordseite, um sie zu bewundern. 6 Meilen (10 km) weiter südlich steht das **Point Sur Lighthouse** (Tel. 1 831 6 25 44 19, www.pointsw.org) auf einem riesigen Sandsteinkegel. Sie können den Leuchtturm das ganze Jahr über nur im Rahmen einer Führung besuchen, für die Sie sich anmelden müssen.

9 Meilen (14 km) weiter südlich befindet sich die Big Sur Station am Westeingang des **Pfeiffer-Big Sur State Park** (Tel. 1 831 6 67 23 15, www.parks.ca.gov/?page_id=570). Hier erhalten Sie Karten. Ranger geben Tipps zu Wanderwegen in der Gegend. Eine Tour verläuft durch Redwoods zu einem 18 m hohen Wasserfall, ein anderer über die Pfeiffer Ridge zu unvergleichlichen Küstenpanoramen. Etwa 12 Meilen (19 km) südlich der Station liegt der **Julia Pfeiffer Burns State Park** (www.parks.ca.gov/?page_id=570). Hier gibt es einen 800 m langen Weg zu einem Wasserfall direkt am Strand.

KLEINE PAUSE

Essen oder trinken Sie drinnen oder draußen in **Nepenthe** (48510 Highway 1, Tel. 1 831 6 67 23 45, www.nepenthebigsur.com), ungefähr 2,5 Meilen (4 km) südlich der Big Sur Station. Das benachbarte **Café Kevah** ist ein guter Tipp für einen Brunch oder fürs Mittagessen.

✚ 208 B4
🚌 Bus 22 von Monterey nach Big Sur und Nepenthe zweimal tägl.

⭐ Santa Barbara

Das bezaubernde Santa Barbara ist nur anderthalb Fahrstunden von Los Angeles entfernt. So ist es seit Jahrzehnten ein Zufluchtsort für Hollywoods Geldadel. Ronald Reagan, Michael Douglas, Oprah Winfrey und Michael Jackson leb(t)en hier. Dennoch bleibt die Stadt bemerkenswert bodenständig.

Das Bezirksgericht, die Mission Santa Barbara und das Hafenviertel gehören zu den Glanzstücken, die man nicht auslassen sollte – aber alles ganz entspannt! Lassen Sie sich Zeit bei einem Mittagessen mit Hafenblick, genießen Sie die Zeit im Santa Barbara Botanic Garden und faulenzen Sie am East Beach oder am Butterfly Beach im Sand. Dies ist ein Ort, um sich auszuruhen und sich wunderbar zu fühlen.

Stearns Wharf

Während sich an der Westküste die Häfen und Strände meist nach Westen ausrichten, sind sie in Santa Barbara gen Süden gewandt. Die mehrere 100 m in den Santa Barbara Channel hineinragende, hölzerne **Stearns Wharf** ist ein guter Startpunkt für einen Rundgang am Wasser. Parken Sie am Cabrillo Boulevard, spazieren Sie zur Spitze des Kais, setzen Sie sich auf eine Bank und blicken Sie aufs Meer hinaus oder zurück zur Stadt. 👫 Das vor allem für Kinder geeignete **Ty Warner Sea Center** informiert über die Meeresbewohner. In der Nähe der Wharf befinden sich auch zahlreiche Restaurants und Geschäfte.

East Beach mit Blick auf die Santa Ynez Mountains

Rund um den Hafen

Begeben Sie sich vom Kai aus auf dem Cabrillo Boulevard 3 km in Richtung Süden zum **Andree Clark Bird Refuge**. Schilder entlang den Fuß- und Radwegen erklären einheimi-

Die Zentralküste

sche Vögel und Zugvögel, die sich in dem ruhigen Garten und an der friedlichen Lagune einfinden. Es macht großen Spaß, hier mit dem Rad zu fahren. Vom Vogelpark aus kann man den Santa Barbara Zoo (nichts Besonderes, aber nett) sehen.

Auf der anderen Seite des Cabrillo Boulevard liegt der belebte **East Beach**, wo die braun gebrannten Einwohner Santa Barbaras Frisbee oder Strandvolleyball spielen. Das Cabrillo Pavillon Bathhouse stellt Duschen und Umkleidekabinen zur Verfügung, aber keine Handtücher.

Gehen Sie anschließend auf dem Cabrillo Boulevard wieder zurück nach Westen an der Stearns Wharf vorbei zum **Santa Barbara Yacht Harbor**, wo die Fischer ihren Fang anlanden, darunter Seeigel für den Export nach Japan.

Ins Stadtzentrum

Vom Hafenviertel aus können Sie den State Street Shuttle die State Street hinauf nehmen. Oder Sie fahren die Chapala Street hinauf und stellen Ihren Wagen auf einem der öffentlichen Parkplätze nördlich der Gutierrez Street ab. Die **State Street**, die Hauptschlagader von Santa Barbaras Zentrum, ist so attraktiv, dass Leute sogar aus Los Angeles am Wochenende herkommen, um durch Boutiquen, Antiquitäten- und alle möglichen anderen Läden zu bummeln.

Der Glockenturm des County Courthouse

Santa Barbara Courthouse und Mission

In den Hallen und Räumen des **Santa Barbara County Courthouse**, einen Block östlich der State Street an der Ecke Anapamu und Anacapa Street gelegen, ist noch ein Hauch der wilden Stummfilmzeit Hollywoods zu spüren. Dieses Bauwerk im spanisch-maurischen Stil wurde 1929 fertiggestellt. Machen Sie eine Führung mit oder schauen Sie sich nur ein wenig um. Nehmen Sie anschließend den Aufzug zum Glockenturm, von wo aus Sie einen herrlichen Rundumblick auf die Stadt haben. Die **Red Tile Tour** (▶ unten) startet hier.

RED TILE TOUR (»ROTZIEGEL«-RUNDGANG)

Diese Tour führt durch zwölf Blocks mit Häusern aus Adobeziegeln, Parks, Museen und anderen Sehenswürdigkeiten im Inneren der Stadt. Sie ist benannt nach den runden Terrakotta-Dachziegeln der zahlreichen Häuser im spanischen Stil. Im Santa Barbara Visitor Center (Garden Street und Cabrillo Boulevard, Tel. 1 805 9 65 30 21) östlich von Stearns Wharf bekommen Sie einen genauen Plan. Den ca. 800 m entfernten Startpunkt der Tour am **Country Courthouse** (▶ oben) erreichen Sie zu Fuß, mit dem Auto oder mit dem Downtown Shuttle.

Santa Barbara

BAEDEKER TIPP

- **Parkplätze** finden Sie beiderseits der State Street und im übrigen Stadtgebiet.
- Der **Weg zwischen Zentrum und Hafenviertel** lässt sich zu Fuß bewältigen. Tagsüber gibt es auch preiswerte Shuttles (tägl. 9–18, im Sommer Fr/Sa bis 21 Uhr), die das Hafenviertel und den Einkaufsbereich der State Street anfahren. Außerdem können Sie sich ein Fahrrad leihen (▶ 112).
- Nehmen Sie an einer Führung durch die prächtigen und ausgefallenen Gärten von **Lotusland** teil (695 Ashley Road, Tel. 1 805 9 69 99 90, www.lotusland.org, Führungen Mitte Feb. bis Mitte Nov. Mi–Sa, 10 und 13.30 Uhr, Vorausbuchung erforderlich, Eintritt: 45 $). Ägyptische Lotusse, Zykladen, Wasserlilien, ein Formschnitt-Garten und Drachenbäume gehören zu den Attraktionen des **Montecito-Anwesens** der verstorbenen und mehrfach verheirateten polnischen Opernsängerin Madame Ganna Walska. Die jeweiligen Besichtigungen dauern etwa 1,5 Stunden.
- Mit dem Auto Richtung Norden erreichen Sie nach etwa einer Stunde das »wine county« (»Weinland«, ▶ 193).

Die **Mission Santa Barbara** erreichen Sie nur mit dem Wagen oder dem Bus. Wenn Sie nur eine Mission besuchen wollen, dann diese. Die für die Architektur des 1820 errichteten Bauwerks verantwortlichen Pater (die Mission wurde 1786 gegründet), ließen sich von einem römischen Tempel inspirieren. Das Erdbeben von 1925 verwüstete die Mission, aber bei der Restauration wurde sehr darauf geachtet, den Originalzustand wiederherzustellen. Man kann die Hauptkirche, eine Kapelle, einen Schlafraum und eine Küche besichtigen.

Mit dem Auto gelangen Sie von hier schnell zum **Santa Barbara Botanic Garden**, auf dessen 32 ha Sie die Flora Kaliforniens erforschen können (auch mit Führung).

KLEINE PAUSE

Das **Brophy Brothers Clam Bar and Restaurant** (119 Harbor Way, Tel. 1 805 9 66 44 18, So–Do 11–22, Fr–Sa 11–23 Uhr) ist ein beliebter Treffpunkt. Als Alternative gönnen Sie sich bei **D'Angelo Bread** (25 W Gutierrez Street, Tel. 1 805 9 62 54 66, tägl. bis 14 Uhr) etwas Gebäck oder einen kleinen Snack.

✚ 208 C2 Downtown Shuttle (vom Hafenviertel zur Sola Street)

Stearns Wharf
E. Cabrillo Boulevard, Südende der State Street www.stearnswharf.org
Waterfront oder Downtown Shuttle frei

Ty Warner Sea Center
211 Stearns Wharf 1 805 9 62 25 26; www.sbnature.org
tägl. 10–17 Uhr 8 $

Andree Clark Bird Refuge
1400 E. Cabrillo Boulevard neben der US 101 1 805 5 64 54 33
Waterfront Shuttle (zum Zoo; kurzer Fußweg zum Vogelpark oder an der Milpas Street umsteigen in Bus 14), tägl. Sonnenaufgang 9–22 Uhr frei

Die Zentralküste

Santa Barbara Yacht Harbor
✉ Westende des Cabrillo Boulevard 🚌 Waterfront Shuttle

East Beach
✉ E. Cabrillo Boulevard und Milpas Stree 🚌 Waterfront Shuttle 💲 frei

County Courthouse
✉ 1100 block Anacapa Street ☎ 1 805 9 62 64 64; www.santabarbaracourthouse.org 🕐 Mo–Fr 8–17, Sa–So 10–16.30 Uhr; Führungen: Mo–Sa 14, Mo, Di, Fr 10.30 Uhr 🚌 Downtown Shuttle (zur Anapamu Street; dann einen Block nach Osten) 💲 frei, Spende

Old Mission Santa Barbara
✉ 2201 Laguna Street ☎ Führungen: 1 805 6 82 47 13; www.santa barbaramission.org 🕐 tägl. 9–16.30, im Herbst/Winter bis 16.15 Uhr 🚌 Bus 22 (vom Transit Center im Zentrum, Chapala und Carillo Street) 💲 5 $

Santa Barbara Botanic Garden
✉ 1212 Mission Canyon Road (von der Mission aus die E Los Olivos Street nach Norden zur Mission Canyon Road, biegen Sie rechts auf die Foothill Road und ein paar Blocks weiter links auf die Mission Canyon Road ab) ☎ 1 805 6 82 47 26; www.sbbg.org 🕐 März–Okt. tägl. 9–18 Uhr; Nov.–Feb. tägl. 9–17 Uhr 🚌 keine Busverbindung 💲 8 $

Beliebt sind die Rad- und Fußwege am Hafen

DRAHTESEL-TOUREN
Radwege durchziehen ganz Santa Barbara. Die Gegend um den Hafen ist eher flach. Ein landschaftlich schöner Weg führt durch das nahe **Andree Clark Bird Refuge** (Tel. 1 805 5 64 54 33). Die Fahrt vom Hafen zur Mission dauert etwa eine Stunde, nahe der Mission aber wird es etwas hügelig. Von hier sind es 3 km zum Botanischen Garten. **Wheel Fun Rentals** (Tel. 1 805 9 66 22 82) unterhält drei Stationen, an denen Sie Fahrräder und Strandfahrzeuge mieten können. Dort werden Sie auch mit Karten und Infos versorgt.

㊷ Monterey Peninsula

»Erzähl es bitte nicht weiter!«, flehte ein Maler im 19. Jh., der seinem soeben eingetroffenen Freund von den Reizen Montereys vorschwärmte. Die schlimmsten Befürchtungen des Künstlers haben sich bewahrheitet. Allerdings ist die natürliche Schönheit dieser Region so groß, dass selbst der übelste Einbruch der Zivilisation ihr letzten Endes nichts anhaben kann. Zwei Dinge sollten Sie auf keinen Fall auslassen: das Monterey Bay Aquarium und den 17-Mile Drive.

Der Kai von Pacific Grove in der Monterey Bay

Monterey

Ein guter Startpunkt für einen Rundgang durch Monterey ist das **Monterey State Historic Park Visitor Center** (Custom House Plaza). Hier bekommt man Broschüren zu dem 3 km langen Path of History und Tickets für die historischen Sehenswürdigkeiten am Weg. An der touristischen **Fisherman's Wharf** einige Hundert Meter nördlich vom Custom House finden Sie T-Shirt-Läden, Fischrestaurants (darunter einige gute), aber reichlich wenig Fischer. Die haben sich alle auf andere Piers zurückgezogen.

Der **Monterey Bay Recreational Trail** windet sich von der Fisherman's Wharf etwa 1,6 km in nordwestlicher Richtung zur **Cannery Row**. Sie können zu Fuß gehen oder den Bus nehmen. Viele Gebäude der einst übel riechenden Fischfabriken stehen noch heute. Die schrulligen Einwohner inspirierten John Steinbeck zu seinem Roman *Cannery Row* (dt.: *Straße der Ölsardinen*). Mit ihren unspektakulären Geschäften und Restaurants wirkt die Straße etwas zu aufgemotzt, als dass sie noch die Vergangenheit heraufbeschwören könnte. Das **Taste of Monterey** (700 Cannery

Die Zentralküste

Row) vertritt die mittlerweile ansässige Weinindustrie. Hier können Sie einheimische Rebsorten probieren.

Das ⭐ **Monterey Bay Aquarium** liegt am westlichen Ende der Cannery Row. Fast die komplette Meeresfauna und -flora der Bucht ist an diesem Ort vertreten. Zu den Höhepunkten gehören die Seeotter-Anlage, ein sich über drei Stockwerke erstreckender Seetangwald und faszinierende Tintenfische. Die Hauptattraktion ist das gigantische, 4,5 Mio. Liter große Becken der »Open Seas Galleries« mit Haien, Rochen und anderen Meerestieren des Pazifiks.

Die Natur entfaltet ihre Schönheit beim Monterey Bay Aquarium, hier ein Seetangwald

Pacific Grove

Westlich vom Aquarium wird die Cannery Row zum Ocean View Boulevard: Sie haben **Pacific Grove** erreicht. Diese freundliche Stadt ist für ihre Häuser aus dem späten 19. Jh. und für die an der Bucht gelegenen Attraktionen bekannt, unter ihnen Lovers Point Park Beach (gut zum Picknicken) und der Point Piños Leuchtturm. **Asilomar State Beach** (Tel. 1 831 6 46 64 42) südlich vom Leuchtturm gelegen, ist der Inbegriff der ungezähmten Pracht dieses Teils der kalifornischen Pazifikküste. Von Oktober bis März bevölkern wandernde Monarchschmetterlinge das **Monarch Grove Sanctuary** (Lighthouse Avenue und Ridge Road, Bus 1).

17-Mile Drive

Angesichts der spektakulären Küste im Norden und im Süden mag es absurd erscheinen, dafür zu bezahlen, um den **17-Mile Drive** genannten Abschnitt zu besichtigen. Aber er ist wirklich etwas Besonderes. Einsam und dramatisch schlängelt sich die Straße an windigen Stränden vorbei, an die manchmal schäumende Wogen krachen. **Bird Rock**, ein von Robben, Seelöwen, Möwen, Kormoranen und anderen Wildtieren bevölkerter Granitfelsen, ist ein weiterer Glanzpunkt, ebenso wie die 200 Jahre alte **Lone Cypress**, die ihre bizarre Form dem mächtigen Seewind verdankt. In der Broschüre, die Sie am Eingang erhalten, sind die wesentlichen Highlights beschrieben.

Monterey Peninsula

Andere Attraktionen

Carmel ist an sonnigen Wochenenden überlaufen. Der Ocean-Avenue-Einkaufsbezirk westlich vom Highway 1 ist ziemlich teuer. Sowohl der **Carmel River State Beach** (Scenic Road, am Highway 1, Tel. 1 831 6 49 28 36) als auch das **Point Lobos Natural State Reserve** (Highway 1, Tel. 1 831 6 24 49 09) bieten tolle Wanderwege. Am Point Lobos können Sie vom **Sea Lion Point Trail** aus Seelöwen beobachten oder zwischen den Bäumen des **Cypress Grove Trail** spazieren. Die schöne **Carmel Mission** (Rio Road und Lasuen Drive, Tel. 1 831 6 24 12 71, www.carmelmission.org) war die Zentrale von 21 kalifornischen Franziskanermissionen.

KLEINE PAUSE

Pasta, Pizza und Fisch im legeren **Café Fina** (Fisherman's Wharf, Tel. 1 831 3 72 52 00, www.cafefina.com) mit Blick auf den Hafen von Monterey.

---

208 B4

Monterey State Historic Park Visitor Center
20 Custom House Plaza ☎ 1 831 6 49 71 18; www.parks.ca.gov/ Gärten tägl. Mai–Sept. 9–17, Okt.–April 10–16 Uhr, Museum und historische Gebäude abweichende Öffnungszeiten Wave Shuttle (im Sommer); Bus 1

Monterey Bay Recreational Trail
zwischen Drake und David Avenue Wave Shuttle (im Sommer); Bus 1

Monterey Bay Aquarium
886 Cannery Row ☎ 1 831 6 48 48 00; www.montereybayaquarium.org Juni–Aug. Mo–Fr 9.30–18, Sa–So 9.30–20 Uhr; Sept.–Mai 10–18 Uhr Wave Shuttle (im Sommer); Bus 1 35 $

17-Mile Drive
fünf Eingänge, darunter Sunset Drive in Pacific Grove und Highway 1 in Carmel Grove www.pebblebeach.com Bus 1 10 $

Carmel Mission
Rio Road und Lasuen Drive ☎ 1 831 6 24 36 00; www.carmelmission.org Mo–Sa 9.30–17, So 10.30–17 Uhr 6,50 $

BAEDEKER TIPP

- Der **Wave Shuttlebus** verbindet die wichtigsten Sehenswürdigkeiten im historischen Monterey (Ende Mai–Anfang Sept.). **Monterey-Salinas Transit** (Tel. 1 888 6 78 28 71) fährt das ganze Jahr. Nehmen Sie von der Fisherman's Wharf aus den Bus 1 für eine Panoramatour durch Monterey und Pacific Grove.
- Im **Chateau Julien** (8940 Carmel Valley Road, östlich Highway 1, Tel. 1 831 6 24 26 00, www.chateaujulien.com) und in den **Ventana Vineyards** (2999 Monterey-Salinas Highway, Tel. 1 831 3 72 74 15, www.ventanawines.com) können Sie Weine kosten, picknicken oder an einer Führung teilnehmen (Reservierung nötig).

Die Zentralküste

🆔 Hearst Castle

Hearst Castle liegt majestätisch inmitten der Santa Lucia Mountains. Das Schloss gehört(e) zu den prachtvollsten Privatanwesen der USA und hätte selbst einem König zur Ehre gereicht. Und ein solcher war der Zeitungsmagnat William Randolph Hearst (1863–1951) bis 1919, als er mit dem Bau dieses Fantasiehauses begann, zweifellos geworden. Als man die Arbeiten 1947 schließlich beendete, war das Anwesen immer noch nicht fertig, obwohl es mittlerweile 165 Zimmer, 51 ha Garten und zwei luxuriöse Pools umfasste.

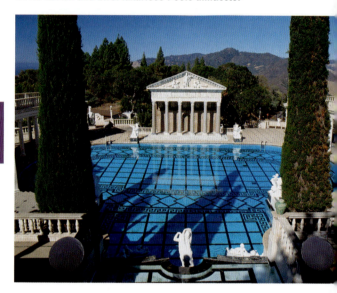

Die Kiefer-, Eichen- und Walnussmöbel des Haupthauses Casa Grande mit seinen 115 Zimmern verleihen ihm eine gewisse Schwere. Aber sie reflektieren den damaligen mediterran beeinflussten kalifornischen Geschmack und Hearsts Erinnerungen an europäische Schlösser, die er besucht hatte. Die Gästehäuser sind im Vergleich dazu luftiger.

Der Neptune Pool mit seinen Marmorstatuen und Kolonnaden

EINE FRUCHTBARE ZUSAMMENARBEIT
Beim Bau seines Schlosses arbeitete Hearst mit Julia Morgan (1872–1957) zusammen, deren Ausbildung als Ingenieurin in einer Erdbebengegend nützlich war. Das Haus wurde größtenteils aus Stahlbeton gebaut, ein Segen, wenn die Erde zitterte, aber ein Fluch angesichts von Hearsts Angewohnheit, häufig seine Meinung zu ändern. Ein Beispiel: Ursprünglich hatte Casa Grande einen Glockenturm. Hearst ließ ihn abreißen und durch die zwei heute noch vorhandenen ersetzen.

Hearst Castle

Prunkvolle Möbel im Gästehaus von Hearst Castle

Die Sammlung

»Der Häuptling«, wie Hearst von Freunden und Angestellten genannt wurde, war ein begeisterter Kunst- und Antiquitätensammler. In den 1930er-Jahren verkaufte er während einer Liquiditätskrise die besten Stücke seiner Sammlung. Aber ihm blieben eindrucksvolle Stücke wie die Wandteppiche in der großen Eingangshalle von Casa Grande. Während des Rundgangs sollten Sie die Holzdecken beachten, die William Randolph Hearst von europäischen Anwesen und Klöstern kaufte.

Sowohl der Führer als auch der Film, der zu Tour 1 gehört, präsentieren Randolph Hearst als liebenswerten Visionär und Kunstliebhaber und nicht als skrupellosen Geschäftsmann, der unliebsame Zeitgenossen mit allen Mitteln ausschaltete – vermutlich ist die Wahrheit eine Mischung aus beidem.

KLEINE PAUSE

Es gibt eine Snackbar im Besucherzentrum, aber besser fahren Sie zum Essen nach **Cambria** (➤ 120).

---

208 B3 Highway 1, San Simeon
1 916 4 14 84 00 oder 1 800 4 44 44 45; www.hearstcastle.org
tägl. 8.20–15.20 Uhr (Juni–Aug. manchmal auch später); Abendführungen (zu wechselnden Zeiten) März–Mai und Sept.–Dez.
25 $

BAEDEKER TIPP

- Man kann Hearst Castle im Rahmen **von sechs Rundgängen** besichtigen. Alle führen am marmornen Neptune Pool außen sowie am Roman Pool innen mit seiner Einfassung aus blauem venezianischen Glas und glänzenden Goldkacheln vorbei. Denjenigen, die noch nie hier waren, empfiehlt das Personal den Rundgang 1, der die Gärten, ein Gästehaus und das Erdgeschoss von Casa Grande beinhaltet. Interessanter ist Rundgang 2, der durch die oberen Stockwerke mit der Bibliothek, der Doge's Suite (Nachbildung eines Raumes des Dogenpalastes in Venedig), vier Gästezimmern und Hearsts Privaträumen führt. Nach der Tour dürfen die Gäste die Pools und Gärten noch einmal auf eigene Faust besuchen.
- Besonders im Sommer mindestens zwei Tage im **Voraus eine Führung buchen**.
- Täglich werden auch für **Rollstuhlfahrer** geeignete Führungen angeboten.

Die Zentralküste

Kaliforniens Neuschwanstein

Im Hearst Castle, dem »Neuschwanstein Kaliforniens«, ließ Zeitungskönig William Randolph Hearst viele Millionen Dollar verbauen. Als er 1951 starb, war es nach 30-jähriger Bauzeit immer noch nicht ganz fertig. Und trotz der mehr als 100 Räumlichkeiten reichte der Platz nicht aus, um all die Kunstwerke unterzubringen, die Hearst im Laufe seines Lebens zusammengetragen hatte.

❶ **La Casa Grande** Das Haupthaus war zum Zeitpunkt von Hearsts Tod auf über 100 Räumlichkeiten angewachsen, darunter 38 Schlafzimmer, 31 Badezimmer, 14 Wohnzimmer, 2 Bibliotheksräume, ein Speisesaal, eine Küche, ein Theater- und Kinosaal, eine große Empfangshalle.

❷ **Speisesaal** Der 30 m lange und 7 m hohe Speisesaal ist geschmückt mit flämischen Gobelins und alten Kirchenstühlen. Die aus Italien eingeführte handgeschnitzte Decke zeigt Darstellungen von Heiligen.

❸ **Gotische Suite** In dieser Suite hielt sich Verleger Hearst mit Vorliebe auf. Die Gotische Suite umfasst ein Arbeitszimmer und eine Bibliothek.

❹ **Himmlische Suite** Die beiden Türme des Gebäudekomplexes werden durch die Himmlische Suite verbunden. Von der Suite und den Türmen hat man einen fantastischen Blick auf den Pazifischen Ozean.

❺ **Theater- und Kinosaal** Die Wände dieses Saales sind mit Damast bedeckt und die Lampen leuchten auf vergoldeten Karyatiden.

©BAEDEKER

Hearst Castle

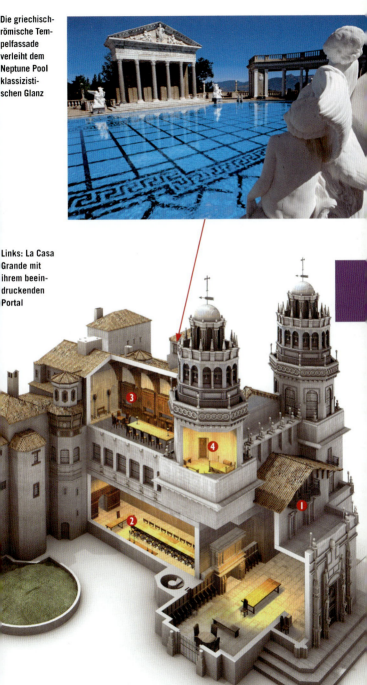

Die griechisch-römische Tempelfassade verleiht dem Neptune Pool klassizistischen Glanz

Links: La Casa Grande mit ihrem beeindruckenden Portal

Die Zentralküste

Nach Lust und Laune!

44 Santa Cruz
Santa Cruz ist ein Dorado für Surfer, Studenten, New-Age-Jünger und Outdoorfans. Nostalgischer Blickfang am Beach Boardwalk (Beach Street) sind das Looff-Karussell von 1911 und der Giant Dipper von 1924, denen bei Sonnenuntergang allerdings die Natur die Schau stiehlt. Wie in Santa Barbara kann man hier sommers herrlich baden, ohne zu erfrieren, zudem vom Lighthouse Point (West Cliff Drive) Surfern bei ihren Kunststücken in der Brandung zusehen. Im **Mystery Spot** erfährt man Erstaunliches über Physik und Gravitationsgesetze. Auf der Pacific Avenue mit ihren vielen Bars, Res-

Der Strand vom Natural Bridges State Park in Santa Cruz zieht die Surfer an

taurants und Läden lässt es sich wunderbar bummeln gehen.
✚ 208 B4 ✉ Highway 1 und 17, 74 Meilen (119 km) südl. von San Francisco

The Mystery Spot
✉ 465 Mystery Spot Road ☎ 1 831 4 23 88 97; www.mysteryspot.com 🕒 Mo–Fr 10–16 (letzte Tour 16.05 Uhr), Sa–So 10–17 (letzte Tour 17.05 Uhr) 💰 50 $

45 Cambria
Die größte Stadt in der Nähe des Hearst Castle lockt mit Geschäften, Galerien, Restaurants, Unterkünften und schönen Stränden. Die Wanderwege im **San Simeon State Park** (www.parks.ca.gov/?page_id=590) führen am tiefblauen Ozean mit weißen Gischtkronen und im Wasser wogenden Tang entlang. Bei **Leffingwell's Landing** kommt bei Ebbe die Unterwasserwelt ans Tageslicht. Südlich von Cambria lohnt ein Abstecher über den Highway 46 in das **Weinanbaugebiet** um Paso Robles und Templeton. Bei der **Chamber of Commerce** (767 Main Street, Tel. 1 805 9 27 36 24, www.cambriachamber.org, Mo–Fr 9–17, Sa–So 12–16 Uhr) erhalten Sie hierzu

> **TIERE BEOBACHTEN**
> Das **California Sea Otter Game Refuge** erstreckt sich von Monterey bis Cambria. Am besten lassen sich die Otter rechts neben dem Highway 1 am Santa Rosa State Beach in der Nähe von Hearst Castle, am Hearst State Beach und an Leffingwell's Landing beobachten.
> Etwa 6 km nördlich von Hearst Castle (direkt südlich von Meilenstein 63) lebt eine **Kolonie nördlicher See-Elefanten** in der Nähe des Parkplatzes des dortigen Aussichtspunktes.

Nach Lust und Laune!

Karten und Broschüren. Zu Besichtigung und Picknick auf der Veranda lädt die **Eberle Winery** (3810 Highway 46 East, Tel. 1 805 2 38 96 07, www.eberle winery.com) ein, neben anderen Weingütern der Gegend, wie Turley, Justin, Wild Horse, Windward und Midnight Cellars.

✚ 208 B3 ✉ Highway 1,6 Meilen (10 km) südl. von Hearst Castle

46 Harmony

Bei einem solchen Namen sollten die Bewohner des Künstlerortes, einst ein Molkereizentrum, gut miteinander auskommen. Dies gilt in der Tat für die nur rund 20 Einwohner. Sie können Glasbläsern bei der Arbeit zusehen, Geschäfte für Kunsthandwerk besuchen, eine Weinprobe machen und in einem von Ziegelmauern eingefassten Hof sitzen, wo Blumen aus rostenden landwirtschaftlichen Geräten sprießen.

✚ 208 B3 ✉ Highway 1,5 Meilen (8 km) südlich von Cambria

47 Morro Bay

Beim Flanieren über den Embarcadero des Fischerdörfchens werden Sie sich in alte Zeiten zurückversetzt fühlen. Geologisch stimmt das auch: Das Wahrzeichen der Stadt, der 175 m hohe Morro Rock, ist einer von mehreren inaktiven Vulkanen. Die Bucht ist eine Zuflucht für bedrohte Tierarten wie Falken und andere Vögel sowie für Fische.

✚ 208 C3 ✉ Highway 1, 20 Meilen (32 km)

südl. von Cambria ☎ 1 805 7 73 46 61; www.parks.ca.gov/?page_id=594

48 Avila Beach/Pismo Beach

Avila und Pismo Beach sind die ersten weitläufigen zentralkalifornischen Strände mit Wassersportmöglichkeiten, die an Südkalifornien erinnern. Ein Spaziergang am Strand und über Pismo Pier wird Sie die Kurven des Highway 1 vergessen lassen. (Für einen Einkaufsbummel folgen Sie den Schildern zu den Premium Outlets.)

✚ 208 C2/C3 ✉ Highway 1, 47 Meilen (75 km) südl. von Cambria

49 Ojai

1937 war Ojai Schauplatz für Frank Capras Film *In den Fesseln von Shangri La*. Das beschreibt den 53 km von Santa Barbara entfernten Ort zutreffend. Das Freizeitangebot ist vielfältig. Sie können anspruchsvolle Wanderungen im **Los Padres National Forest** unternehmen oder es im **Ojai Valley Inn & Spa** (905 Country Club Road, Tel. 1 885 6 97 87 80) ruhig angehen lassen. Viele Künstler stellen ihre Arbeiten im **Ojai Arts Center** (113 S. Montgomery Street) aus. Große Eichen werfen ihre Schatten auf **Bart's Books** (302 W Matilija Street), einen Buchladen unter freiem Himmel.

✚ 209 D2 ✉ Highway 150, östl. der US 101

Der Morro Rock ist ein Paradies für Tiere

Die Zentralküste

Wohin zum ...
Übernachten?

Preise
für eine Nacht im Doppelzimmer (ohne Steuern):
$ unter 100 $ $$ 100–175 $ $$$ über 175 $

HALBINSEL MONTEREY

Red Roof Inn $–$$
Gute, preiswerte Übernachtungsadresse, nur wenige Kilometer von Monterey entfernt. Alle 55 Zimmer wurden kürzlich renoviert und bieten freien Internetzugang. Manche sind außerdem mit Whirlpool, Kamin und einer Kitchenette ausgestattet.
✠ 208 B4 ✉ 2227 N Fremont Street, Monterey, CA 93940 ☎ 1 831 3 72 75 86 oder 1 800 7 33 76 63; www.redroofinnmonterey.com

Green Gables Inn $$–$$$
Das 1888 erbaute grünweiße Gebäude mit seinem Blick über die Felsenküste gehört zu den auffälligsten Häusern von Pacific Grove. Das Innere ist mit den ursprünglichen Holzarbeiten, Stuckdecken, Bögen und Buntglasfenstern nicht minder eindrucksvoll. Die meisten Zimmer haben eine atemberaubende Aussicht auf die Bucht. Die ehemalige Kutschenremise bietet größere, modernere Zimmer, alle mit eigenem Bad (vier Zimmer im Haupthaus haben nur ein Gemeinschaftsbad). Ein reichliches Frühstücksbüfett und Wein und Snacks am Nachmittag sind im Preis enthalten.
✠ 208 B4 ✉ 301 Ocean View Boulevard, Pacific Grove, CA 93950 ☎ 1 831 3 75 20 95 oder 1 800 7 22 17 74; www.greengablesinnpg.com

Monterey Plaza Hotel and Spa $$$
Der luxuriöse Wellnessbereich auf dem Dach sowie viele andere Annehmlichkeiten machen deutlich, warum dieses attraktive vierstöckige Gebäude den Ruf hat, Montereys bestes Hotel zu sein. Die Blicke vom Dach auf die Bucht, von den zahlreichen Zimmerbalkonen und von der großen Veranda sind traumhaft. Man kann Seelöwen und Seeotter beobachten. Am ehemaligen Standort einer Fisch verarbeitenden Fabrik gelegen, ist die Architektur dieses Hotels von frühen kalifornischen und mediterranen Vorbildern beeinflusst.
✠ 208 B4 ✉ 400 Cannery Row, Monterey, CA 93940 ☎ 1 831 6 46 17 00 oder 1 800 3 34 39 99; www.montereyplazahotel.com

Old Monterey Inn $$$
Das in einer ruhigen Wohngegend Montereys gelegene Haus im Tudorstil wurde restauriert und ist jetzt eines der besten B & Bs Kaliforniens. Kein Detail blieb unbeachtet, der Service ist legendär. Die Zimmer sind thematisch eingerichtet. So enthält das Zimmer »Library« (Bibliothek) Bücherregale und Federbetten. Sie können Ihr Frühstück im Speisesaal zu sich nehmen, aber auch im Rosengarten, auf Ihrem Zimmer bzw. Ihrer Sonnenterrasse, vor Ihrem Kamin oder während Sie in der Whirlpool-Badewanne baden.
✠ 208 B4 ✉ 500 Martin Street, Monterey, CA 93940 ☎ 1 831 3 75 82 84 oder 1 800 3 50 23 44; www.oldmontereyinn.com

Pine Inn $$–$$$
Das im Jahre 1889 erbaute Pine Inn war das erste Gasthaus dieser Stadt. Heute bietet es viele Annehmlichkeiten. Es liegt direkt an einer der Haupteinkaufsstraßen von Carmel und nur vier Blocks vom Strand entfernt. Es bietet einen

Wohin zum ...

Hauch von Luxus bei annehmbaren Preisen für die normalen Zimmer. Die Einrichtung mit Antiquitäten und Gobelins erinnert ans 19. Jahrhundert. Das dazugehörige Restaurant Il Fornaio ist bekannt für sein hervorragendes Brot und seine gute italienische Küche.

208 B4 ✉ Ocean Avenue und Monte Verde, Box 250, Carmel, CA 93921 ☎ 1 831 6 24 38 51 oder 1 800 2 28 38 51; www.pineinn.com

BIG SUR

Ventana Inn & Spa $$$

Das auf einem bewaldeten Hügel mit Meerblick am spektakulärsten Abschnitt der Küste gelegene Ventana Inn ist wohl der Zufluchtsort in Big Sur schlechthin. Die Zimmer sind auf mehrere Gebäude verteilt. Für Romantiker gibt es Kaminzimmer mit Meerblick. Man genießt einen Topservice und entspannt an den Pools. Angeboten werden Wellnessbehandlungen wie Thalasso-, Fango- und Aromatherapie. Massagen können Sie auf Ihrem Zimmer erhalten. Frühstück, nachmittäglicher Wein und Käse sind im Preis inbegriffen.

208 B4 ✉ 48123 Highway 1, Big Sur, CA 93920 ☎ 1 831 6 67 23 31 oder 1 800 6 28 65 00; www.ventanainn.com

CAMBRIA

Pelican Cove Inn $$–$$$

Die Pelican Suites liegen nah am Meer, Strand und an Hearst Castle. Alle 26 Suiten mit eigenem Balkon oder Terrasse bieten vollen oder teilweisen Meerblick, Kamin und Kochnische. Die Einrichtung mit großen Betten ist maßgeschneidert. Die größeren und dafür teureren Zimmer verfügen neben Meerblick über einen Whirlpool. Weitere 22 Zimmer sind in einem separaten Gebäude untergebracht. Frühstück sowie ein Snack und Wein am Nachmittag sind inklusive.

208 B3 ✉ 6316 Moonstone Beach Drive, Cambria, CA 93428 ☎ 1 805 9 27 15 00 oder 1 800 9 66 64 90; www.pelicansuites.com

SANTA BARBARA

Four Seasons Biltmore Santa Barbara $$$

Diese großartige Anlage im spanischen Stil blickt auf den Pazifik und ist von lauter Grün umgeben. Seit den späten 1920er-Jahren ist hier viel Prominenz abgestiegen. Alle Zimmer sind luxuriös. Am komfortabelsten sind die luftigen Häuschen hinter dem Haupthaus mit Kaminen und Veranden. Da hier Swimmingpools, Heißwasserbäder, Saunen, und sonstige Annehmlichkeiten bereitstehen, brauchen Sie die Anlage eigentlich nie zu verlassen.

208 C2 ✉ 1260 Channel Drive, Montecito, CA 93108
☎ 1 805 9 69 22 61 oder 1 800 8 19 50 53; www.fourseasons.com/santabarbara

Inn by the Harbor $$–$$$

In Santa Barbaras Hafenviertel befinden sich mehrere Hotels und Motels, alle mit tollem Blick, aber auch mit entsprechendem Preis. Wenn Sie bereit sind, drei Blocks vom Hafen entfernt zu wohnen, können Sie in diesem fast korrekt betitelten Gasthaus Komfort genießen und Geld sparen. Die meisten der im französischen Stil ausgestatteten Zimmer haben Kochnischen.

208 C2 ✉ 433 W. Montecito Street, Santa Barbara, CA 93101
☎ 1 805 9 63 78 51 oder 1 800 6 26 19 86; www.innbytheharbor.com

White Jasmine Inn $$–$$$

In dieser entzückenden Unterkunft, die fünf Häuser im viktorianischen und Craftsman-Stil an der äußerst gepflegten Bath Street umfasst, wird das Frühstück in einem Picknickkorb auf Ihr Zimmer gebracht. Diese sind dezent eingerichtet. Manche besitzen auch einen eigenen Whirlpool und einen Kamin. Wellnessbehandlungen sind auf dem Zimmer möglich.

208 C2 ✉ 1327 Bath Street, Santa Barbara, CA 93101 ☎ 1 805 9 66 05 89; www.whitejasmineinnsantabarbara.com

Die Zentralküste

Wohin zum ...
Essen und Trinken?

Preise
für ein Hauptgericht (abends):
$ bis 10 $ $$ bis 25 $ $$$ über 25 $

HALBINSEL MONTEREY

Baja Cantina $
Das Restaurant im Carmel Valley serviert mexikanische Klassiker wie würzige Burritos und Enchiladas, aber auch typisch Kalifornisches, wie köstliche Garnelen im Speckmantel, Enchiladas mit Mangosauce oder einen Salat mit Ziegenkäse und süßen Äpfeln. Fast ebenso opulent wie die Speisekarte ist die Auswahl an Getränken, vom Tequila bis zu den Weinen. Memorabilia nostalgischer Edelkarossen dominieren die Einrichtung und bei gutem Wetter sitzt man sehr schön im Patio.
208 B4 ⊠ 7166 Carmel Valley Road, Carmel ☎ 1 831 6 25 22 52;
www.carmelcantina.com
Mo–Fr 11.30–22.30, Sa, So 10–22 Uhr

Casanova $$$
Mit diesem Restaurant in Carmel, für das in den 1970er-Jahren ein altes Haus umgebaut wurde, haben Sie eine romantische Wahl getroffen. Hier werden Speisen der südfranzösischen und norditalienischen Küche serviert. Bekannt ist es unter anderem für sein gebratenes Lachsfilet an Dijonsenf-Zitrusolivenöl und seine Kalbsfleischmedaillons mit einer Soße aus Schalotten, Kapern, Zitrone und Weißwein, dazu Polenta und gedünsteter Mangold.
208 B4 ⊠ 5th Street zwischen Mission und San Carlos, Carmel ☎ 1 831 6 25 05 01;
www.casanovarestaurant.com
mittags: tägl. 11.30–15 Uhr;
abends: tägl. 17–22 Fr, Sa bis 22.30 Uhr

Rio Grill $$–$$$
In den frühen 1990er-Jahren gehörte der Rio Grill mit seiner von südwestlichen Elementen durchdrungenen kreativen kalifornischen Küche zu den Pionieren neuer amerikanischer Kochkunst in Carmel. Originalkunstwerke an den Wänden tragen zur festlichen, entspannten Atmosphäre bei.
208 B4 ⊠ Highway 1 und Rio Road, Carmel ☎ 1 831 6 25 54 36; http://riogrill.com
mittags: tägl. 11.30–16, So bis 15; abends: tägl. 16–22 Uhr

Tarpy's Roadhouse $$–$$$
Tarpy's liegt ein wenig außerhalb von Monterey in einem jahrhundertealten, steingedeckten Bauernhaus. An kalten Tagen können Sie drinnen am Kamin sitzen und an warmen Tagen im blumengeschmückten Hof. Die innovative Rasthausküche setzt mittags auf Sandwiches, Salate und Nudeln. Abends gibt es anspruchsvollere Speisen wie Ente, Schweinekoteletts, Steaks sowie Fisch und Meeresfrüchte, die auf einem Holzgrill zubereitet werden.
208 B4 ⊠ 2999 Monterey-Salinas Highway (Highway 68), Monterey
☎ 1 831 6 47 14 44; www.tarpys.com
Mo–Do 11.30–21, Fr, Sa 11.30–22, So 11.30–15 u. 16.30–21 Uhr

BIG SUR

The Restaurant at the Ventana $$$
Das Restaurant ist etwa 45 km südlich von Carmel in einem Gasthaus beheimatet. Man serviert aus

Wohin zum ...

gewählte kalifornische Gerichte, vor allem frischen Fisch, Wild, Nudeln und vegetarische Kost. Sie können entweder innen essen, die Räume haben Panoramafenster und Balkendecken, oder, das ganze Jahr über, auf der Terrasse, wo mittags häufig sehr viel los ist.

🖃 208 B4 ✉ 48123 Highway 1, Big Sur
☎ 1 831 6 67 42 42; www.ventanainn.com
🕐 mittags: tägl. 11.30–16 Uhr; abends: tägl. 18–21 Uhr

CAMBRIA

Sea Chest Restaurant and Oyster Bar $$–$$$

Das oben auf einer Klippe thronende Sea Chest serviert Essen, das des tollen Meeresblicks würdig ist. Sie werden so nahe bei Hearst Castle kein besseres Fischrestaurant finden. Frische Austern und vor Ort gefangener Fisch sind die Höhepunkte. Da man keine Tische reservieren kann, empfiehlt es sich, früh zu kommen. Außerdem haben Sie dann eine bessere Chance, den Sonnenuntergang mitzuerleben. Führen Sie Bargeld mit sich, da man hier keine Kreditkarten akzeptiert.

🖃 208 B3 ✉ 6216 Moonstone Beach Drive, Cambria ☎ 1 805 9 27 45 14; www.seachestrestaurant.com
🕐 abends: Mi–Mo ab 17.30 Uhr

SANTA BARBARA

The Harbor Restaurant $$–$$$

Inhaber des ersten Restaurants am Pier war der Schauspieler Ronald Colman, gefolgt von James Cagney. Unberührt vom Kommen und Gehen der Stars blieb der herrliche Hafenblick. Auf der Speisekarte dominieren Steaks, Fisch und Meeresfrüchte, zum Lunch werden auch Burger und Salate serviert. Hervorragende Wein- und Cocktailkarte mit diversen Martini-Drinks.

🖃 208 C2 ✉ 201 Stearns Wharf, Santa Barbara ☎ 1 805 9 63 33 11; http://harborsb.com 🕐 Mo–Fr 11–14.30 und 17–22, Sa/So 10–22 Uhr

Palace Grill $$–$$$

Hier spürt man, bei delikater Cajun- und kreolischer Küche, einen Hauch von New Orleans und Mardi Gras. Zu den Spezialitäten des Hauses gehören Gerichte wie Jambalaya, Crawfish Etouffée (geschmorte Langusten), New Orleans Barbecue Shrimps und italienischkreolische Pasta-Varianten. Recht freundlicher Service, Livemusik Donnerstag bis Samstagabend und am Faschingsdienstag.

🖃 208 C2 ✉ 8 E Cota Street, Santa Barbara
☎ 1 805 9 63 50 00; www.palacegrill.com
🕐 mittags: tägl. 11.30–15 Uhr; abends: So–Do 17.30–22, Fr u. Sa 17.30–23 Uhr

Palazzio $$

Diese häufig überfüllte Trattoria bietet ein in der Region kaum übertroffenes Preis-Leistungs-Verhältnis. Die Portionen sind riesig, sodass ein Gericht, etwa Cappellini mit Shrimps, normalerweise für zwei Personen reicht. Es geht hier sehr lustig zu. Die Kellner fangen unvermittelt zu singen an, und beim Wein bedienen Sie sich selbst. Man vertraut auf Ihre Ehrlichkeit, wenn es ans Bezahlen geht.

🖃 208 C2 ✉ 1026 State Street, Santa Barbara ☎ 1 805 5 64 19 85; www.palazzio.com
🕐 mittags: tägl. 11.30–16 Uhr; abends: tägl. ab 16 Uhr

Tee-Off $$

Einrichtung und Dekor geben sich sportlich in diesem Lokal mit Golf-Motiven und TV-Bildschirmen, auf denen man Spiele verfolgen kann, frei nach dem hiesigen Motto: »Where the drinks are stiff but the people aren't.« Auf der Karte begegnen sich (nach dem Prinzip Surf 'n' Turf) Steaks, Rippchen und Lamb Chops vom Grill, Austern, Jakobsmuscheln oder Scampi.

🖃 208 C2 ✉ 3627 State Street, Santa Barbara
☎ 1 805 6 87 16 16; http://teeoffsb.com
🕐 So–Do 17–22, Fr–Sa 17–23 Uhr (Bar tägl. ab 16 Uhr)

Die Zentralküste

Wohin zum ... Einkaufen?

In Carmel und Santa Barbara finden Sie die meisten Geschäfte. Bei den Weingütern in der Gegend um Monterey und Santa Barbara gibt es guten Wein zu kaufen.

Carmel ist Sitz zahlreicher Kunstgalerien, vor allem an der Dolores Street. Die **Carmel Art Association** (Dolores Street, Tel. 1 831 6 24 61 76, www.carmelart.org) ist ein guter Tipp. Wenn Sie nach günstiger Markenware Ausschau halten, halten Sie in Pacific Grove im **American Tin Cannery Outlet** Center (125 Ocean View Boulevard, Tel. 1 831 3 72 14 42, www.americantincannery.com). Jeden Dienstag ab 16 Uhr bieten viele dutzend Stände auf dem »Old Monterey Farmers Market« bei der Alvarado St. Biogemüse und -früchte an, dazu Backwaren und Leckereien aus vielen Kulturen der ganzen Welt.

Die Haupteinkaufsmeile von Santa Barbara ist die **State Street**. Das Angebot reicht von elegant bis unkonventionell. **Der Paseo Nuevo** (State und de la Guerra Street, Tel. 1 805 9 63 71 47) ist ein attraktives Einkaufszentrum unter freiem Himmel mit mehreren Kaufhäusern und interessanten Spezialgeschäften.

Im nahe gelegenen **El Paseo**, einer älteren Einkaufspassage entlang der Cannon Perdido Street zwischen State und Anacapa Street, finden sich Boutiquen und diverse Galerien.

Zwei Blocks westlich der State Street wird die Brinkerhoff Avenue von einer Reihe Häuser aus dem späten 19. Jh. gesäumt, in denen sich Antiquitäten- und Geschenkläden angesiedelt haben.

Wohin zum ... Ausgehen?

Aktuelle Veranstaltungen, die in Monterey stattfinden, stehen in der Wochenendausgabe des Monterey Herald oder unter www.monterey.com.

In Santa Cruz informiert Sie die Zeitung Good Times und in Santa Barbara das Wochenblatt The Independent.

MUSIK UND THEATER

Jedes Jahr werden in Santa Cruz im Sommer zwei große Festivals veranstaltet: Das **Cabrillo Festival of Contemporary Music** (Orchestermusik, Tel. 1 831 4 26 69 66, www.cabrillomusic.org) und das **Shakespeare Santa Cruz** (http://shakespearesantacruz.org; Kartenbestellung unter: Tel. 1 831 4 59 21 59).

Auf der Halbinsel Monterey finden im Sommer ebenfalls Festivals statt, etwa das **Carmel Beach Festival** (Tel. 1 831 6 24 15 21, www.bach festival.org), das Monterey Bay Blues Festival (Tel. 1 831 3 94 26 52), das **Monterey Bay Theatrefest** (Tel. 1 831 6 22 07 00) und das berühmte **Monterey Jazz Festival** (Tel. 1 831 3 73 33 66, www.montereyjazzfestival.org), das jedes Jahr im September steigt

NACHTLEBEN

In **Santa Cruz** gastieren in den Clubs an der Pacific Avenue häufig verschiedene Rock- und Bluesgruppen. Die meiste Action spielt sich in **Monterey** rund um die Cannery Row ab. In **Santa Barbara** finden Sie die wichtigsten Bars an der Lower State Street, häufig wird hier Livemusik gespielt.

Los Angeles und Umgebung

Erste Orientierung	128
In drei Tagen	130
TOP 10	132
Nicht verpassen!	142
Nach Lust und Laune!	145
Wohin zum ...	153

 Kleine Erlebnisse

Zu Fuß und per Rad in L. A.
Die Autometropole wird, o Wunder, für Fußgänger und Radler zugänglich, so haben Busse z. T. Fahrradgepäckträger.

Muskelmänner von Venice Beach
Am »Muscle Beach«, einem Open-Air-Fitnesstudio am **Venice Beach** (➤ 147), inszenieren Exzentriker ihren California Lifestyle.

Huntington Botanical Gardens
Der Neffe des Eisenbahnmagnaten Huntington schuf für seine Gemahlin in **San Marino** (➤ 150) herrliche Gärten und vieles mehr.

Los Angeles und Umgebung

Erste Orientierung

Unzählige Schauspieler kamen nach Los Angeles auf der Suche nach Ruhm. Auch viele Besucher zieht der gigantische Kult um Filmstars magisch an – mit Touren durch Hollywood und seine Studios und der Hoffnung, irgendeiner Berühmtheit zu begegnen.

Die »Stadt der Engel« hat jedoch auch jenseits dieses Touristenmagneten eine Menge zu bieten: Der Großraum L. A. mit fünf Counties (Los Angeles, Orange, Riverside, San Bernadino und Ventura) wird mit einer Einwohnerschaft von 16,4 Mio. in den USA nur übertroffen von New York, Texas und Kalifornien selbst. Bei meist heiterem Wetter hat diese Region neben herrlichen Stränden erstklassige Museen und Bauten aufzuweisen, ist ein wahres Shoppingparadies und stets umweht vom Duft der Küchen aus vieler Herren Länder – befindet sich hier doch Amerikas größte Heimstatt für Menschen spanisch-asiatischer Herkunft.

Unentbehrliche Lebensadern dieses urbanen Raums (ungefähr so groß wie das Ruhrgebiet) bilden die kreuzungsfreien Autobahnen der Freeways, darunter als wichtigste nord-südliche die San Diego (I-405), Hollywood (US 101 nahe Hollywood und Downtown, Highway 170 nördlich von Hollywood), Golden State (I-5 in Los Angeles) und Santa Ana Freeways (I-5 in East Los Angeles und Orange County). Ihnen gegenüber stehen die Ost-West-Magistralen Foothill (I-210), Ventura (Highway 134/US 101 im San Fernando Valley), Santa Monica (I-10) und Century Freeway (I-105), sowie parallel hierzu der Sunset, Santa Monica und Wilshire Boulevard.

Auf solchen Routen ist Los Angeles permanent in Bewegung. Doch mit dem Ausbau von Metro und Bussystem, Fahrradspuren auf vielen Straßen und der Belebung des Zentrums lässt sich vieles in L. A. auch ohne Auto entdecken.

Erste Orientierung

TOP 10
- ★ Hollywood ➤ 132
- ★ Disneyland® Park ➤ 136
- ★ Getty Center ➤ 138

Nicht verpassen!
- 50 Beverly Hills ➤ 142
- 51 Universal Studios ➤ 144

Nach Lust und Laune!
- 52 Malibu ➤ 145
- 53 Getty Villa ➤ 145
- 54 Santa Monica ➤ 146
- 55 Venice Beach ➤ 146
- 56 Museum of Tolerance ➤ 147
- 57 Downtown Los Angeles ➤ 147
- 58 Museums in Downtown ➤ 149
- 59 Pasadena ➤ 149
- 60 Queen Mary ➤ 150
- 61 Newport Beach ➤ 151
- 62 Laguna Beach ➤ 151
- 63 Catalina Island ➤ 152

In drei Tagen

Drei Tage brauchen Sie mindestens, um die wichtigsten Highlights von Los Angeles und seiner Umgebung zu besichtigen. Folgen Sie unserem Dreitagesprogramm und Sie werden ganz sicher kein Highlight verpassen. Weitere Infos finden Sie unter den Haupteinträgen (➤ 132ff).

Erster Tag

Vormittags

Ein Hurra auf ★2 **Hollywood** (➤ 132ff), wo Sie zum ersten Mal Stars treffen werden (na ja, zumindest die auf dem Walk of Fame). Anschließend geht es zum **Griffith Observatory** (➤ 134) mit tollem Ausblick.

Nachmittags

Essen Sie im Fred 62 in Los Feliz zu Mittag (1850 N Vermont Avenue, 1 323 6 67 00 62, http://fred62.com/index.php). Danach können Sie eine Führung durch die **Warner Bros.** oder (51) **Universal Studios** (➤ 144) machen. Wenn Sie sich für Warner entschieden haben, bleibt Ihnen noch Zeit, um am späten Nachmittag (50) **Beverly Hills** (➤ 142) zu erkunden.

Abends

Gehen oder fahren Sie den **Sunset Strip** (➤ 160) entlang. Essen Sie in Wolfgang Pucks Café zu Abend oder gehen Sie weiter zu Pucks noblerem Lokal Spago Beverly Hills (➤ 157).

Zweiter Tag

Vormittags

Frühstücken Sie bei Du-par's oder nehmen Sie einen Snack im »Gordon Ramsay« im The London Hotel (➤ 154). Folgen Sie der Fairfax Avenue weiter nach Süden zum Wilshire Boulevard und biegen Sie nach links ab. Besichtigen Sie die **La Brea Tar Pits** (➤ 147) und vielleicht das **Petersen Automotive Museum** (➤ 147). Am späten Vormittag brechen Sie zum ★9 **Getty Center** (links, ➤ 138) auf.

In drei Tagen

Nachmittags
Spazieren Sie durch die Galerien und Gärten des Getty und essen Sie im Café oder Restaurant zu Mittag. Arbeiten Sie das Essen wieder ab, indem Sie an einer architekturkundlichen Führung teilnehmen. Wenn Sie das Center verlassen, fahren Sie den Sepulveda Boulevard nach Süden und den Wilshire Boulevard nach Westen nach 54 **Santa Monica** (➤ 146) zum Strand und an den Pier.

Abends
Tauchen Sie in den Trubel an der 3rd Street Promenade (➤ 146) ein. Genießen Sie norditalienische Küche im **Locanda del Lago** (231 Arizona Avenue, Tel. 1 310 4 51 35 25, www.lagosantamonica.com). Oder probieren Sie moderne asiatische Gerichte im teureren Chinois on Main (2709 Main Street, Tel. 1 310 3 92 90 25).

Dritter Tag

Vormittags/Nachmittags
Widmen Sie diesen Tag der Phantasiewelt von ★**Disneyland® Park** (➤ 136f, rechts), oder besuchen Sie die 51 **Universal Studios** (➤ 144).

Abends
Wenn der Abendverkehr nachgelassen hat, fahren Sie nach Norden zum Ivy (113 N. Robertson Boulevard, Tel. 1 310 2 74 83 03, www.theivyla.com), um dort zu essen und vielleicht noch den einen oder anderen Prominenten zu sehen.

Los Angeles und Umgebung

Hollywood

Haben Sie Mitleid mit dem armen Hollywood – aber nicht zu lange. Einst der Inbegriff des Glamours, kam es etwas herunter, nachdem einige Filmstudios ins San Fernando Valley umgezogen waren. Aber die Stadt ist auf dem Weg zurück an die Spitze. Das deutlichste Zeichen hierfür ist die Rückkehr der Oscar-Verleihung an den Hollywood Boulevard.

Grauman's Chinese Theatre gehört zu den Glanzpunkten des Hollywood Boulevard, die man auf keinen Fall auslassen darf. In unmittelbarer Nähe finden sich weitere Sehenswürdigkeiten. Sid Grauman, ein Impresario aus Hollywood, baute 1927 das Chinese Theatre. Jahrelang fanden in diesem kuriosen, pagodenartigen Bauwerk mit seinem wilden, drachenbewehrten Äußeren schicke Hollywoodpremieren statt.

Abdrücke der Stars
Stars von heute und aus vergangenen Tagen haben ihre Abdrücke – von Hand, Fuß oder sonst etwas (Jimmy Durantes Nase, Lassies Pfote) – im Zement des Vorhofs des Theaters hinterlassen. Der Legende nach trat eine Schauspielerin (Norma Talmadge oder Mary Pickford) während der Bauarbeiten versehentlich in den nassen Zement, woraufhin Grauman sofort den potenziellen Werbeeffekt erkannte. (Sein Biograf behauptet indes, dass Grauman die Idee ganz bewusst entwickelt habe.) Hier hält ein Touristenbus nach dem anderen, folglich herrscht ziemlicher Trubel, weshalb man sich aber auch jeden Tag wie bei der Premiere eines Blockbusters vorkommt. In den 1940er-Jahren fanden in dem Theater die Academy Awards (Oscar-Verleihung) statt; seit 2002 ist jedoch das nahe Dolby Theatre, das zum Komplex des Hollywood & Highland Unterhaltungszentrums gehört (dem auch das Grauman's angeschlossen ist) der Schauplatz der Verleihung.

Obwohl nicht mehr so glamourös wie in den 1920er-Jahren, fällt das gegenüber gelegene **Hollywood Roosevelt Hotel** (7000 Hollywood Boulevard, Tel. 1 323 4 66 70 00, www.thompsonhotels.com) mit seinen spanisch-maurischen Bögen und bemalten Keramikziegeln auf. Eine

Grauman's Chinese Theatre mit dem Feuer speienden Drachen

Hollywood

Das El Capitan auf dem Hollywood Boulevard

informative Ausstellung auf dem Mezzanin gibt einen Überblick über die ruhmreichen Tage Hollywoods.

Hollywood Walk of Fame

Beide Bauten liegen nahe dem westlichen Ende des **Hollywood Walk of Fame** (Hollywood Boulevard von der Vine Street Richtung Westen zur La Brea Avenue; Vine Street von der Yucca Street zum Sunset Strip). Hier wurden die Namen von Stars in Messingbuchstaben auf grauem Terrazzogrund eingelassen und von pinkfarbenen Sternen eingefasst. Fünf Logos (Kamera, Mikrofon, Fernsehgerät, Theatermaske oder Schallplatte) symbolisieren jeweils den Beruf des Geehrten. In der Nähe des Chinese Theatre befinden sich auch die Sterne von Barbara Streisand, Jack Nicholson und Elton John.

Am Hollywood Boulevard

Wenn Sie auf dem Hollywood Boulevard weiter nach Osten gehen, werden Sie bald an einem der kunstvollsten Gebäude der Straße vorbeikommen, dem im spanischen Kolonialstil erbauten **El Capitan Theatre** (6838 Hollywood Boulevard, Tel. 1 818 845 31 10, http://elcapitan.go.com), ein wunderbares altes, üppig verziertes Theater. Die Disney Company zeigt hier ihre Trickfilme.

Ein wenig weiter östlich steht das **Egyptian Theatre** (6712 Hollywood Boulevard, Tel. 1 323 4 66 34 56, www.americancine matheque.com/indexegyptian.html). Nach der Entdeckung des Grabes von Tutenchamun war alles Ägyptische schwer in Mode und Sid Grauman wollte daraus Kapital schlagen. Palmenreihen säumen den langen Außenhof des restaurierten Filmpalasts.

Auf der anderen Straßenseite und östlich vom Egyptian Theatre befindet sich der **Musso & Frank Grill** (6667 Hollywood Boulevard, Tel. 1 323 4 67 77 88, www.mussoandfrankgrill.com), der seine Pforten 1919 öffnete und zu dessen Kunden Drehbuchautoren wie Lillian Hellman, Dashiell Hammett und William Faulkner gehörten. Genehmigen Sie sich ihnen zu Ehren einen Martini. Das Essen ist nicht der Rede wert, aber die Atmosphäre ist fantastisch.

An der Kreuzung Hollywood Boulevard/Vine Street trieben sich die Stars in den Nachtclubs und Esslokalen herum, und Newcomer wurden (zumindest laut Werbetrommel) auf der Straße entdeckt.

WISSENSWERTES

- Millionen Menschen sehen sich alljährlich die Oscar-Verleihung (**Academy Awards**) an. Beim ersten Mal nahmen im Blossom Room des Hollywood Roosevelt Hotels nur 270 Personen teil. Dieses Privatessen wurde 1929 veranstaltet, um die Produktionen der beiden Vorjahre auszuzeichnen.

- Ruhm ist nicht billig. Ein Stern auf dem **Walk of Fame** kostet 25 000 Dollar, die normalerweise von der Firma bezahlt werden, für die der jeweilige Star zum Zeitpunkt der Ehrung gerade arbeitet.

Los Angeles und Umgebung

Zwei Kinos aus dieser Zeit, das **Pantages** (6233 Hollywood Boulevard) und das **Avalon** (früher Palace, 1735 N. Vine Street), sind noch heute mehr oder weniger im Originalzustand erhalten.

Das in den 1950er-Jahren nördlich der Kreuzung errichtete **Capitol Records Building** (1750 N. Vine Street) soll angeblich so entworfen worden sein, dass es einem Stapel Schallplatten gleicht.

Griffith Park und Observatorium

Auf dem Hollywood Boulevard in östlicher und auf der Vermont Avenue in nördlicher Richtung liegt der 1662 ha große **Griffith Park**. Eine James-Dean-Büste vor dem **Griffith Observatory** (im Park, den Wegweisern folgen) ruft Kernszenen aus seinem Film *Denn sie wissen nicht, was sie tun* in Erinnerung. Weil Sie sich hier häufig oberhalb der Dunstglocke der Stadt befinden, können Sie zuweilen sogar blauen Himmel sehen. Ebenfalls im Griffith Park befinden sich ein Zoo, das Autry Museum of the American West (eine Hommage an den realen und verfilmten Westen, Tel. 1 323 6 67 20 00, http://theautry.org) und das Greek Theatre für Open-Air-Konzerte.

Gedenkbüste für James Dean im Griffith Park Observatory

Das Observatorium ist einer der Orte (wie auch der Hollywood Freeway), von denen aus sich ein guter Blick auf das berühmte **HOLLYWOOD**-Schild bietet. Von 1920 bis 1940 konnte man am Hang des Mount Lee »Hollywoodland« lesen, womit Wohngrundstücke und -gebäude angepriesen werden sollten. Die Buchstaben sind 15 m hoch.

Falls Sie mit dem Wagen unterwegs sind, fahren Sie vom Observatorium auf den West Observatory Drive (wenn Sie den Schildern oben gefolgt sind, müssten Sie über den East Observatory Drive hierher gelangt sein). Biegen Sie links auf den Canyon Drive ab, der zur Western Avenue wird und Sie südlich aus dem Park herausführt.

Hollywood Forever

Fahren Sie weiter nach Süden auf den Santa Monica Boulevard und biegen Sie rechts ab. Der neue Name des ehemaligen Hollywood Memorial Park Cemetery lautet

BAEDEKER TIPP

- Wollen Sie schnell einen Eindruck von Hollywoods goldenem Zeitalter gewinnen, so **stellen Sie Ihren Wagen auf einem der Parkplätze in der Nähe des Chinese Theatre** ab und erkunden Sie die unmittelbare Umgebung.
- Die Museen in Hollywood sind meist ein wenig kitschig, mit Ausnahme des **Hollywood Museum** (1660 N. Highland Avenue, Tel. 1 323 4 64 77 76, www.thehollywoodmuseum.com, mittel) im Art-déco-Gebäude des Max Factor Building. Erzählt wird die Geschichte des Films von Stummfilmtagen bis heute.

Hollywood

Hollywood Forever (6000 Santa Monica Boulevard, Tel. 1 323 4 69 11 81, www.hollywoodforever.com, tägl. 8–17 Uhr). Hier haben die Regisseure Cecil B. DeMille und John Huston, die Schauspieler Rudolph Valentino, Marion Davies und Tyrone Power, die Gangster Bugsy Siegel und sogar die berüchtigte Virginia Rappe ihre letzte Ruhestätte gefunden.

KLEINE PAUSE

In den 1930er-Jahren war der **Farmers Market** (6333 W. 3rd Avenue, Tel. 1 323 9 33 92 11) ein Freiluftmarkt. Heute ist er zu einer bekannten Ansammlung von Imbiss- und Souvenirständen angewachsen. Dauerbrenner sind das **Gill's old fashioned Icecream**, das **Magee's Kitchen** und das Restaurant **Du-par's**.

Der berühmte Schriftzug in den Hollywood Hills

Hollywood
210 B3 Metro Red Line (Hollywood & Highland) MTA Bus 2, 26, 163, 180, 181, 210, 212, 217, 310, 429; DASH-Busse fahren nördlich und südlich des Hollywood Boulevard

Grauman's Chinese Theatre
6925 Hollywood Boulevard 1 323 4 61 33 31; www.tclchinesetheatres.com frei (Zugang zum Innenhof; Innenräume nur für Kinobesucher)

Griffith Observatory
2800 East Observatory Road (der Südeingang zum Park befindet sich am Los Feliz Boulevard und der Vermont Street; folgen Sie der Beschilderung 1 213 4 73 08 00; www.griffithobservatory.org Di–Fr 12–22, Sa–So 10–22 Uhr MTA Bus 180 frei; Vorführungen des Planetariums: 7 $

Los Angeles und Umgebung

⭐ 3 Disneyland® Park

Ein Schild am Eingang dieses berühmten 🎢 Freizeitparks weist darauf hin, dass man nun die reale Welt verlässt und einen Ort betritt, wo die Fantasie regiert. Und tatsächlich, abgesehen von der Kommerzialisierung und dem gelegentlichen Blick auf die Smogglocke von Orange County von den höheren Punkten des Parks aus, hat man eine andere Welt betreten.

Die **Main Street, U.S.A.**, führt auf die Central Plaza und von dort in verschiedene Themenparks, u. a. Fantasyland, Frontierland, Tomorrowland und Critter Country. Mickeys Toontown erfreut die Knirpse mit altersgerechten Vergnügungen.

Was man auf keinen Fall versäumen sollte, ist das **Indiana Jones™ Adventure**, in dem Sie sich in Szenen aus den bekannten Filmen wiederfinden. Dabei werden Sie mit unvorstellbaren »Gefahren« wie herabfallenden Felsblöcken und Schlangen konfrontiert. Die **Matterhorn Bobsleds**, eine 1:100–Nachbildung des Originals, ist Disneylands älteste Achterbahn – und immer noch eine der besten. Im **Space Mountain**, der Achterbahn im Tomorrowland, verliert man schon mal die Orientierung. Die Buzz Lightyear Astro Blasters, ebenso im Tomorrowland, schickt Sie in einem kleinen Sternenkreuzer gegen das Böse in den Kampf. Der Höhepunkt der **Splash-Mountain**-Fahrt in ausgehöhlten Baumstämmen in Critter Country ist ein aufregender Sturz aus der fünften Etage ins erfrischende Wasser.

Feuchte Attraktionen
Weniger nass als erwartet fällt das Vergnügen des Jungle Cruise im Adventureland aus, eine Reise über Flüsse vierer Kontinente. Eine Sensation ist die Bootstour **Pirates of the**

Das romantische Sleeping Beauty's Castl (Dornröschenschloss) im Disneyland Park

© Disney Enterprises, Inc.

Disneyland® Park

spektakuläre Autorennen im neuen Disney California Adventure Park

Caribbean, die am New Orleans Square beginnt. Ein Spaß für die Kleinen ist die Tour **»It's a Small World«** im Fantasyland, bevölkert von Disney- und Pixar-Figuren, die mit Ländern rings um den Erdball bekannt machen, außerdem **Mickey's House** sowie die **Mad Tea Party** (aus *Alice im Wunderland*).

Der benachbarte **Disney California Adventure Park** wurde nach schwachen Besucherzahlen für 1 Mrd. $ umgebaut und erfreut sich nach seiner Neueröffnung im Sommer 2012 großer Beliebtheit. Er ist dem klassischen Hollywood der 1920er-Jahre nachempfunden und wartet mit nostalgischem Ambiente und modernsten Attraktionen in Themenparks wie Bug's Land, Grizzly Peak und Paradise Pier auf.

KLEINE PAUSE
Es gibt jede Menge Imbisse und Restaurants. Testen Sie das **Blue Bayou** (New Orleans Square), das **Carnation Café** (Main Street) und den **Redd Rockett's Pizza Port** (Tomorrowland).

---

210 B3 1313 Harbor Boulevard (bei der I-5), Anaheim
1 714 7 81 45 65; www.disneyland.com
Öffnungszeiten wechseln (öffnet zwischen 8 und 10 Uhr; schließt zwischen 18 Uhr und Mitternacht); genaue Informationen unter 1 714 7 81 46 36 oder auf https://disneyland.disney.go.com
MTA Bus 460 (vom Stadtzentrum); Orange County Transit (OCTA) 43
$–$$$ 87 $ für einen Park

BAEDEKER TIPP

- Kommen Sie früh und gehen Sie direkt zu einer der Hauptattraktionen wie **Indiana Jones™ Adventures** oder **Splash Mountain**. Machen Sie anschließend eine Fahrt mit der **Disneyland Railroad**, um sich im Park zu orientieren.
- Disneyland macht **mehr Spaß, wenn der Besucherandrang einigermaßen gemäßigt ist**. Besonders gut sind Wochentage kurz vor und kurz nach dem Sommer, wenn das Wetter noch gut, die Schlangen aber deutlich kürzer sind.
- Wenn es voll ist, sollten Sie die beliebtesten **Fahrten am Morgen oder am Abend** mitmachen und sich nachmittags die Shows ansehen.
- Wer mehr als einen Park besuchen will, kann den Southern California City Pass (330 $) buchen, der die Eintritte zu den Universal Studios, Sea World und ein 3-Tage-Disneyland Park Hopper Ticket einschließt.
- Besuchen Sie wenigstens **eine der Liveshows**. Diese können mit vielen Broadway-Produktionen mithalten. Und bleiben Sie bis zur Parade (und dem manchmal dazugehörenden Feuerwerk), die jeden Tag beendet.
- **Lassen Sie auf keinen Fall Fantasmic! aus**. In dieser Abendshow bekämpft Mickey massenhaft Halunken. Geboten wird ein blendendes Multimedia-Feuerwerk (Laser, Pyrotechnik, Blitzlichter, beleuchtete tanzende Springbrunnen).

Los Angeles und Umgebung

⭐ Getty Center

Angesichts der herrlichen Umgebung am Fuße der Santa Monica Mountains, der umwerfenden modernen Architektur und diverser Kunstgalerien, die in Konkurrenz treten, muss man vielleicht erst einmal selbst den Blick freibekommen für die verschwenderische Fülle der Exponate des Getty Center, das wiederum als Gebäude ein Kunstwerk für sich darstellt.

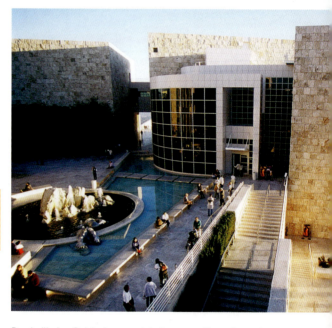

Das hellbeige Gebäude aus roh behauenem Travertin, entworfen von Richard Meier, wirkt wie die modernistische Version der Akropolis. Robert Irwin schuf den kontrovers diskutierten Central Garden. Meier soll ihn aufgrund seiner dunklen Farben und des unruhigen Laubwerks gehasst haben. Hierfür sprechen auch Meiers strukturierter Kaktusgarten und die Baumarrangements in der Nähe der Hauptgebäude. Der französische Architekt Thierry Despont entwarf für die **14 Galerien mit Kunsthandwerk** Vitrinen. Auch hier soll Meier gemurrt haben. Von wenigen architektonischen Brüchen abgesehen – der Garten und Meiers Ästhetik passen tatsächlich nicht zusammen –, ist das Getty Center wirklich ein toller Anblick. Planen Sie etwa zwei Stunden für den Besuch ein. Eine Straßenbahn fährt vom Parkplatz zu einer Haltestelle, von der aus Treppen hinauf zur **Main Plaza** führen, die von fünf zweistöckigen Pavillons gesäumt wird. Vier davon enthalten die ständige Samm-

Richard Meier importierte 16 000 t italienischen Travertin-Kalkstein für das Getty Center

Getty Center

WAS IST WO ZU FINDEN?
North Pavilion vor 1600
East Pavilion 1600–1800
South Pavilion 1600–1800
West Pavilion 1800–1900
Exhibition Pavilion (zwischen Museumseingang und Westpavillon): Wechsel- und Sonderausstellungen

lung, im fünften Pavillon sind Wechselausstellungen zu sehen. Die Malerei befindet sich auf der oberen Etage, Kunsthandwerk, Zeichnungen, Manuskripte und Fotografien auf der unteren.

Die Highlights der Sammlung

Der Ölmagnat und Kunstsammler J. Paul Getty hatte eine besondere Vorliebe für **Antiquitäten** (diese sind in der Getty Villa in Malibu ausgestellt ➤ 145) und **mittelalterliche illuminierte Handschriften**. Im Verlauf der Jahre haben die Kuratoren die Lücken in der in erster Linie europäisch ausgerichteten Sammlung geschlossen, die sich unter anderem aus Gemälden, Zeichnungen, Skulpturen, angewandter Kunst und europäischen und amerikanischen Fotografien des 19. und 20. Jhs. zusammensetzt. Sie enthält beispielsweise Werke von Tizian, Gainsborough, Rembrandt, Turner, Monet und Cezanne. **Van Goghs *Schwertlilien*** ist das populärste unter den postimpressionistischen Bildern.

KLEINE PAUSE

Im Getty gibt es ein richtiges Restaurant und zwei Cafés, davon eines mit Selbstbedienung. Sie können auch draußen sitzen; das Essen ist recht gut.

✚ 210 B3
✉ 1200 Getty Center Drive, bei der I-405, Brentwood
☎ 1 310 4 40 73 00; www.getty.edu
🕐 So, Di–Fr 10–17.30, Sa 10–21 Uhr; Mo geschl.
🚌 MTA Bus 761
🎫 frei; Parken: 15 $

BAEDEKER TIPP

- Sie können die Kunstwerke in chronologischer oder in beliebiger Abfolge betrachten. Es empfiehlt sich, zunächst den **10-minütigen Einführungsfilm** in der Eingangshalle anzusehen, um anschließend die Bereiche anzuschauen, die Sie am meisten interessieren. Die Audioguides sind die geringe Gebühr wert.
- Probieren Sie den 👨‍👩‍👧 Familienraum aus, wenn Sie mit Kindern reisen. Hier wird den jungen Kunstfans auf spielerische Weise der künstlerische Prozess der Porträtmalerei erklärt.

Los Angeles und Umgebung

Getty Center

Wie eine postmoderne Tempelanlage, in der man der Kunst huldigt, liegt der von 1984 bis 1997 errichtete, hell leuchtende und milliardenteure Bau des Stararchitekten Richard Meier auf einer Kuppe der Brentwood Hills. Die Innenräume wurden vom prominenten Innenarchitekten Thierry Dupont gestaltet.

❶ **Bahnstation** Eine Tram pendelt zwischen dem Parkplatz und den Gebäuden. Ein paar Schritte den Hügel hinauf erreicht man das Getty Center.

❷ **Museumsfassade** Rund 16 000 t italienischer Travertin wurden für die raue hell-beigefarbene Plattenverkleidung verwendet. Sie steht in Kontrast zum glatt geschnittenen Stein und getönten Metall, das an gerundeten Flächen und an den übrigen Bauten vorherrscht.

❸ **Lobby** Die als Rundbau angelegte und lichtdurchflutete Lobby bietet Ausblick auf einen Brunnenhof, um den vier Ausstellungspavillons angeordnet sind.

❹ **Sammlungen in den Pavillons** Paul Getty (1892–1976) erwarb sein Vermögen im Ölgeschäft und investierte es als leidenschaftlicher Sammler von europäischer Malerei, Skulpturen und kunsthandwerklichen Arbeiten – mit Schwerpunkt auf Werken von der Renaissance bis zum Postimpressionismus.

❺ **Nordpavillon** Hier sind Handschriften aus dem 6.–16. Jh. ausgestellt, Meisterwerke aus der byzantinischen und ottonischen Periode sowie aus Romanik, Gotik und Renaissance.

❻ **Ostpavillon** Kunstwerke von 1600–1800, im Erdgeschoss Skulpturen und Zeichnungen, im Obergeschoss Gemälde. Von diesem Pavillon hat man auch einen schönen Blick auf Bel Air und den San Diego Freeway.

❼ **Südpavillon** Im Erdgeschoss ist Kunsthandwerk ausgestellt, im Obergeschoss sind Gemälde aus der Zeit von 1600–1800 zu sehen.

❽ **Westpavillon** Dieser Pavillon ist der Kunst nach 1800 gewidmet: Skulpturen, Kunsthandwerk, Fotografie und Malerei.

❾ **Zentraler Garten** Dieser Garten wurde von Robert Irwin angelegt. Hunderte Azaleen gedeihen hier prächtig, Wasser fällt über eine Stufenwand in ein formschönes Becken.

❿ **Forschungsinstitut** In diesem Gebäude werden interessante Wechselausstellungen gezeigt.

⓫ **Auditorium** Hier gibt es Filmvorführungen und Musikdarbietungen, das Programm erhält man in der Eingangshalle.

Getty Center

Das Spiel mit Licht und Formen am Getty Center

©BAEDEKER

ypisch für den Architekten
ichard Meier sind die gekurvten
lächen und die weiße, karierte
assade

Los Angeles und Umgebung

🚫50 Beverly Hills

Nur wenige Worte werden so unmittelbar mit Reichtum und Glamour assoziiert wie »Beverly Hills«. Die Anwesen der Filmstars haben die Welt seit den Zeiten des Stummfilms fasziniert. Ein Trip nach Beverly Hills eröffnet Ihnen die Möglichkeit, einen Einblick in das Leben der Reichen und Berühmten zu gewinnen und einmal am Rodeo Drive zu shoppen.

Stars, Filmproduzenten und Fernsehmogule mögen es überhaupt nicht, wenn plötzlich Fans hereinschneien. Aber zumindest die Fassaden und Gärten lassen sich vom Sunset Boulevard, der Roxbury und vom Summit Drive aus bewundern. Die prächtigsten Paläste stehen unmittelbar jenseits der Stadtgrenze. In den 1990er-Jahren baute Aaron Spelling, Produzent von TV-Serien wie *Beverly Hills 90210, Melrose Place*, ein 5253 qm großes Anwesen mit 123 Zimmern in Holmby Hills. »Größer als das Taj Mahal«, schwärmte eine Zeitung. (Den Beweis, dass alles relativ ist, trat Tochter Tori an, indem sie das Nest verließ, weil sie mehr »Platz« brauchte.) Medienmogul David Geffen zahlte für sein in der Nähe liegendes Refugium 47,5 Mio. $.

Die Beverly Hills City Hall wurde 1932 errichtet

Beverly Hills

Elegante Boutiquen säumen den Rodeo Drive

Stilvolles Beverly Hills
Um mit dem süßen Leben auf Tuchfühlung zu gehen, werfen Sie sich in Schale und gehen zum Frühstück oder auf einen Drink in die Polo Lounge des **Beverly Hills Hotels** (9641 Sunset Boulevard, Tel. 1 310 8 87 27 77). 1921 eröffnet, war dieses Haus schon mondän, bevor die Stadt es wurde.

Die elegantesten Boutiquen Südkaliforniens reihen sich südlich des Sunset Boulevard am **Rodeo Drive**. Zwar ist die Straße nicht mehr so exklusiv wie früher, doch treffen sich hier nach wie vor die Reichen zum Shopping und die Mieten zählen zu den höchsten der Welt. Frank Lloyd Wright entwarf das kleine Einkaufszentrum am North Rodeo Drive 332, mit einer kühn geschwungenen Rampe zu den oberen Stockwerken. Auf Rodeo Drive und Wilshire Boulevard sind die Designer-Meile Via Rodeo mit Läden von Versace, Jimmy Choo etc. beheimatet sowie das piekfeine Regent Beverly Wilshire Hotel. Richard Meier, Architekt des Getty Center (▶ 138), schuf die stilvollen Gebäude des **Paley Center for Media**. Dort kann man Filmvorführungen besuchen oder in Kabinen Aufzeichnungen von TV-Shows ansehen und alten Radioprogrammen lauschen.

KLEINE PAUSE
Genießen Sie die Internationale Küche des **208 Rodeo** (208 N. Rodeo Drive, Tel. 1 310 2 75 24 28) mit Blick auf den Rodeo Drive und den Wilshire Boulevard.

✚ 210 B3 ✉ Sunset, Santa Monica und Wilshire Boulevard, westlich vom Doheny Drive 🚌 MTA Bus 2, 302 (Sunset Boulevard); MTA Bus 4, 304 (Santa Monica Boulevard); MTA Bus 20, 21 (Wilshire Boulevard) und viele andere

Beverly Hills Conferences & Visitors Bureau
✉ 9400 S. Santa Monica Boulevard ☎ 1 310 2 48 10 15;
www.lovebeverlyhills.com 🕐 Mo–Fr 9–17, Sa/So 10–17 Uhr

The Paley Center for Media
✉ 465 N. Beverly Drive ☎ 1 310 7 86 10 00; www.paleycenter.org
🕐 Mi–So 12–17 Uhr 💰 frei/Spende 🚌 MTA Bus 4, 14

BAEDEKER TIPP

- Die **Parkplätze** am und neben dem Beverly Drive **sind die ersten beiden Stunden gebührenfrei**. Öffentliche Parkplätze sind ausgeschildert.
- Westlich von Beverly Hills liegt das noch exklusivere **Bel-Air**, wo Jack Nicholson und andere Superstars wohnen.

Los Angeles und Umgebung

51 Universal Studios

Die legendären, 1913 von dem Schwaben Carl Laemmle begründeten 👪 Universal Studios sind mittlerweile ein Freizeitpark. Die beliebteste Tour gewährt den Besuchern auf dem 168 ha großen Gelände einen Blick hinter die Kulissen der zahlreichen hier produzierten Kinofilme und Fernsehshows.

Statue des ägyptischen Gottes Anubis am Eingang der »Mumien-Geisterbahn« in den Universal Studios

Auch dank Steven Spielbergs Beratung erlebt der Besucher bei der Tour den ausgedehntesten Komplex von Straßenkulissen in der Geschichte Hollywoods, mit Sets berühmter Streifen wie *Krieg der Sterne* oder dem Bates-Haus aus Hitchcocks *Psycho*. Daneben finden sich etwa die Wisteria Lane aus *Desperate Housewives* und hunderte weiterer Filmfassaden. Die **Studio Trams** wurden unlängst mit supermodernen Flachbildschirmen und Playback-Systemen ausgestattet: Kommentare von Regisseuren und Schauspielern begleiten die Tour optisch und akustisch. Neueste Technik, vor allem 3-D-Effekte, ermöglicht Besuchern ein überwältigend intensives Eintauchen in die Welt der Filme, beispielsweise mit den Touren *King Kong* 360 3-D und *Shrek* 4-D.

Weitere Highlights sind Jurassic Park, der Simpsons Ride, Transformers und Revenge of the Mummy (Anspielung auf *The Mummy* von 1932 mit Boris Karloff), eine Wasserachterbahn, die teilweise mit 70 Sachen durch tobendes Wasser prescht und von einem T-Rex »verfolgt« wird.

Nach all den Sensationen winkt ein erholsamer Besuch im Vergnügungs- und Einkaufszentrum **Universal CityWalk Hollywood**, gleich neben den Universal Studios.

KLEINE PAUSE
Trendy ist das brasilianische Steakhouse **Samba** (Tel. 1 818 7 63 01 01, www.sambarestaurants.com) am Universal CityWalk.

✚ 210 B3 ✉ Universal Center Drive, neben dem Hollywood Freeway (US 101), Universal City ☎ 1 800 8 64 83 77; www.universalstudioshollywood.com ⓒ wechselnde Öffnungszeiten, Infos per Telefon oder Internet 🚇 Metro Red Line (Universal City) 🚌 MTA Bus 96 💰 92 $

Nach Lust und Laune!

52 Malibu

Das exklusive Viertel ist für seine Promi-Paläste und gelegentlichen Schlammlawinen und Feuersbrünste bekannt. Trotz der vielen Stars geht es ruhig zu. Die Küste entlang dem Pacific Coast Highway (PCH) ist die Hauptattraktion. Surfer strömen zum Carrillo State Beach (35000 PCH), an dem bei Ebbe viele Meerestiere zu sehen sind. Eine Treppe führt die Klippen hinunter zum abgeschiedenen El Matador State Beach (32215 PCH). Sonnengebräunte Girls und muskelbepackte Adonisse vergnügen sich am Zuma Beach (30000 PCH). Das 1929 gebaute Adamson House (heute Museum) blickt auf den Malibu Lagoon State Beach (23200 PCH am Serra Road). Es wurde im Stil des spanisch-kolonialen Revivals gebaut und ist mit Kacheln geschmückt, die vor Ort produziert wurden.

🕂 210 B3 ✉ Pacific Coast Highway, nördlich von Santa Monica und Pacific Palisades
🚌 MTA Bus 534 (entlang dem PCH)

53 Getty Villa

Beeindruckend ist bereits die Anfahrt über den Pacific Coast Highway hinauf in die Malibu Hills zum fantastisch gelegenen J. Paul Getty Museum. Nach mehrjähriger Schließung und einer 275 Mio. $ teuren Renovierung wurde es 2006 wiedereröffnet.

Das Haus aus dem Jahre 1953 ist ein Nachbau der Villa dei Papiri in Herculaneum. Hier ist nun wieder Gettys Sammlung griechischer, römischer und etruskischer Altertümer untergebracht. Von den rund 44 000 Objekten, die sie umfasst, sind rund 1200 ausgestellt – inzwischen fehlen diverse Gegenstände, die nach einem Beutekunstskandal an die Heimatländer zurückgegeben werden mussten. Das Gros seiner allgemeinen Kunstsammlung ist seit 1997 im Bau der Getty Collection in L. A. zu sehen. Zu den schönsten seiner Antiken in Malibu (Sie sind thematisch geordnet etwa nach Göttern, Halbgöttern und Ungeheuern oder dem Trojanischen

Vom herrlichen Adamson House aus geht der Blick auf die Strände von Malibu

Los Angeles und Umgebung

Rummelplatz und die Pier von Santa Monica bei Sonnenuntergang

Krieg) ist die **Getty-Bronze** eines Jünglings mit Siegerkranz zu zählen: eine kostbare Rarität, zu bewundern in einem klimatisierten Raum des zweiten Stocks, wo auch Sonderausstellungen stattfinden.

Im Family Forum des ersten Stocks gibt es Kunst zum Anfassen für die Kids. Sehenswert ist auch der Park, besonders das Äußere Peristyl, mit Spazierwegen um ein lang gezogenes Wasserbecken in Form eines Spiegels. Dazu wachsen hier Pflanzen, die man bereits im alten Rom kannte. In einem Amphitheater finden Konzerte und andere Veranstaltungen statt.

210 B3 17985 PCH, Malibu
1 310 4 40 73 00, www.getty.edu
Mi–Mo 10 bis 17 Uhr MTA Bus 534
frei (mit vorgebuchtem Ticket); Parkplatz: 15 $

54 Santa Monica
Mit seinem unkonventionellen Stil ist Santa Monica unabhängig und ansprechend. Obwohl die Stadt deutlich bürgerlicher geworden ist, zieht sie nach wie vor die unterschiedlichsten Menschen an: Yuppies, Touristen, Obdachlose, Straßenkünstler, Strandliebhaber, Teenager und ältere Menschen. Sie alle tummeln sich am Strand und auf der 3rd Street Promenade, der Fußgängerzone zwischen dem Broadway und dem Wilshire Boulevard. Fahren Sie auf dem Wilshire ein paar Blocks weiter nach Westen und Sie gelangen zum Santa Monica State Beach, wo der Sand sauber und das Panorama großartig ist.

Der Santa Monica Pier bietet viele Unterhaltungsmöglichkeiten. Südlich der Main Street gibt es trendy Boutiquen und Restaurants.

210 B3 westliches Ende der I-10
MTA Bus 4, 6, 33 (und andere)

55 Venice Beach
Auf dem Ocean Front Walk, der gepflasterten Promenade, die den mitreißenden Venice Beach be-

Auf drei Rädern kann man den Muscle Beach erobern

Nach Lust und Laune!

grenzt, herrscht eine Atmosphäre wie im Karneval. Spazieren Sie über den Abschnitt südlich der Rose Avenue: Hier haben Sie alle Chancen, auf dressierte Papageien, begabte und weniger begabte Musiker und Vertreter aller möglichen weltanschaulichen und gesellschaftlichen Bewegungen zu treffen. An einem sonnigen Tag ist Muscle Beach an der 18th Street der letzte Schrei. In Läden und an Straßenständen werden Sonnenbrillen, Bekleidung, Schallplatten und vieles mehr angeboten. Zu essen gibt es hier fast alles: von der Focaccia bis zur Gänseleberpastete. Im Figtree's Café (429 Ocean Front Walk) lässt es sich wunderbar eine kurze Pause einlegen.

🏠 210 B3
🚶 Ocean Front Walk (ist am interessantesten zwischen Rose Avenue und Venice Boulevard)
🚌 MTA Bus 33 (und andere)

Museum of Tolerance

Das Museum des Simon Wiesenthal Center illustriert die Bösartigkeit der Menschen. Die Holocaust Section, für die man allein schon eine Stunde braucht, versucht, den Besuchern mit Dokumenten, Tondokumenten und Projektionen die Gewaltherrschaft der Nationalsozialisten in Europa näher zu bringen.

🏠 210 B3 ✉ 9786 W. Pico Boulevard
☎ 1 310 5 53 84 03; www.museumoftolerance.com ⏰ So–Fr 10–17 Uhr (Nov.–März Fr bis 15.30); letzter Einlass 1,5 Std. vor Schließung
🚌 Santa Monica Big Blue Bus 7 💲 15,50 $

57 Downtown Los Angeles

Der atemberaubende 274-Mio.-Dollar-Bau der 2003 eröffneten **Walt Disney Concert Hall** mit seinen kühn geschwungenen, schiffsähnlichen Komponenten ist ein Werk des Stararchitekten Frank Gehry und die Heimat des Los Angeles Philharmonic Orchestra. Bis auf das Auditorium (exzellente Akustik!) kann man es selbstständig mit Audio-Guide erkunden.

Ästhetisch wie auch hinsichtlich der enormen Baukosten umstritten (nicht nur unter Architekturkritikern), ist ein weiteres Gebäude jüngeren Ursprungs im Stadtzent-

---

MUSEUMSMEILE

Das vergnügliche **Petersen Automotive Museum** stellt, häufig vor einem amüsanten und einfallsreichen Hintergrund, Roadster, Coupés, Tourenwagen, Limousinen, Lastwagen und Motorräder aus. Zu den historischen Exponaten gehören Zapfstellen. Dazu wird der Einfluss der Autos auf die Stadtplanung und andere Lebensbereiche verdeutlicht. (6060 Wilshire Boulevard, Tel. 1 323 9 30 22 77, www.petersen.org, Di–So 10–18 Uhr, Eintritt: 10 $)

Die sehr umfangreiche Sammlung des **Los Angeles County Museum of Art** besteht unter anderem aus europäischer, chinesischer und zeitgenössischer amerikanischer und europäischer Kunst. Die einzigartige japanische Sammlung befindet sich in einem eigenen Pavillon. 🎎 Sonntags ist Familientag, an dem es Sonderprojekte für Kinder und Eltern gibt. (5905 Wilshire Boulevard, Tel. 1 323 8 57 60 00, www.lacma.org, Mo, Di, Do 11–17, Fr 11–20, Sa–So 10–19 Uhr, Eintritt: 15 $, zweiter Di im Monat frei)

Urzeitlicher Schlamm – na ja, prähistorischer Asphalt, um genau zu sein – steigt noch immer aus den 🎎 **La Brea Tar Pits** hoch, die Sie jederzeit kostenlos von Rundwegen aus besichtigen können. Das **George C. Page Museum of La Brea Discoveries** stellt Dinosaurierknochen und andere Fossilien aus den Gruben aus. (Hancock Park, 5801 Wilshire Boulevard, Tel. 1 323 8 57 63 00, www.tarpits.org, tägl. 9.30–17 Uhr, Eintritt: 11 $)

Los Angeles und Umgebung

rum: der sandfarbene Betonkoloss der römisch-katholischen **Cathedral of Our Lady of the Angels**, entworfen von dem Spanier José Rafael Moneo. Sehenswert ist diese futuristische Bischofskirche aber sicherlich (Gratisführungen wochentags 13 Uhr, Treffpunkt beim Eingang der Plaza Temple Street).

Zu den schönsten öffentlichen Gebäuden in L. A. gehört die **Union Station** (1939), ein Juwel des späten Art déco mit spanisch-maurischen Elementen. Eindrucksvoll ist besonders die kirchenschiffartige Wartehalle, Schauplatz legendärer Filme wie *Boulevard der Dämmerung* (1950) und *Blade Runner* (1982).

Schräg gegenüber der Union Station, jenseits der North Alameda Street, liegt als historische Wiege der Stadt die **Olvera Street**. Der lebendige Platz wirkt mit Straßenlokalen, Mariachi-Musikern und Folkloretänzern wie ein Stück altes Mexiko. In der Tat waren es spanisch-mexikanische Siedler, die hier 1781 das spätere Los Angeles gründeten. Nördlich davon kommt man nach **Chinatown** mit seinen Souvenirshops und Restaurants, das im Vergleich zu den Pendants

Die Union Station ist eine gelungene Mischung diverser Architekturstile

in New York oder San Francisco kaum attraktiv ist.

Walt Disney Concert Hall
212 C3 ✉ 111 S. Grand Avenue
☎ 1 323 8 50 20 00 (Programminfos); www.laphil.com ⓜ Metro Red Line (Civic Center) 🚌 MTA Bus 2, 60, 460; DASH Route A (wochentags), DD (am Wochenende)

Cathedral of Our Lady of the Angels
213 D4 ✉ 555 W. Temple Street
☎ 1 213 6 28 12 74; www.olacathedral.org
🕐 Mo–Fr 6.30–18, Sa 9–18, So 7–18 Uhr
ⓜ Metro Red Line (Civic Center)
🚌 MTA Bus 2, 78, 81 (und andere); DASH Route B (wochentags), DD (am Wochenende)

Union Station
213 F3 ✉ 800 N. Alameda Street
ⓜ Metro Red und Gold Lines (Union Station)
🚌 MTA 33, 42; DASH Route B (wochentags), DD (am Wochenende)

Olvera Street/Chinatown
213 F3 ✉ westlich der Alameda Street, zwischen Aliso Street und Cesar E. Chavez Avenue ☎ 1 213 4 85 68 55; www.olvera-street.com ⓜ Metro Red Line (Union Station) 🚌 MTA Bus 2, 4, 81, 94; DASH Route B (wochentags), DD (am Wochenende)

MEHR ALS NUR FASSADE

Den Broadway, vor hundert Jahren Hauptstraße des Zentrums, säumen zahlreiche architektonische Schmuckstücke. Hierzu zählt das 1893 errichtete **Bradbury Building** (304 South Broadway, Ecke 3rd Street), dessen Architekt sich von einem populären Zukunftsroman (*Das Jahr 2000*: ein Rückblick auf das Jahr 1887 von Edward Bellamy) inspirieren ließ. Eine Lichtkuppel erhellt das Foyer (wochentags 9–18 Uhr), die Fliesenböden und schmiedeeisernen Treppengeländer. Bekannt wurde das Gebäude durch Szenen in Ridley Scotts *Blade Runner* (1982), während weitere in *Wolf – das Tier im Manne* (1994) mit Jack Nicholson den Zustand nach der Renovierung zeigen.

Nach Lust und Laune!

58 Museen in Downtown

Das **Museum of Contemporary Art** (MOCA) hat sein Haupthaus an der California Plaza: Hier findet sich eine hervorragende Sammlung internationaler Kunst nach 1940 (u. a. Robert Rauschenberg, Jasper Johns, Joseph Beuys, Mark Rothko und Richard Serra). Der Ableger im **Geffen Contemporary** (altes Speichergebäude, umgestaltet von Frank Gehry) zeigt »große« Kunst: Bilder, Skulpturen und Installationen im Riesenformat.

The Geffen Contemporary at MOCA
213 E2 ✉ 152 N. Central Avenue
☎ 1 213 6 26 62 22; www.moca.org ⏰ Mo, Fr 11–18, Sa, So 11–18, Do 11–20 Uhr 🚇 Metro Red Line (Civic Center) 🚌 MTA Bus 30, 40, 439; DASH Route A (wochentags), DD (am Wochenende) 💵 12 $ (frei Do nach 17 Uhr und mit Eintrittskarte des MOCA vom selben Tag)

Museum of Contemporary Art
212 C3 ✉ 250 S. Grand Avenue
☎ 1 213 6 26 62 22; www.moca.org ⏰ Mo, Fr 11–17, Sa, So 11–16, Do 11–20 Uhr 🚇 Metro Red Line (Pershing Square) 🚌 DASH Route B (wochentags), DD (am Wochenende); oder Shuttle vom Geffen Contemporary 💵 12 $ (frei Do nach 17 Uhr und mit Eintrittskarte des Geffen Contemporary vom selben Tag, wenn die Besucher mit der Metro (Ticket) gekommen sind)

Das Museum of Contemporary Art (MOCA) an der Grand Avenue in L. A.

WIE FUNKTIONIERT DAS?
Besuchen Sie die Studios der Warner Bros. (Tel. 1 818 9 72 86 87) oder Paramount (Tel. 1 323 9 56 17 77), um zu sehen, wie Fernsehshows und Filme produziert werden. Zweistündige Touren führen Sie durch die Sets, die technischen Abteilungen und die Studiogelände.

59 Pasadena

Die gesamte um 1920–1940 entstandene Altstadt des schmucken Orts im San Gabriel Valley ist im National Register of Historic Places eingetragen. Sein lebendiges Zentrum mit Boutiquen, Restaurants und Cafés bilden der Colorado Boulevard und dessen Seitenstraßen zwischen Pasadena Avenue und Arroyo Parkway. Am Neujahrstag findet in Pasadena die berühmte **Tournament of Roses Parade** (Rosenparade) statt.

Das von Charles und Henry Greene erbaute **Gamble House** ist als handwerkliches Meisterstück ein Paradebeispiel der Craftsman-Architektur des frühen 20. Jahrhunderts. Gelungen wirkt in dem schönen, wohnlichen wie naturverbundenen dreistöckigen Bau vor allem die Kombination verschiedener Holzarten. Ein besonderer Blickfang ist der Eingang mit seiner exquisiten Buntverglasung.

Los Angeles und Umgebung

Pasadenas City Hall im Renaissance-Stil

»Besuchen Sie das Getty der Architektur und das **Norton Simon Museum** der Kunst wegen.« Dieses Kompliment aus Kennermund gilt dem erlesenen Geschmack, mit dem der Industrielle Norton Simon eine der besten privaten Kunstsammlungen der USA zusammentrug. Sie umfasst Werke von der Renaissance bis zum frühen 20. Jh., z. B. von Raffael, Rubens, Goya, Rembrandt, Renoir, Manet, Degas, Picasso und Kandinsky.

Mit den säulenbestandenen **South Asian Galleries** schuf Architekt Frank Gehry einen absolut modernen und zugleich hieratischen, beinahe tempelartigen Ort für die vorwiegend religiösen Kunstwerke. Als Vorbild des Skulpturenparks diente der Garten Claude Monets im französischen Giverny.

In **San Marino**, südöstlich von Pasadena, befindet sich die illustre **Huntington Library**, mit angegliederter Kunstsammlung und einem Botanischen Garten, der zum Spazierengehen einlädt. Zu den prominenten Exponaten gehören ein Pergamentexemplar der Gutenberg-Bibel, das Ellesmere-Manuskript von Geoffrey Chaucers *Canterbury Tales*, Thomas Gainsboroughs *Knabe in Blau* und der *Pinkie* von Sir Thomas Lawrence.

Zu den Höhepunkten des 48 ha großen **Botanischen Gartens** zählen Japan-, Rosen- und Wüstengarten. Für die Teestunde im Rose Garden Tea Room ist meist eine Reservierung erforderlich.

210 B3 nordöstlich vom Zentrum von Los Angeles, neben Freeway 110 Metro Gold Line (mehrere Stationen) MTA Bus 180, 181

Gamble House
4 Westmoreland Place, neben Orange Grove Boulevard (Westseite, nördlich der Walnut Street) 1 626 7 93 33 34; www.gamblehouse.org Do–So 12–15 Uhr MTA 180 12,50 $

Norton Simon Museum
411 W. Colorado Boulevard
1 626 4 49 68 40; www.nortonsimon.org
Mi–Do, Sa–Mo 12–18, Fr 12–21 Uhr MTA Bus 180, 181 12 $

Huntington Library, Art Collections and Botanical Gardens
1151 Oxford Road, neben der San Marino Avenue (südlich der I-210) Information: 1 626 4 05 21 00; www.huntington.org; Tea Room: 1 626 6 83 81 31 Juni–Aug. Mi–Mo 10.30–16.30 Uhr, Sept.–Mai Mo, Mi–Fr 12–16.30, Sa, So 10.30–16.30 Uhr MTA Bus 79 (vom Stadtzentrum von Los Angeles; steige Sie an der Marino Avenue aus und gehen Sie etwa 400 m zu Fuß) 20 $, am Wochenende 23 $ (am ersten Do im Monat frei)

60 *Queen Mary*

Die Ära der luxuriösen Überseedampfer erreichte in den 1930er-Jahren mit der im Art-déco-Stil ausgestatteten *Queen Mary* ihren Höhepunkt. Die Geschwindigkeit des Schiffes war legendär. Während des Zweiten Weltkriegs transportierte es Truppen, der Pool wurde in Quartiere umgewandelt. Das Schiff ist zu besichtigen. Die zweite Hauptattraktion bei Long Beach ist das **Aquarium of the Pacific**.

210 B3 1126 Queens Highway (folgen Sie am Südende der I-710 den Schildern), Long Beach 1 877 3 42 07 38; www.queenmary.com tägl. ab 10 Uhr, Schließzeiten variieren nach Touren Metro Blue Line (Haltestelle Transit Mall, steigen Sie in den kostenlosen Passport Shuttle C: »Aquarium/Queen Mary« um) 12,50 $

Nach Lust und Laune!

61 Newport Beach

Die Anwesen, Yachten, Autos und luxuriösen Hotels machen Newport Beach zu einem der vornehmsten Orte Kaliforniens. Gleichwohl hat sich die Stadt die heimelige Atmosphäre eines Badeorts erhalten, der schon seit mehr als einem Jahrhundert die Urlauber anzieht. Breite Strände mit weißem Sand erstrecken sich vom Santa Ana River aus meilenweit nach Süden bis zur Spitze der Halbinsel Balboa, die die Newport Bay vom Ozean trennt.

Der Newport Boulevard führt vom Coast Highway erst nach Süden und dann nach Osten auf die Halbinsel Balboa. Suchen Sie sich einen Parkplatz, wenn Sie die ersten Schilder zum Newport Pier sehen, das wie das 3 km entfernte Balboa Pier mehrere hundert Meter in den Ozean hineinragt und sich für Spaziergänge anbietet. In der Nähe der Piers kann man Fahrräder und Inlineskates ausleihen – ideal um die Halbinsel zu erkunden.

Zwei kleine Blocks weiter östlich steht der Balboa Pavilion aus dem Jahr 1906. Das Restaurant bietet einen wundervollen Blick auf den Hafen.

In der Nähe liegen der Balboa-Fun-Zone-Vergnügungspark und die Ticketschalter für 45- bis 90-minütige Hafenrundfahrten. Die Boote fahren an Wohnpalästen (einige von Prominenten) und anderen Attraktionen vorbei, die Landratten nicht zu sehen bekommen. Spaßig ist auch die fünfminütige Fährfahrt nach Balboa Island. Die Fähre legt zwei Blocks westlich vom Pavillon an der Palm Street ab. An der Marine Avenue auf der Insel gibt es eine Reihe netter Geschäfte und Cafés.

210 B2 ✉ Fashion Island 401 Newport Center Dr. ☎ 1 949 7 19 61 00; www.visitnewportbeach.com 🚌 OCTA Bus 47, 71

62 Laguna Beach

Das Blätterwerk, das Newport Beach am Coastal Highway schmückt, wird, je mehr sich die Straße südwärts zum Laguna Beach schlängelt, immer grüner und üppiger. Parken Sie auf einem öffentlichen Parkplatz neben dem Broadway und gehen Sie zum Main Beach (Coast Highway und Broadway), einer kleinen Sandbucht, an der ein Grasstreifen mit schattigen Bäumen und Picknicktischen lockt. Wenn Sie ein Weilchen am Strand verbracht haben, können Sie über die Forest und die Ocean Avenues flanieren, an denen sich Boutiquen, Kunstgalerien, Restaurants und Cafés reihen. Im Fremdenverkehrsbüro (381 Forest Avenue) gibt's Broschüren für Rundgänge. Im Juli und August findet alljährlich das Festival of Arts (650 Laguna Canyon Road, Tel. 1 949 4 94 11 45) statt.

Nördlich vom Main Beach und zu Fuß erreichbar liegt der Heisler Park (Cliff Drive, neben dem Coast Highway). Hier verläuft ein toller Weg an den Klippen entlang. Las Brisas (361 Cliff Drive, Tel. 1 949 4 97 54 34) ist ein ganztägig geöffnetes mexikanisches Fischrestaurant. Am Nordende vom Heisler Park liegt Driver's Cove, ein prima Ort zum Schnorcheln.

Palmengesäumte Badebucht in Laguna Beach – ein Traum

Los Angeles und Umgebung

Crescent Bay (nördlich vom Zentrum, neben dem Coast Highway) gehört zu den weniger bevölkerten Stränden, ebenso wie der Victoria Beach (südlich). Robben versammeln sich auf Seal Rock in der Crescent Bay. Direkt nördlich der Stadt kann man im Crystal Cove State Park, der einen 6 km langen Küstenabschnitt umfasst, wandern, schwimmen, surfen, angeln und vieles mehr.

✚ 210 B2 ✉ **Coast Highway, am Highway 133 (Broadway)** ☎ **Touristeninformation:** 1 949 4 97 92 29 oder 1 800 8 77 11 15; www.lagunabeachinfo.com 🚌 **OCTA Bus 1** (Umsteigemöglichkeit zum Laguna Beach Transit)

63 Catalina Island

Catalina Island (offiziell Santa Catalina Island) ist zum größten Teil ein Naturschutzgebiet und ein Ruhepunkt im stark besiedelten Südkalifornien. An einem klaren Tag ist die nur 35 km vor der Küste liegende Insel vom Festland aus sichtbar.

In der Stadt Avalon oder am nahe gelegenen Descanso Beach kann man gut einen Urlaubstag verbringen. Falls Sie nur einen Tagesausflug planen, nutzen Sie Ihre Zeit optimal, indem Sie an einer Tour an Land oder auf dem Meer teilnehmen. **Santa Catalina Island Company** (Tel. 1 800 6 26 14 96) benutzt für manche der Führungen ein besonderes Boot, mit dem man das vielfältige Leben im Meer, z. B. Muränen und farbenfrohe Fische, fast so gut betrachten kann, als schnorchelte man selbst. Aktivurlauber können tauchen, reiten und Golf oder Tennis spielen.

Zu den populären Sehenswürdigkeiten gehört das Wahrzeichen der Insel, das eindrucksvolle **Casino**, das angeblich der größte runde Ballsaal der Welt ist. Im Casino befindet sich ein Kino im Art-déco-Stil, das Avalon Theatre, das innen und außen mit eindrucksvollen Wandgemälden verziert ist.

Nehmen Sie die Catalina-Express-Fähre (Tel. 1 800 4 81 34 70 oder 1 562 4 85 32 00), um von San Pedro, Long Beach oder Dana Point auf die Insel zu gelangen, oder steigen Sie vom am Newport Beach gelegenen Balboa Pavilion (▶ 151) in den Catalina Flyer (Tel. 1 800 8 30 77 44). Wenn Sie leicht seekrank werden, sollten Sie entsprechende Medikamente nehmen, bevor Sie an Bord gehen.

✚ 210 A2
✉ **Visitors Bureau: 1 Green Pier, Avalon**
☎ **Touristeninformation: 1 310 5 10 15 20;** www.catalinachamber.com

Catalina Island: Blick auf den Hafen von Avalon mit dem Casino

Wohin zum ... Übernachten?

> **Preise**
> für eine Nacht im Doppelzimmer (ohne Steuern):
> $ unter 100 $ $$ 100–175 $ $$$ über 175 $

The Ambrose $$$
Mit Feng Shui und asiatischer Kunst wurde dieses Boutique-Hotel geschaffen, das in Santa Monica sofort Liebhaber fand. Ruhige Farbtöne, italienische Bettwäsche, Aveda-Kosmetikprodukte und Hightech-Internetanschluss: Das Hotel kann punkten. Auch wenn man diesen Komfort vielleicht nicht braucht – wie den 24-Stunden-Zimmerservice – so beweist dies doch Liebe zum Detail.
➕ 210 B3 ✉ 1255 20th Street, Santa Monica, CA 90404 ☎ 1 310 3 15 15 55 oder 855 4 26 27 67; www.ambrosehotel.com

Beverly Hills Hotel and Bungalows $$$
Dieses 1912 eröffnete Hotel gab es noch vor der Stadt Beverly Hills selbst. Hier haben schon Marilyn Monroe und Charlie Chaplin gewohnt. Elizabeth Taylor verbrachte hier mit sechs ihrer Ehemänner die Flitterwochen. In der Polo Lounge speisten einst Mächtige der Filmindustrie. Das Hotel ist eine rosarbene Schönheit in einer vornehmen Wohngegend. Die Zimmer haben Marmorbäder und Stereoanlagen, die Bungalows Kamine.
➕ 210 B3 ✉ 9641 Sunset Boulevard, Beverly Hills, CA 90210
☎ 1 310 2 76 22 51; www.beverlyhillshotel.com

Beverly Laurel Motor Hotel $–$$
Mitten im Wilshire-Viertel von L. A., nahe der Miracle Mile (und somit nicht weit von Beverly Hills) gelegen, bietet dieses Hotel 52 ordentliche Zimmer mit Klimaanlage, Kabel-TV und Mikrowelle (manche auch mit Kitchenette). Ein kleiner Pool ist vorhanden. Als weiteres Plus liegt das Lokal Swingers gleich im Haus.
➕ 210 B3 ✉ 8018 Beverly Boulevard, Los Angeles, CA 90048
☎ 1 323 6 51 24 41;
http://beverly-laurel.hotel-rn.com

Carlyle Inn $$$
Best-Western-Hotel mit gutem Preis-Leistungs-Verhältnis in der Nähe von Beverly Hills. Das vierstöckige 32-Zimmer-Hotel im europäischen Stil offeriert die üblichen Annehmlichkeiten dieser internationalen Kette, mit High-Speed-Internet, Kaffeemaschine, Bügelbrett und -eisen sowie Safes auf den Zimmern. Außerdem gibt es einen Warmwasserpool sowie einen Fitnessraum. Im Übernachtungspreis ist ein reichhaltiges Frühstücksbüfett inbegriffen.
➕ 210 B3 ✉ 1119 S. Robertson Boulevard, West Los Angeles, CA 90035
☎ 1 310 2 75 44 45 oder 1 800 3 22 75 95;
www.carlyle-inn.com

Disneyland® Resort $$$
Die drei Hotels des Disney-Komplexes sind ein Universum für sich: Sie sind günstig gelegen, die Zimmer sind tadellos und Sie dürfen als Gast vor der offiziellen Öffnungszeit in die Parks. Für Ablenkung ist gesorgt: Es gibt Pools, Videospielhallen, Shops und viele Restaurants, wo Sie Burger aber auch Haute Cuisine bekommen. Disney's Grand Californian ist das schönste (und teuerste) der Hotels, aber das Disneyland Hotel und das

Los Angeles und Umgebung

Disney's Paradise Pier Hotel sind auch wärmstens zu empfehlen.
🗺 210 B3 ✉ Disneyland Hotel: 1150 Magic Way, Anaheim, CA 92802; Disney's Grand Californian: 1600 S. Disneyland Drive, Anaheim, CA 92802; Disney's Paradise Pier Hotel: 1717 S. Disneyland Drive, Anaheim, CA 92802
☎ 1 714 9 56 64 25 (alle drei Hotels);
http://disneyland.disney.go.com/hotels

The Georgian Hotel $$$
Dieses historische Hotel wird Ihnen mit seinem türkis-goldenen Art-déco-Stil an Santa Monicas Ocean Avenue sofort auffallen. Die Architektur stammt aus den 1930er-Jahren, aber die Räume sind modern ausgestattet und die meisten haben Meerblick. Verbringen Sie den späten Nachmittag bei einem Drink in den Rattanstühlen auf der Veranda, wie es Clark Gable und Carole Lombard einst taten. Der Service ist freundlich.
🗺 210 B3 ✉ 1415 Ocean Avenue, Santa Monica, CA 90401
☎ 1 310 3 95 99 45 oder 1 800 5 38 81 47;
www.georgianhotel.com

Hotel Villa Portofino $$–$$$
Dieses Hotel im italienischen Stil passt gut zur mediterranen Atmosphäre von Avalon. An der Hauptstraße Avalons gelegen, ist es von hier aus nicht weit zum Hafen, zum Strand und zu Restaurants und Geschäften. Die Zimmer haben TV und viele einen schönen Meerblick, einige haben Kamine und Kühlschränke. Die hoteleigene Sonnenterrasse mit Blick auf den Hafen lädt ein zum Entspannen. Das Ristorante Villa Portofino serviert gutes italienisches Essen, besonders Fisch und Nudeln.
🗺 210 B2 ✉ 111 Crescent Avenue, Santa Catalina Island, CA 90704
☎ 1 310 5 10 05 55 oder 1 888 5 10 05 55;
www.hotelvillaportofino.com

Inn at Laguna Beach $$$
Dieses Hotel thront auf einer Klippe über dem Pazifik inmitten einer Blumenoase. Von hier aus kommt man problemlos zum Strand und in die Stadt. Viele Zimmer haben Meerblick und viele Annehmlichkeiten: Kühlschränke, CD-Spieler, Bademäntel, Haartrockner, Bügeleisen und -bretter, Zeitungen und kontinentales Frühstück sind inklusive. Außerdem gibt es einen beheizbaren Pool und einen Whirlpool auf der Sonnenterrasse.
🗺 210 B2 ✉ 211 N. Pacific Coast Highway, Laguna Beach, CA 92651
☎ 1 949 4 97 97 22 oder 1 800 5 44 44 79;
www.innatlagunabeach.com

London West Hollywood $$$
Luxuriöses Vier-Sterne-Haus mit Flair nahe dem Sunset Strip, mit 200 modernen, großzügigen Suiten, einem Swimmingpool auf dem Dachgarten und Fitnessgeräte im Haus und draußen. Kreativer Kopf der Restaurantküche – dazu gehören auch die am Pool servierten Snacks – ist der Brite Gordon Ramsay (bekannt aus den TV-Kochshows *Hell's Kitchen* und *Kitchen Nightmares*). Sein opulenter »London Breakfast Table« ist im Zimmerpreis enthalten.
🗺 210 B3 ✉ 1020 N. San Vicente Boulevard, West Hollywood, CA, 90069
☎ 1 310 8 54 11 11 oder 1 866 2 82 45 60;
www.thelondonwesthollywood.com

Sunset Plaza Hotel $$$
Auch wenn mehrere Tophotels den Sunset Strip säumen, müssen Sie in diesem Haus keine Wahnsinnspreise bezahlen, um hier abzusteigen. Das zur Best-Western-Kette gehörende Haus verbindet zivile Preise mit einer Vielzahl von Annehmlichkeiten in den sauberen, freundlich eingerichteten Zimmern: Kühlschränke, Telefon mit Anrufbeantworter, Kabel-TV, High-Speed-Internet und Zeitungen. Viele Zimmer bieten zudem eine Küche.
🗺 210 B3 ✉ 8400 Sunset Boulevard, West Hollywood, CA 90069
☎ 1 323 6 54 07 50 oder 1 800 4 21 36 52;
www.bestwesterncalifornia.com

… Wohin zum …

Wohin zum …
Essen und Trinken?

Preise
für ein Hauptgericht (abends):
$ bis 10 $ $$ bis 25 $ $$$ über 25 $

Celestino Ristorante & Bar $$$
Gediegenes Lokal in Pasadena mit exzellenter Küche, schöner Terrasse, auf der es sich draußen schön sitzen lässt und durchaus legerer Atmosphäre, trotz blütenweiß gedeckter Tische und Kellnern mit Fliege. Hier geht es sogar recht laut und lebhaft zu, bei Köstlichkeiten wie hausgemachter Pasta und Fleischgerichten wie Kalbsschlegel mit Safran-Risotto oder gebratenem Kaninchen in Olivensauce. Italienisch geprägte Weinkarte mit guten Tropfen aus Umbrien, Sizilien und Sardinien.
✚ 210 B3 ✉ 141 S. Lake Avenue, Pasadena
☎ 1 626 7 95 40 06;
www.celestinopasadena.com
🕐 mittags: Mo–Fr 11.30–14.30; abends: Mo–Do 17.30–22.30, Fr 17.30–23, Sa 17–23, So 17–22.30 Uhr

Chaya Venice $$$
Japanisch-französisches Lokal in Venice Beach in luftigen Räumlichkeiten, mit Sushi-Bar und asiatisch inspiriertem Wandgemälde. Die Spezialität der Küche sind Fischgerichte. Die Weinkarte führt neben einer Vielzahl von Rebensäften diverse importierte Sake-Sorten auf. Hier ist es meist laut und voll, wie in den beiden anderen Filialen in Beverly Hills und Downtown L. A.
✚ 210 B3 ✉ 110 Navy Street, Venice
☎ 1 310 3 96 11 79; www.thechaya.com
🕐 mittags: Mo–Fr 11.30–14.30 Uhr; abends Mo–Do 18–22.30, Fr, Sa 18–23, So 18–22 Uhr

El Cholo Cafe $$
Sie können in L. A. billigeres und vermutlich auch authentischeres mexikanisches Essen bekommen. Aber das El Cholo, das älteste mexikanische Restaurant der Stadt, ist ein fröhlicher Ort: Hier schmecken die Texmex-Küche und explosive Margaritas besonders gut. Man kann sich seine Tortillas selbst zusammenstellen. Eine Alternative sind (jedoch nur von Mai bis Oktober) die berühmten hausgemachten grünen Mais-Tamales. In Santa Monica gibt es eine neuere Filiale (1025 Wilshire Boulevard, Tel. 1 310 8 99 11 06).
✚ 210 B3 ✉ 1121 S. Western Avenue, Los Angeles ☎ 1 323 7 34 27 73;
www.elcholo.com 🕐 Mo–Do 11–22, Fr–Sa 11–23, So 11–21 Uhr

Cut $$$
Neuere Großtat des Kärntners Wolfgang Puck in Beverly Hills ist dieses elegante Steak-Haus im Beverly Wilshire Hotel. Gestaltet wurde es von Richard Meier (Architekt des Getty Center) mit Eichendielen, weißen Wänden und großen Fenstern. Neben dem einfallsreichen Umgang der Küche mit Steaks, Saucen und Beilagen und einer Weinkarte von internationalem Anspruch erlebt man einen Service der Sonderklasse, inklusive intensiver Beratung.
✚ 210 B3 ✉ 9500 Wilshire Boulevard, Beverly Hills ☎ 1 310 2 76 85 00;
www.wolfgangpuck.com/restaurants/fine-dining/3789 🕐 Mo–Do 18–22, Fr 18–23, Sa 17.30–23 Uhr

230 Forest Avenue $$–$$$
An den Wänden hängen hier ständig neue Bilder, so steht das Bistro

Los Angeles und Umgebung

ganz in der Tradition des kunstenthusiastischen Laguna Beach. Serviert wird California Cuisine in reichlichen Portionen, mit Flair und Raffinesse – etwa Tenderloin-Steak mit Zuckerrohr, Schälrippchen-Ravioli oder Meeresfrüchte-Salat. Neben einer ordentlichen Wein- und Bier-Auswahl ist man an der Bar besonders auf Martinis spezialisiert. Dem Trubel dieses quirligen Lokals kann man auf der schönen Terrasse jedoch mühelos entfliehen.
210 B2 230 Forest Avenue, Laguna 1 949 4 94 25 45; www.230forestavenue.com
mittags: tägl. ab 11 Uhr; abends ab 17 Uhr

James' Beach $$

Zwischen Kanal und Strand von Venice lockt in einem ehemaligen Handwerkerhaus das stilvolle Restaurant, wo man drinnen (mit Blick auf die Bar) oder draußen sehr schön sitzt bei authentisch amerikanischer Küche: Neben Steaks und Meeresfrüchten werden auch vegetarische Gerichte oder für die schlanke Linie ein »Swimsuit special« aus Grillhuhn, gedämpftem Gemüse und Naturreis serviert. Das Lokal ist öfters im Fernsehen zu sehen und war Schauplatz des John-Hamburg-Films *Trauzeuge gesucht*.
210 B3 60 N. Venice Boulevard, Venice 1 310 8 23 53 96; www.jamesbeach.com
Mo, Di 18–22.30, Mi–Fr 11.30–1, Sa, So 11–1 Uhr

Jar $$$

Das auf alt gemachte Steakhaus mit holzvertäfelten Wände, braunen Sitzecken und einfachem Mobiliar ist spezialisiert auf Rindfleisch mit asiatischer Note – vorwiegend serviert als Steak (Rib-Eye, Porterhouse, Filet). Man bekommt aber auch Schmorbraten und Schweinshaxe und dazu fantasievolle Cocktails wie »Starburst« (Orangen-Wodka, Pfirsich-, Orangen- und Cranberry-Saft) oder »Koh Samui« (Wodka, Litschisaft und Litschimus).
210 B3 8225 Beverly Boulevard, West Hollywood 1 323 6 55 65 66; www.thejar.
abends: tägl. ab 17.30 Uhr; Brunch So ab 10 Uhr

Lucques $$$

Chefköchin Suzanne Goin serviert Küche mit französischem Touch in einer legeren Umgebung. Sie verwendet viele Zutaten der Saison, die beispielsweise in würzigem Lammeintopf und alaskischem Kabeljau ihre besondere Wirkung entfalten. Ungewöhnliche Desserts wie Erdnussbuttersorbet sind ein Genuss. Sie können auch an der Bar und auf der Terrasse essen.
210 B3 8474 Melrose Avenue, West Hollywood 1 323 6 55 62 77; www.lucques.com mittags: Di–Sa 12–14.30; abends: Mo, Di 18–22.30; Mi, Do 18–22.30, Fr, Sa 18–22.30, So 17–21.30 Uhr

Matsuhisa $$$

Dieses exklusive japanische Restaurant ist bei den Einwohnern von L. A. sehr beliebt, die gerne eine Stange Geld für ein denkwürdiges Essen bezahlen – normalere japanische Gerichte wirken dagegen etwas langweilig. Das nach dem Spitzenkoch Nobu Matsuhisa benannte Restaurant serviert außergewöhnlich frische, einfallsreiche und häufig geradezu blendende Kreationen aus Fisch und Meeresfrüchten.
210 B3 129 N. La Cienega Boulevard, West Hollywood 1 310 6 59 96 39; http://nobumatsuhisa.com mittags: Mo–Fr 11.45–14.15 Uhr; abends: tägl. 17.45–22.15 Uhr

Ocean and Vine $$–$$$

Wer in dem exzellenten New American Restaurant im bekannten, direkt am Strand gelegenen Loews Santa Monica Beach Hotel seinen Wein trinkt – als stilvolle Begleitung zu den ausgezeichneten Steaks oder fangfrischem Fisch und Meeresfrüchten –, genießt dazu einen herrlichen Blick aufs Meer. Die Zutaten der Gerichte stammen vom hiesigen Farmers' Market, auch die Zutaten fürs Frühstück, das alle

Wohin zum ...

Wünsche erfüllt und auch mit »Martinis« aus Fruchtsäften aufwartet (Zusammenstellung nach eigener Wahl).
🞣 210 B3 ✉ 1700 Ocean Avenue, Santa Monica ☎ 1 310 5 76 31 80; www.santamonicaloewshotel.com
🕓 tägl. 6.30–14 und 18–22 Uhr

Patina $$$

Sehr beliebtes Relais & Château-Lokal, seit 2003 in der Walt Disney Concert Hall (► 160) ansässig. Chef Joachim Splichal zaubert Gerichte zum Niederknien, kalifornisch-französisch mit deutschen und österreichischen Akzenten. Empfehlenswert sind besonders die fünfgängigen Degustationsmenüs (darunter auch ein komplett vegetarisches). Kaviar und Gourmet-Käse runden das Angebot ab.
🞣 212 C3 ✉ 145 S. Grand Avenue, Los Angeles ☎ 1 213 9 72 33 31; www.patinarestaurant.com
🕓 Di–So 17–21.30 Uhr (bei Konzertveranstaltungen Tischvergabe bis 30 Min. nach Vorstellungsende)

Philippe the Original $

An den langen Tischen dieses zentralen Restaurants aus alten Zeiten sitzen alle beieinander: Geschäftsleute, Polizisten und Obdachlose. Alle möglichen Leute kommen wegen der französischen Dip-Sandwiches hierher, die der Gründer des Restaurants 1908 erfunden hat: Roastbeef, Lamm, Schwein und Truthahn auf einem Baguette, das man in Bratensaft tunkt. Wer es eher schicker mag, ist in diesem Restaurant wohl nicht an der richtigen Adresse: Der Boden ist mit Sägemehl bedeckt und die Gäste stehen Schlange, um an der Theke bestellen zu können. Aber die Preise sind sehr niedrig – der Kaffee kostet nur 45 Cents – und es ist eine tolle Erfahrung.
🞣 213 F4 ✉ 1001 N. Alameda Street, Los Angeles ☎ 1 213 6 28 37 81; www.philippes.com 🕓 tägl. 6–22 Uhr; geschl. Thanksgiving, 25. Dez.

République $$–$$$

Walter Manske, ein renommierter Chefkoch aus San Diego und seine auf den Philippinen geborene Frau Margarita haben in Manila mehrere Bäckereien und in Kalifornien Restaurants eröffnet. Das République ist eine Mischung daraus: tagsüber eine Bäckerei und ein Café, abends ein französisches Bistro.
🞣 210 B3 ✉ 624 S. La Brea, Los Angeles ☎ 1 310 3 62 61 15; http://republiquela.com
🕓 Mo–Sa 8–15, abends Mo–Mi 18–22, Do–Sa 18–23 Uhr

Rockwell Table & Stage $$

Moderne amerikanische Küche mit französischen, italienischen und spanischen Einflüssen kommt in diesem neuen Veranstaltungslokal zwischen mächtigen Säulen auf den Tisch. Von weit her begeben sich die Gäste hierher, um sich im hippen Viertel Los Feliz an gegrilltem Ahi-Tunfisch oder Ziegenkäse-Trüffel-Ravioli zu laben, in der eleganten Cocktailbar einen Drink zu nehmen und hochklassige Musikshows zu genießen.
🞣 210 B3 ✉ 1714 N. Vermont Avenue, Hollywood ☎ 1 323 6 69 15 50; www.rockwell-la.com 🕓 mittags: Mo–Fr 11.30–15, Sa, So 10–15 Uhr; abends: tägl. ab 15 Uhr

Spago Beverly Hills $$$

Diese Filiale des original Spago Hollywood (mittlerweile geschlossen) ist das prunkvollste der Kette von Wolfgang Pucks Restaurants. Es ist gut möglich, dass Sie hier Filmstars und Studiobosse sehen. Stellen Sie sich, selbst wenn Sie reserviert haben, auf eine gewisse Wartezeit und eine laute Geräuschkulisse ein. Die kalifornische Küche mit asiatischen, mediterranen und österreichischen Akzenten enttäuscht nur selten. An der Bar kann man Pucks berühmte Pizzen essen.
🞣 210 B3 ✉ 176 N. Cañon Drive, Beverly Hills ☎ 1 310 3 85 08 80; www.wolfgangpuck.com/restaurants/fine-dining/3635 🕓 mittags: Di–Sa 12–14.30 Uhr; abends: Mo–Fr 18–22, Sa 17.30–22.30, So 17.30–22 Uhr

Los Angeles und Umgebung

Wohin zum ... Einkaufen?

Ob Sie nach ultraeleganter oder Mode im Retrostil, nach feinen Antiquitäten, Hollywood-Souvenirs, Importen aus Mexiko oder einer Surfausrüstung suchen – das Angebot in Los Angeles ist wahrlich überwältigend.

Beverly Hills ist die bekannteste Einkaufsgegend, vor allem der **Rodeo Drive** zwischen dem Santa Monica und dem Wilshire Boulevard. Hier finden Sie exklusive Schmuck- und Modegeschäfte: Armani, Christian Dior, Harry Winston, Tiffany & Co, Van Cleef & Arpels, Valentino, Hugo Boss, Bijan, Dolce & Gabbana, Prada, Chanel, Gucci, Hermès, Jimmy Choo und Versace. Am Brighton Way, beim Rodeo Drive, liegen ein Cartier Schmuckgeschäft und andere Nobelläden.

Unterschiedlichste Dinge finden Sie in der **Westfield Century City Mall** (10250 Santa Monica Boulevard, Los Angeles, Tel. 1 310 2 77 38 98, http://westfield.com), in der circa 100 Geschäfte (z. B. Macy's und Bloomingdales) versammelt sind.

Am Wilshire Boulevard, im Bereich der Blocks 9500 bis 9900, liegen mehrere große Kaufhäuser, etwa Barneys New York, Neiman-Marcus und Saks Fifth Avenue.

Die **Melrose Avenue** ist eine der trendigsten Einkaufsstraßen. Zwischen Fairfax Street und La Brea Avenue kann man hier sowohl moderne als auch Retromode kaufen. Im **Fred Segal Center** (8118 Melrose Avenue, Tel. 1 323 6 51 41 29) finden Sie Top-Designerboutiquen von Ron Herman und anderen. **Wasteland** (7428 Melrose Avenue, Tel. 1 323 6 53 30 28) bietet Secondhandklamotten für Sie und Ihn. Am Westende der Straße befindet sich der durch eine Fernsehserie bekannt gewordene schicke Melrose Place, den mehrere teure Antiquitätenläden einrahmen.

Drei angesagte Gegenden für legere Klamotten und Retromode sind **North La Brea Avenue, Robertson Boulevard** in West Hollywood und der **Sunset Boulevard** in Los Feliz.

Book Soup (8818 Sunset Boulevard, Tel. 1 310 6 59 31 10), der beste Buchladen in L. A., hat bis 22 Uhr geöffnet und hat ein riesiges Angebot an einheimischen und ausländischen Zeitschriften.

Der **Hollywood Boulevard** erholt sich gerade von Jahrzehnten der Schäbigkeit. Man kann hier immer noch gut die Shops nach Filmmemorabilia und kitschigen Souvenirs durchstöbern. In **Fredericks of Hollywood** (6751 Hollywood Boulevard, Tel. 1 323 9 57 59 53) finden Sie schöne Unterwäsche.

Die **Citadel Factory Stores** (5675 E. Telegraph Road, Tel. 1 323 8 88 17 24, www.citadel outlets.com) im markanten Gebäude neben der I-5 bieten reduzierte Markentextilien.

Am altehrwürdigen **Farmer's Market** (6333 W. 3rd Street) konzentrieren sich Dutzende von Läden und ein Lebensmittelmarkt. Das benachbarte **Grove** bietet jede Menge Läden, Restaurants und Kinos.

Mexikanische Souvenirs finden Sie in der **Olvera Street** im historischen El Pueblo. Der ebenfalls im Stadtzentrum liegende farbenfrohe **Grand Central Market** (317 S. Broadway) besteht aus Ständen mit exotischen Waren und Lebensmitteln.

Am **Universal City Walk** nahe den Universal Studios liegen ausgefallene Geschäfte, die vor allem Kinder begeistern.

In **Santa Monica** ist die **3rd Street Promenade** von Boutiquen, Restaurants und Kinos gesäumt. Ecke Broadway lädt der **Santa Monica Place** mit Terrasse zum Speisen ein besonders schön bei Sonnenuntergang!

Wohin zum ... Ausgehen?

Über Konzerte und andere Veranstaltungen informieren Sie sich am besten in dem Blatt L.A. Weekly (www.laweekly.com), der Wochenendausgabe der Los Angeles Times (www.latimes.com) oder im Los Angeles-Magazin (www.lamag.com).

Speziell zu Musik und Theater – u. a. im Dorothy Chandler Pavilion, Ahmanson Theater und Mark Taper Forum – erhalten Sie Informationen der Telefonansage rund um die Uhr beim Music Center of Los Angeles County (Tel. 1 213 9 72 72 11, www.musiccenter.org).

In der Walt Disney Concert Hall gastiert regelmäßig das hervorragende **Los Angeles Philharmonic Orchestra**.

HOTELBARS

Angesichts des meist guten Wetters sind die Bars an den Swimmingpools der Hotels von Los Angeles sehr beliebt, wie die **Cameo Bar** im Viceroy (1819 Ocean Avenue, Tel. 1 310 2 60 75 00) in Santa Monica. Interessant sind auch die Lounge der **Skybar** im Mondrian (8440 Sunset Boulevard, Tel. 1 323 8 48 60 25) und die **Roof Bar** im Standard Downtown (550 S. Flower Street, Tel. 1 213 8 92 80 80).

Wunderbare Cocktails mit Meerblick schlürfen kann man im **Penthouse** (1111 2nd Street, Tel. 1 310 3 94 54 54) im 18. Stock des Santa Monica's Huntley Hotel.

Eine gute Adresse in Santa Monica ist auch die **Veranda Bar** der Casa del Mar (1910 Ocean Way, Tel. 1 310 5 81 55 33), wo man in elegantem Ambiente in bequemen Korbsesseln zu leiser Piano- oder lauter Live-Musik abhängt.

BARS UND LIVE MUSIC

Gemütlich Livemusik genießen lässt es sich im **Hotel Café** (1623 ½ N. Cahuenga Boulevard, kein Telefon, www.hotelcafe.com), das u. a. mit Panini und Espresso für das leibliche Wohl des Gastes sorgt.

Stand-up-Comedians sind die Zugnummern im **Comedy Store** (8433 Sunset Boulevard, Tel. 1 323 6 50 62 68, www.thecomedystore.com). Das beliebte **The Groundlings** (7307 Melrose Avenue, Tel. 1 323 9 34 47 47) glänzt an fünf Abenden der Woche mit improvisierten Shows.

Gut besuchte Bars in Santa Monica und Venice sind etwa **Father's Office** (1018 Montana Avenue, Tel. 1 310 7 36 22 24), ein Gastro-Pub mit über 30 Biersorten vom Fass. In der Bodega Wine Bar in Santa Monica (814 Broadway, Tel. 1 310 3 94 35 04) dreht sich alles um den Rebensaft, dazu gibt es leckere Snacks. Angenehm bewirtet wird man auch im **James Beach** (▶ 156) sowie diversen schicken Lokalen auf der Main Street von Santa Monica.

Beliebt in der einschlägigen Szene ist **Roosterfish** (1302 Abbot Kinney Boulevard, Tel. 1 310 3 92 21 23) in Venice, ein lockeres Lokal mit Jukebox, Pool-Billard und Video-Spielen. Zur besten Gay-Bar der Welt wurde einst von Logo, MTV und anderen das gigantische **The Abbey** (692 N. Robertson Boulevard, Tel. 1 310 2 89 84 10) in West Hollywood gekürt. Dort findet man am Santa Monica Boulevard weitere Schwulen- und Lesben-Clubs.

NACHTCLUBS

Zentrum des Nachtlebens in Los Angeles mit beständig wechselnden In-Adressen, sind die Stadtteile **Hollywood** und **West Hollywood**. Die meisten Clubs schließen um 2 Uhr morgens, wenn das Ausschankverbot für Alkoholika einsetzt.

Los Angeles und Umgebung

Seit je eine Amüsiermeile in West Hollywood ist der berühmt-berüchtigte Sunset Strip, wo auch das **Whisky A-Go-Go** (8901 Sunset Boulevard, Tel. 1 310 6 52 42 02, www.whiskyagogo.com), der **Viper Room** (8852 Sunset Boulevard, Tel. 1 310 3 58 18 81, www.viperroom.com), die **Rainbow Bar** (9015 Sunset Boulevard, Tel. 1 310 2 78 42 32, www.rainbowbarandgrill.com) und das **House of Blues** (8430 Sunset Boulevard, Tel. 1 323 8 48 51 00, www.houseofblues.com) als Top-Adressen für Rock, Blues und Jazz beheimatet sind.

Zum Ausgehen eignen sich auch die Szeneviertel **Los Feliz** und **Silver Lake** und, traditioneller Treffpunkt der Homoszene, die Lokale am **Santa Monica Boulevard** in West Hollywood.

FILMTHEATER

Die alten Filmtheater zählen zu den Sehenswürdigkeiten Hollywoods, wie das **Grauman's Chinese Theatre** (6925 Hollywood Boulevard, Tel. 1 323 4 61 33 31, www.tclchinesetheatres.com) oder **El Capitan** (6838 Hollywood Boulevard, Tel. 1 818 8 45 31 10, http://elcapitan.go.com). Hier einen Film anzusehen, ist wirklich ein ganz eigenes Erlebnis.

Sitze mit viel Beinfreiheit kann man reservieren im **ArcLight Hollywood** (6360 W. Sunset Boulevard, Tel. 1 323 4 64 14 78) und dort auch alkoholische Getränke konsumieren vor, nach und während der Vorstellung – das ist für amerikanische Verhältnisse ein relatives Novum. Ausländische Streifen und Autorenfilme zeigt das **Nuart Theatre** (11272 Santa Monica Boulevard, Tel. 1 310 4 73 85 30).

Anspruchsvolle Filme zeigen auch die mehrmals in Los Angeles vertretenen Kinos der Laemmle-Kette (Informationen zu Kinos und Spielplänen: Tel. 1 310 4 78 10 41, www.laemmle.com).

THEATER UND KONZERTE

Telefonisch erhält man (gegen eine Vorverkaufsgebühr) Karten bei **Ticketmaster** (Tel. 1 800 7 45 30 00).

Konzerte und Opernaufführungen bieten **Walt Disney Concert Hall** (111 S. Grand Avenue, Tel. 1 323 8 50 20 00) und **Dorothy Chandler Pavilion** (135 N. Grand Avenue, Tel. 1 213 9 72 72 11, www.musiccenter.org) im Los Angeles Music Center.

Von Juni bis Mitte September veranstaltet das renommierte Los Angeles Philharmonic Orchestra Konzerte in der berühmten **Hollywood Bowl** (2301 North Highland Avenue, Tel. 1 323 8 50 20 00, www.hollywoodbowl.com).

Klassische, Pop- und Rockkonzerte finden im **Greek Theatre** (2700 N. Vermont Avenue, Tel. 1 323 6 65 58 57) statt, einem Amphitheater mit fast 6000 Plätzen im Griffith Park.

Bühnenstücke werden beispielsweise aufgeführt im **Ahmanson Theater** sowie dem **Mark Taper** Forum im Los Angeles Music Center auf der Grand Avenue. In den herrlichen Art-Déco-Palästen **Pantages** (6233 Hollywood Boulevard, Tel. 1 323 4 68 17 70, www.hollywoodpantages.com) und **Wiltern Theater** (3790 Wilshire Boulevard, Beverly Hills, Tel. 1 213 3 88 14 00) laufen vorwiegend Musicals im Broadway-Stil und ähnliche Produktionen.

Im **Geffen Playhouse** (10886 Le Conte Avenue, Tel. 1 310 2 08 54 54, http://geffenplayhouse.com) sieht man, unter der Schirmherrschaft der nahen Universität U.C.L.A., verschiedenste Produktionen, vom Musical bis zur Satire.

Sehr schöne Open-Air-Veranstaltungen an Sommerabenden bietet das **John Anson Ford Amphitheater** (2580 Cahuenga Boulevard East, Hollywood, Tel. 1 323 4 61 36 73, http://fordtheatres.org).

San Diego und Südkalifornien

Erste Orientierung	162
In vier Tagen	164
TOP 10	166
Nicht verpassen!	170
Nach Lust und Laune!	178
Wohin zum …	183

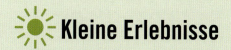 **Kleine Erlebnisse**

Surfing USA
Die Wellen am **Windansea Beach** (➤ 174) sind nur etwas für erfahrene Surfer. An anderen Stränden sind sie zahmer.

Wal in Sicht!
Bei **Point Loma** (➤ 170) an der Pazifikküste von San Diego haben Sie eine Chance, Grauwale vom Land aus zu sehen.

Bekannt aus den Western
Die roten Sandsteinfelsen des **Red Rock Canyon State Park** (➤ 181) boten die Kulisse für zahlreiche Hollywood-Western.

San Diego und Südkalifornien

Erste Orientierung

Die beiden größten Städte des Bundesstaats, Los Angeles und San Diego, liegen in Südkalifornien. Das Landesinnere besteht zum Großteil jedoch aus öder Wüste, wo Sie der Farbe Braun in mehr Nuancen begegnen, als Sie es für möglich gehalten hätten. Die ständige Suche nach Wasser hat Südkalifornien stark geprägt. Heute halten hier viele Menschen eine gesicherte Wasserversorgung für selbstverständlich, weil in Nordkalifornien und weiter östlich zahlreiche Quellen angezapft wurden.

Mitte des 19. Jhs. jedoch, als sich hier eine Gruppe von etwa 100 Goldgräbern verirrt hatte und sich durch ein langes, flaches Tal schleppte, gab es kaum Wasser. Der große See, der sich hier einst ausgebreitet hatte, war lange ausgetrocknet. Die Gruppe durchlitt einen grauenhaften Monat der Hitze und des unmenschlichen Dursts. Einer überlebte diese Tortur nicht; sein Tod gab der Region ihren Namen: Death Valley (Tal des Todes). Dieses zeigt vermutlich das unbarmherzigste Gesicht der Wüste. Und doch ist dieses so karge Gebiet ein Beweis für die Widerstandskraft des Lebens. Etwa 900 unterschiedliche Pflanzen und mehrere seltene Tierarten existieren hier.

Wenn Sie nach Westen zur Küste fahren, wechseln die niedrig wachsenden Wüstensträucher mit Laub und Kiefern ab. Man spürt die Feuchtigkeit in der Luft und manchmal zieht Nebel auf. Obwohl es in San Diego sehr heiße Tage gibt, sorgen Meeresbrisen häufig für Abkühlung. Das angenehme Wetter und der wenige Regen haben San Diego zu einem Urlaubsmekka für Liebhaber von Outdoor-Aktivitäten gemacht. Gleichzeitig ist San Diego mit seinen zahlreichen Museen und seiner lebhaften Kunstszene eine Oase der Kultur.

Die I-5 ist die wichtigste Nord-Süd-Achse und verbindet L. A. mit San Diego; sie endet an der mexikanischen Grenze. Die I-15 führt von San Diego aus durch die Wüste nach Norden und Osten bis nach Las Vegas, Nevada. Die I-10 verläuft von Los Angeles aus in östlicher Richtung und über Palm Springs nach Arizona. Außer in Teilen von San Diego und im Zentrum von Palm Springs brauchen Sie hier unbedingt ein Auto.

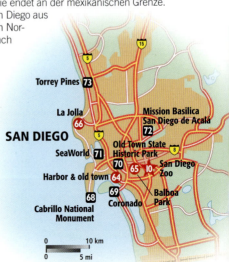

Erste Orientierung

TOP 10

- ★5 Death Valley National Park ➤ 166
- ★10 San Diego Zoo ➤ 169

Nicht verpassen!

- 64 Harbor & old town ➤ 170
- 65 Balboa Park ➤ 172
- 66 La Jolla ➤ 173
- 67 Palm Springs ➤ 175

Nach Lust und Laune!

- 68 Cabrillo National Monument ➤ 178
- 69 Coronado ➤ 178
- 70 Old Town State Historic Park ➤ 178
- 71 SeaWorld ➤ 179
- 72 Mission Basilica San Diego de Acalá ➤ 179
- 73 Torrey Pines ➤ 180
- 74 Legoland® California ➤ 180
- 75 San Diego Zoo Safari Park ➤ 180
- 76 Anza-Borrego Desert State Park ➤ 180
- 77 Mojave Desert ➤ 181
- 78 Sequoia & Kings Canyon National Parks ➤ 182

San Diego und Südkalifornien

In vier Tagen

Wenn Sie unseren Empfehlungen folgen und sich vier Tage Zeit nehmen, können Sie einige Highlights San Diegos und Südkaliforniens besichtigen. Detailliertere Informationen finden Sie in den Haupteinträgen (➤ 166ff).

Erster Tag

Vormittags
Für San Diego sollten Sie zwei Tage einplanen. Beginnen Sie den ersten mit einem Besuch im ☆**San Diego Zoo** (rechts, ➤ 169).

Nachmittags
Fahren Sie zum Mittagessen nach ❻❻ **La Jolla** (➤ 173f) und erkunden Sie anschließend die Gegend um La Jolla Cove. Dann fahren Sie den Coast Boulevard und den La Jolla Boulevard nach Süden und über den Mission Boulevard zum **Pacific Beach**. Gehen Sie auf den Crystal Pier hinaus, bei Sonnenuntergang ein zauberhaftes Erlebnis.

Abends
Im George's at the Cove (➤ 185) ergänzen sich die hervorragende Küche und der wunderschöne Meerblick. Nach dem Essen können Sie durchs **Gaslamp Quarter** in ❻❹ **Harbour & old town** von San Diego (➤ 170) spazieren und in einem Nachtclub etwas Jazz oder Blues hören.

Zweiter Tag

Vormittags
Stehen Sie pünktlich auf, um eine Hafenrundfahrt zu machen. Gehen Sie dann in südlicher Richtung auf dem Embarcadero nach **Seaport Village**.

Nachmittags
Essen Sie im Gaslamp Quarter und fahren Sie dann mit dem San Diego Trolley in die Altstadt zum ❼⓿ **Old Town State Historic Park** (➤ 178).

Abends
Wenn das Wetter es zulässt, sollten Sie eine Bootsfahrt durch die Mission Bay machen und im 100 Wines (➤ 186) zu Abend essen.

Dritter Tag

Vormittags
In ❻❼ **Palm Springs** (➤ 175) lohnt ein Tagesausflug, aber auch ein längerer Aufenthalt. Von der **Palm Springs Aerial Tramway** aus genießt man einen atemberaubenden Blick auf das Coachella Valley, einen Besuch wert sind

In vier Tagen

auch die naturkundlichen Exponate des Palm **Springs Arts Museum**.

Nachmittags
Genießen Sie mexikanische Spezialitäten im Las Casuelas Terraza (222 S. Palm Canyon Drive, Tel. 1 760 3 25 27 94). Wenn es nicht zu heiß ist, könnten Sie die **Indian Canyons** besichtigen und einen der kürzeren Rundwege im Palm Canyon laufen.

Abends
Nach einem Snack besuchen Sie eine Show der Fabulous Palm Springs Follies (19 Uhr; www.psfollies.com). Dann auf ein spätes Abendessen ins Le Vallauris (385 W. Tahquitz Canyon Way, Tel. 1 760 3 25 50 59).

Vierter Tag

Vormittags
Wenn Sie im ⭐**Death Valley National Park** (unten; ➤ 166) übernachten, können Sie pünktlich zum Sonnenaufgang am **Zabriskie Point** sein – ein beeindruckendes Schauspiel. Ähnlich spektakulär ist anschließend die Fahrt durch den Twenty Mule Team Canyon zu Dante's View. Fahren Sie dann wieder nach Norden zur Furnace Creek Ranch, wo Sie ein ordentliches Frühstück oder Mittagessen bekommen.

Nachmittags
Fahren Sie erneut nach Süden, diesmal auf der Badwater Road bis nach Badwater. Halten Sie auf dem Rückweg an der Artists Palette und dem Golden Canyon. Zurück auf der Furnace Creek Ranch, können Sie zu Mittag essen. Dann geht es zu den Harmony Borax Works und den Sanddünen in der Nähe der Stovepipe Wells.

Abends
Essen Sie im Furnace Creek Inn (➤ 184) oder in der Furnace Creek Ranch (➤ 184).

San Diego und Südkalifornien

⭐ Death Valley National Park

In der frühen Morgensonne leuchten die Westhänge der kargen Panamint Mountains häufig in einem sanften Rot. Innerhalb einer Stunde schimmern sie dann in einem warmen Braun. Im Laufe des Tages werden die Farben immer intensiver. Dies ist eine passende Metapher für die trügerische Schönheit dieses Ortes, der an manchen Tagen der heißeste der Welt ist.

Furnace Creek, das Herz des Tals, besteht aus einer Ferienanlage, einigen nüchternen Unterkünften, einer Tankstelle, einem Lebensmittelladen sowie ein paar Restaurants. Eine Ausstellung im Besucherzentrum des National Park Service beschreibt die Geologie sowie die Flora und Fauna der Region. Von den Park Rangers können Sie Informationen und Karten zu längeren und kürzeren Wanderungen bekommen. Lesen und beachten Sie unbedingt die Warnhinweise!

Sonnenaufgang am Zabriskie Point

Death Valley National Park

> **WISSENSWERTES**
> **Fläche:** 1,32 Mio. ha
> **Durchschnittlicher jährlicher Niederschlag:** weniger als 5 cm
> **Höchste gemessene Temperatur:** 57 °C in der Luft, 93 °C am Boden
> **Jährliche Besucher:** 1,2 Mio.
> **Höchster Punkt:** Telescope Peak (3367 m über dem Meeresspiegel)
> **Tiefster Punkt:** Badwater (86 m unter dem Meeresspiegel)

Am Südende von Furnace Creek führt vom Highway 190 eine Straße in südlicher Richtung zu drei Highlights: dem **Golden Canyon**, wo Sie eine kurze Wanderung mit dem Gelände vertraut machen wird; den vielfarbigen Felsen der **Artists Palette** und der Salzwüste von **Badwater**, mit 86 m unterhalb Meeresniveau der niedrigste Punkt der westlichen Hemisphäre. (Vom Parkplatz aus auf der anderen Seite der Badwater Road sehen Sie hügelaufwärts das Schild, das den Meeresspiegel markiert.)

Spektakuläre Panoramen

Weiter südlich (und östlich) von Furnace Creek passiert der Highway 190 den ruhigen und verlassenen **Zabriskie Point**. Die Gegend hier ist zumeist sandfarben, nur im Norden liegen einige rotbraune Hügel. Wo die Farben aufeinander treffen, sieht es aus, als ob sich Milchkaffee und Schokoladeneis vermischen. Ungefähr 1 Meile (1,6 km) weiter erstreckt sich der **Twenty Mule Team Canyon**. Er ist so schmal, dass man manchmal vom Auto aus die Wände berühren kann, wenn man auf dem unbefestigten Rundweg hier durchfährt. Nach einigen Meilen kommt eine Weggabelung. Der Highway 190 führt links weiter, und rechts geht die **Dante's View** Road ab, die sich 13,3 Meilen (21 km) bis auf eine Höhe von 1525 m hinaufwindet. Von Dante's View haben Sie einen großartigen Blick auf fast das gesamte Tal mit seinen aus weißen Salzseen aufragenden braunen Bergen.

Nördlich von Furnace Creek

Nördlich von Furnace Creek liegen neben dem Highway 190 die **Harmony Borax Works**, wo im 19. Jh. unter grauenhaften Bedingungen Borax gefördert und verarbeitet wurde. Etwas weiter nördlich, an Scotty's Castle vorbei, verändert schon der kleinste Windhauch die Form einer lange Dünenkette. Eine Kiesstraße zweigt zu einem

San Diego und Südkalifornien

BAEDEKER TIPP

- Trinken Sie viel Wasser (mind. 2–4 l pro Tag empfohlen, mehr bei viel Bewegung), um **Dehydrierung zu vermeiden**.
- Tanken Sie, bevor Sie ins Tal fahren. **Tankstellen sind hier selten**.
- Restaurants und Lebensmittelgeschäfte sind teuer. Wenn Sie aufs Geld achten müssen, sollten Sie in **Ridgecrest Ihre Kühlbox auffüllen** (▶181).
- Westlich der Dünen liegt **Stovepipe Wells**, ein kleiner Ort mit den grundlegenden Versorgungseinrichtungen, am Highway 190.
- In der Kleinstadt **Death Valley Junction**, südöstlich von Furnace Creek, wo die Highways 190 und 127 sich kreuzen, ist nicht viel los. Aber das dortige **Amargosa Opera House** (Tel. 1 760 8 52 44 41) zieht mit seinen amüsanten Vorführungen »getanzter Pantomime in einem Programm musikalischen Theaters« viele Besucher an.

Parkplatz ab, von dem aus Sie gut in die Dünen wandern können.

Die Kiesstraße verläuft am Parkplatz vorbei nach Norden zur Straße zu **Scotty's Castle** (Tel. 1 760 7 86 23 92). Biegen Sie links ab, wenn Sie auf diesem Weg gekommen sind. Das 60 Meilen (96 km) von Furnace Creek gelegene Schloss im spanischen Stil kann man nur im Rahmen von 50-minütigen Führungen besichtigen. Es wurde nach Walter E. Scott (»Death Valley Scotty«), einem berüchtigten Betrüger, benannt. Vor oder nach der Führung sollten Sie den nahen **Ubehebe Crater** (folgen Sie den Wegweisern) besuchen, das eindrucksvolle Resultat eines Vulkanausbruchs vor 1000 Jahren.

✚ 209 F3 ✉ Highway 190 (östlich und nördlich von der US 395 auf Highway 178 und der Panamint Valley Road; östlich auf dem Highway 190)
☎ 1 760 7 86 32 00; www.nps.gov/deva
🎫 20 $ (pro Auto, Ticket eine Woche gültig)

Der östliche Eingang zum Death Valley National Park

⭐ San Diego Zoo

Der San Diego Zoo gilt als einer der besten der Welt. Er punktet mit einer Vielzahl an exotischen Tieren und großzügigen Gehegen für Nilpferde, Eisbären und Menschenaffen. Er präsentiert die Fauna des asiatischen Regenwaldes und farbenprächtige Vögel. Auf einem Plan, den man am Eingang erhält, ist auch vermerkt, wann besondere Vorführungen stattfinden.

Der 🏛 Zoo liegt zu beiden Seiten einer Schlucht, weshalb es teilweise steil bergauf geht. An den steilsten Stellen, etwa vom Gehege der Pandas aus wieder nach oben, befinden sich Rolltreppen.

Zebras und andere Tiere aus aller Welt begeistern Alt und Jung im San Diego Zoo

Im Tagesticket inbegriffen ist die 35-minütige **Guided Bus Tour**, die Ihnen einen guten Überblick über den Park verschafft. Sie dürfen während der Fahrt nicht aussteigen. Der Bus macht aber mehrere Pausen, sodass Sie manche Attraktionen dann schon gesehen haben und sich mehr Zeit für andere nehmen können.

Der Eintrittspreis gilt auch für den Express Bus, in den Sie nach Belieben ein- und aussteigen können. In beiden Bussen sitzt man besser rechts, so muss man seltener über andere Fahrgäste hinweggucken. Die **Skyfari**-Gondelbahn (im Ticket enthalten) überquert die Schlucht zwischen dem Zooeingang und dem Gehege der Eisbären.

KLEINE PAUSE

Albert's ist das beste der Cafés und Restaurants des Zoos (hier gibt's Meeresfrüchte, Steak, Pasta, Huhn, Salat), das **Front Street Café** (mexikanische und amerikanische Küche) und **Sydney's Grill** (Salat, Pasta, Sandwiches) sind auch gut.

➕ 210 B2 ✉ neben dem Park Boulevard, Balboa Park ☎ 1 619 2 31 11 55; zoo.sandiegozoo.org 🕐 tägl. geöffnet Ende Juni–Anfang Sept. 9–21 Uhr, Rest des Jahres kürzere, wechselnde Öffnungszeiten
🚌 Bus 7 💲 46 $

FÜR JUNGE ENTDECKER

Kunstprojekte, Vorstellungen und interaktive Exponate gibt's im 🏛 **New Children's Museum** of San Diego (200 W. Island Avenue, Tel. 1 619 2 33 87 92, www.thinkplaycreate.org, Mo, Mi-Sa 10–16 Uhr, So 12–16 Uhr; Bus: 4; Straßenbahn bis Convention Center West; Eintritt: 10 $).

San Diego und Südkalifornien

64 Harbour & old town

Die sonnige, zweitgrößte Stadt Kaliforniens spielte seit je in der Geschichte des Bundesstaats eine große Rolle. Spanische Mönche gründeten hier die erste der kalifornischen Missionen. Viele Besucher kommen nur wegen des Klimas und der Attraktionen, aber die Geschichte San Diegos hat mehr zu bieten.

Hafenimpressionen aus San Diego

Am **Embarcadero**, südlich der Ash Street auf dem N. Harbor Drive und dann in südöstlicher Richtung auf dem Harbor Drive zum San Diego Convention Center, reihen sich zahlreiche interessante Sehenswürdigkeiten aneinander.

Im **Maritime Museum of San Diego** kann man an Bord der *Star of India*, eines restaurierten Schiffs von 1863, das Leben auf See nachempfinden. Weiter nördlich liegt die *Berkeley*, eine reich geschmückte (beachten Sie die Buntglasfenster) dampfgetriebene Fähre aus dem Jahr 1898. In der Nähe liegt die USS *Midway*, wo das **San Diego Aircraft Carrier Museum** untergebracht ist. Hier erfahren Sie alles über Flugzeugträger und können das Kasino, die Kojen der Crew, das Bombenareal und mehr besichtigen. Von den Piers südlich des Museums starten die ein- und zweistündigen **Hafentouren**. Besser ist die längere Fahrt an Point Loma vorbei, da man mehr vom Hafen sieht. Hier starten auch die Fähren nach Coronado.

Harbour & old town

Seaport Village und Petco Park

Seaport Village ist ein schön angelegtes, lebhaftes Touristenstädtchen in reizvoller Umgebung mit Hafenpanorama, vielen verschiedenen Geschäften, Restaurants etc.

Petco Park, das Stadion des hiesigen Baseballteams, der San Diego Padres, wurde 2004 im Rahmen einer Neugestaltung der Innenstadt eröffnet. Hier finden des Öfteren auch Konzerte statt.

Das Gaslamp Quarter

Die Sanierung des aus dem 19. Jh. stammenden **Gaslamp Quarter** in San Diego ist eine der großen Erfolgsgeschichten des urbanen Amerika. Schmiedeeiserne und andere Gebäude, die schon abgerissen werden sollten, wurden in Geschäfte, Restaurants und Nachtclubs verwandelt. Die belebtesten Straßen sind die 4th und 5th Avenue zwischen der Market Street und dem Harbor Drive – hier geht man am besten am Abend hin (➤ 188). Aber auch tagsüber gibt es historische Sehenswürdigkeiten zu besuchen. Im **William Heath Davis House** (410 Island Avenue, an der 4th Avenue, Tel. 1 619 2 33 46 92) erhalten Sie hierüber Informationen. Rufen Sie vorher an, da die Öffnungszeiten wechseln.

MULTIKULTURELLE GARTENVIELFALT

Der **Alcazar Garden** und der **Japanese Friendship Garden** sind zwei friedliche Orte in der Nähe des El Prado. Im **Botanical Building**, einem großen Freiluftkomplex aus Redwood-Holz, wachsen tropische und subtropische Pflanzen (www.balboa park.org/in-the-park/Gardens).

KLEINE PAUSE

In der Bar des **U.S. Grant Hotel** (326 Broadway, www.usgrant.net) lässt es sich elegant einen Cocktail wie in alten Zeiten trinken.

🗺 210 B2

Maritime Museum of San Diego
✉ 1492 N. Harbor Drive, an der Ash Street ☎ 1 619 2 34 91 53; www.sdmaritime.org ⏲ tägl. 9–20 Uhr
🚌 Bus 7; Straßenbahn (Santa Fe Depot) 🎫 16 $

San Diego Aircraft Carrier Museum
✉ 910 N. Harbor Drive, am Navy Pier ☎ 1 619 5 44 96 00; www.midway.org
⏲ tägl. 10–17 Uhr 🚌 Bus 7, Straßenbahn (Santa Fe Depot) 🎫 20 $

Hafenrundfahrten ✉ Hornblower Cruises ✉ Navy Pier, 970 North Harbor Drive ☎ 1 619 6 86 87 00 oder 1 619 2 34 41 11; www.flagshipsd.com; San Diego Harbor Excursions
🚌 Bus 7/7A/7B, Straßenbahn (Santa Fe Depot) 🎫 4,25 $

Seaport Village
✉ Harbor Drive, vom Pacific Highway bis Market Place ☎ 1 619 2 35 40 14; www.seaportvillage.com 🚌 Bus 7; Straßenbahn (Seaport Village)

Gaslamp Quarter
✉ 4th, 5th und 6th Avenue zwischen Broadway und Harbor Drive, www.gaslampquarter.org 🚌 Bus 3, 5, 120; Straßenbahn (5th Avenue)

San Diego und Südkalifornien

⑥⑤ Balboa Park

Mit einer Fläche von 485 ha zählt der Balboa Park zu den größten Stadtparks der USA. Genießen lässt sich hier neben der herrlichen Natur auch Anspruchsvolleres: Die schöne Promenade El Prado ist gesäumt von Museen und weiteren kulturellen Einrichtungen.

Die meisten spanisch-maurischen Bauten am El Prado wurden 1915 bzw. 1936/37 anlässlich zweier internationaler Messen errichtet. In den Gewölbegängen, die viele der Gebäude miteinander verbinden, hängen Kronleuchter. Die Verzierung der Fassaden wie das muschelförmige Tor zum San Diego Museum of Art und die dazugehörenden Wappen, Gedenkmünzen und die Beschläge sind außergewöhnlich. Im **Balboa Park Visitor Center** bekommen Sie Karten und Veranstaltungskalender.

> **PASS NICHT VERGESSEN!**
> Mit dem **Passport to Balboa Park** können Sie ein Dutzend der Museen zu erheblich reduzierten Eintrittspreisen besuchen. Sie erhalten ihn im Besucherzentrum oder in den Museen, die an dieser Vereinbarung beteiligt sind.

Die besten Museen des Parks sind das **Mingei International Museum** (interessante Volkskunst), das **San Diego Air and Space Museum** und das **Reuben H. Fleet Science Center** (inklusive Omnimax-Kino mit Kuppeldach und cleveren interaktiven Exponaten). Das **San Diego Automotive Museum** zeigt fahrbare Untersätze – vom Ford T und frühen Prototypen bis hin zu Corvettes und aktuellen Rennwagen.

Drei Einrichtungen teilen sich die Casa de Balboa: Das **San Diego History Center** und das **Museum of Photographic Arts** und das **San Diego Model Railroad Museum**, in dem Eisenbahnclubs diverse Eisenbahnrouten aufgebaut haben. Die Sammlung im **San Diego Museum of Art** umfasst Gemälde der Renaissance, dem spanischen Barock sowie kalifornische Kunst. Das nahe gelegene **Timken Museum of Art** ist für seine Ikonen berühmt. Das **Centro Cultural de la Raza** am Park Boulevard südlich vom El Prado zeigt Werke lateinamerikanischer Künstler. Das **San Diego Museum of Man** konzentriert sich auf die Anthropologie des amerikanischen Südwestens und Lateinamerikas. Sie können es, ebenso wie das **San Diego Natural History Museum,** bei Zeitmangel auch auslassen. Das **San Diego Hall of Champions** ehrt lokale Sportler.

KLEINE PAUSE

Seaport Cookie Co. (813 West Harbor Drive, Tel. 1 619 2 31 87 87) bäckt die Cookies im ehemaligen Leuchtturm.

210 B2 ✉ Balboa Park, Park Boulevard (12th Avenue), neben Highway 163 oder I-5 ⏰ Park: 24 Stunden. Museen: unterschiedlich (einige Mo und/oder Di geschl.) 🚌 Bus 1, 3, 7B, 25, 120 💲 Park: frei

Balboa Park Visitor Center (House of Hospitality)
✉ 1549 El Prado ☎ 1 619 2 39 05 12; www.balboapark.org
⏰ tägl. 9.30–16.30 Uhr

66 La Jolla

Ob sich sein Name nun vom spanischen »joya« (Juwel) oder »hoyo« (Loch) ableitet, ist zwar umstritten, doch dies ist einer der schönsten Stadtteile San Diegos, mit in den Himmel ragenden Palmen und wahren Schmuckstücken von Häusern im mediterranen und Jugendstil.

Hoodoos am Strand von La Jolla

Eine schöne Wanderung können Sie von den **La Jolla Caves** aus machen (1325 Coast Boulevard, Tel. 1 858 4 59 07 46). Sie betreten hier einen Bungalow, bezahlen und gehen die 133 Treppenstufen in die Höhlen hinunter (der Rückweg ist steil). Eine Plattform am Fuß der Treppe gewährt Ausblicke auf das Meer und die Küste.

Wenden Sie sich nun nach Westen und laufen dann südwärts entlang der meist von Pelikanen bevölkerten Felsen. Wenn man bei Ebbe hierher kommt, kann man in den Prielen zwischen Fels und Seegras Krabben, Seeschnecken und anderes Getier beobachten.

Die Küste entlang

Südlich vom Ellen Scripps Browning Park, der an den La Jolla Cove angrenzenden Grünanlage, lässt sich die Küste weiter erkunden. Oder man begibt sich einen Block weit ins Landesinnere zum **Museum of Contemporary Art, San Diego**. Dessen postmoderne Architektur ist bemerkenswerter als die Kunstsammlung selbst, auch wenn bedeutende kalifornische Nachkriegskünstler vertreten sind. Mit der Zweigstelle im Stadtzentrum verfügt das **MCASD** über eine Ausstellungsfläche von 16 000 m².

La Jolla ist auch ein gutes Pflaster zum Einkaufen, vor allem die Prospect Street unweit des Museums und die Girard Ave-

---

DIE STRÄNDE

Wenn an einem sonnigen Tag die Hobbysegler in See stechen und sich Picknicker am Strand tummeln, ist der 1714 ha große 🏖 **Mission Bay Park** (Mission Bay Drive, neben der I-8) für Kinder und Erwachsene wunderschön. Rasante Achterbahnen und Karussells sorgen im nahe gelegenen **Belmont Park** (3146 Mission Boulevard, am West Mission Bay Drive, Tel. 1 858 2 28 92 83), der an den Sandstrand **Mission Beach** grenzt, für Abwechslung. Nördlich davon liegt der Pacific Beach, wo das **Crystal Pier** (Garnet Avenue, westlich vom Mission Boulevard) so weit in den Ozean hineinragt, dass man Surfer – ganz ungewohnt – von hinten sieht (Bus: 8/9, 27, 30).

San Diego und Südkalifornien

nue. Hier findet man Dutzende Antiquitätenläden, Kunstgalerien, Juweliere, Boutiquen und Spezialitätengeschäfte.

Nördlich von der Prospect Street kommen Sie über die Torrey Pines Road und den La Jolla Shores Drive zur Avenida de la Playa und La Jolla Shores Beach, dem Sandstrand unter Palmen, einer wahren Postkartenidylle.

Windansea Beach mit seiner heftigen Brandung ist ein Treffpunkt der Surfer, jedoch nichts für Anfänger (die sind in La Jolla Shores besser aufgehoben).

Bei der La Jolla Historical Society (7846 Eads Avenue, Tel. 1 858 4 59 53 35) erhält man den Plan für einen anderthalbstündigen **Rundgang** durch den Ort, mit historischen Gebäuden und anderen Sehenswürdigkeiten.

KLEINE PAUSE

Im **Brockton Villa Restaurant** (1235 Coast Boulevard, Tel. 1 858 4 54 73 93) kann man wunderbar zum Lunchen oder Brunchen einkehren, hoch über den Felsen und dem La Jolla Cove. Alternativ empfiehlt sich ein Cocktail in der Bar des **La Valencia Hotel** (1132 Prospect Street) aus dem Jahr 1926, ebenfalls mit Panoramablick. Hier oder im nahen **George's at the Cove** (▶ 185) mit seiner guten Küche erhascht man oft einen Blick auf einen Schwarm Delfine.

✚ 210 B2 ✉ vom Stadtzentrum San Diegos aus die I-5 nach Norden, die Ardath Road nach Westen, dann in die Torrey Pines Road (nach Süden zum Coast Boulevard, nördlich zu den La Jolla Shores) 🚌 Bus 30, 34/34A

La Jolla Visitor Information Center
✉ 1162 Prospect Drive ☎ 1 858 4 54 57 18, www.lajollabythesea.com
🕐 Di–So 10–17, im Sommer tägl. 10–18 Uhr

Museum of Contemporary Art (MCASD), San Diego
✉ 700 Prospect Street (La Jolla) und 1100 Kettner Boulevard
☎ 1 858 4 54 35 41; www.mcasd.org
🕐 Do–Di 11–17; jeden dritten Do 17–19 Uhr freier Eintritt 💲 10 $

Möwen auf den Felsen am Windansea Beach

67 Palm Springs

Wenn es in San Diego oder Los Angeles wolkig ist oder wenn Südkalifornier ausspannen wollen, denken sie an Palm Springs. »Perfektes Klima, wundervolle Landschaft, reine Bergluft«, so warb 1887 eine Zeitungsanzeige für den Ort, der für eine kurze Zeit Palm Valley hieß. Die Berg- und Wüstenluft hat seitdem wohl einiges an Unberührtheit eingebüßt, aber das Klima ist, außer im extrem heißen Sommer, sehr angenehm und die Landschaft spektakulär.

Die Seilbahn Aerial Tramway in den San Jacinto Mountains

Palm Springs ist das Herz des **Coachella Valley** und liegt an dessen Westrand. Im Tal leben das ganze Jahr gut 0,5 Mio. Menschen. Im Winter kommen noch 100 000 Menschen hinzu. Die meisten Superreichen residieren in **Rancho Mirage**, **Palm Desert** und **La Quinta**, alle am Highway 111 östlich von Palm Springs. Weitere Städte im Tal sind das Erholungsgebiet **Desert Hot Springs**, das relativ lockere **Cathedral City** und **Indio**. Der Südeingang des Joshua Tree National Park (▶ 177) liegt 40 km östlich von Indio, das wiederum 35 km von Palm Springs entfernt ist.

Eldorado der Elite

In den 1920er- und 1930er-Jahren entwickelte sich Palm Springs zu einem Refugium für Hollywoods Elite. Schauspieler, Regisseure und Produzenten spannten im La Quinta Hotel (heute La Quinta Resort & Club) und im El Mirador Hotel aus und spielten im Raquet Club Tennis. Radiostars wie Jack Benny übertrugen ihre Shows manchmal aus ihrem Urlaubsparadies.

Lokalen Erhebungen zufolge ist Shoppen die beliebteste Beschäftigung der Touristen im Gebiet von Palm Springs. Der **Palm Canyon Drive** in Palm Springs, El Paseo in Palm Desert (der The-Gardens-Komplex, **73–585 El Paseo**, ist

San Diego und Südkalifornien

Josua-Palmlilie *(Yucca brevifolia)* im gleichnamigen Nationalpark

ein guter Ausgangspunkt) und die **Desert Hills Premium Outlets** (48-400 Seminole Drive, neben der I-10, Tel. 1 951 8 49 66 41, www.premiumoutlets.com) in Cabazon sind die drei wichtigsten Shoppingparadiese.

Dazu beschäftigt man sich hier gern mit Golf, entspannt sich am Pool oder lässt sich in einem der Wellnesshotels verwöhnen. Das **Tahquitz Creek Palm Springs Golf Resort** (1885 Golf Club Drive, Tel. 1 760 3 28 10 05, www.tahquitz golfresort.com) hat einen öffentlichen Golfplatz. Das noch einigermaßen günstige **Spa Resort Casino** (401 East Armado Road, Tel. 1 800 8 54 12 79, www.sparesortcasino.com) und das exklusivere **Spa La Quinta** (La Quinta Resort & Club, 49–499 Eisenhower Drive, La Quinta, Tel. 1 760 5 64 41 11, www.laquintaresort.com) laden zum Regenerieren ein.

Highlights

Die rotierenden Kabinen der **Palm Springs Aerial Tramway** sorgen für eine aufregende Fahrt zum knapp 3300 m hohen Mount San Jacinto. An manchen Stellen zwischen der Talstation (805 m) und der Bergstation (2591 m) schwingt die Gondel mitten zwischen massiven grauen Granitblöcken von gigantischen Ausmaßen. Die Wüste geht in eine alpine Bergwelt über, und die Temperatur fällt um 22 °C. Hier kann man wandern und picknicken.

Das schöne **Palm Springs Art Museum** am Museum Drive bietet einen guten Einstieg in die Geschichte der Wüste und ihrer Bewohner. Im Erdgeschoss befindet sich indianische Kunst, im Dachgeschoss amerikanische Nachkriegskunst.

Kakteen, Agaven und andere Wüstenpflanzen gedeihen im überwucherten **Moorten Botanical Garden** am S. Palm Canyon Drive. Den Palm Canyon, den prächtigsten der **Indian Canyons** (Indian Canyon Drive, 5 km südlich vom E. Palm Canyon Drive, Informationen zu Führungen: Tel. 1 760 3 23 60 18 oder www.theindiancanyons.com), säumen hohe Palmen. Bei einer Canyonwanderung können

Palm Springs

Sie Petroglyphen entdecken und Plätze, wo Indianer ihre Nahrung zubereitet haben. Am leichtesten als solche zu identifizieren, sind die glatten Einbuchtungen in den Felsen, wo Eicheln zu Mehl zerstampft wurden.

Der 485 ha große **Living Desert Zoo & Garden** an der Portola Avenue, nördlich vom Highway 111, bietet eindrucksvollen exotischen Spezies der ganzen Welt eine Heimat.

Der **Joshua Tree National Park** erstreckt sich an der Grenze der Colorado- und Mojave-Wüste, deren Hochebene das interessantere Terrain bildet, mit markanten Felsen als Kulisse für Kakteen, Josua-Palmlilien und andere Sukkulenten.

KLEINE PAUSE

Essen Sie im legeren **Hair of the Dog English Pub** (238 N. Palm Canyon Drive, Palm Springs, Tel. 1 760 3 23 98 09) einen Snack. In Palm Desert können Sie das **Café des Beaux Arts** (73–640 El Paseo, Tel. 1 760 3 46 06 69) testen.

Palm Springs
210 C2 ✉ Highway 111, neben der I-10 (110 Meilen – 177 km – von Los Angeles) ☎ Touristeninformation: 2901 N.Palm Canyon Drive, Tel. 1 760 7 78 84 18

Palm Springs Aerial Tramway
✉ Tramway Road, neben N. Palm Canyon Drive (an der San Rafael Road)
☎ 1 760 3 25 14 49 oder 1 888 5 15 87 26; www.pstramway.com
Mo–Fr 10–20 (letzte Talfahrt: 21.45 Uhr), Sa, So schon ab 8 Uhr
SunBus 24 (3 km zu Fuß bergauf zur Talstation) 24 $

Palm Springs Art Museum
✉ 101 Museum Drive ☎ 1 760 3 22 48 00; www.psmuseum.org
Di–Mi, Fr–So 10–17, Do 12–20 Uhr 12,50 $ (Do 16–20 Uhr: frei)

Moorten Botanical Garden
✉ 1701 S. Palm Canyon Drive ☎ 1 760 3 27 65 55;
http://moortenbotincalgarden.com tägl. 10–16 Uhr; Mi geschl. 4 $

Living Desert Zoo & Gardens
✉ 47–900 Portola Avenue, nördlich vom Highway 111 Palm Desert
☎ 1 760 3 46 56 94; www.livingdesert.org Juni–Sept. tägl. 8–13.30 (letzter Einlass: 13 Uhr); Okt.–Mai 9–17 (letzter Einlass: 16 Uhr) 17,25 $

Joshua Tree National Park
✉ Haupteingang: Utah Trail, neben Highway 62, Twentynine Palms
☎ 1 760 3 67 55 00; www.nps.gov/jotr 15 $ (pro Auto, Ticket eine Woche gültig)

BAEDEKER TIPP

- Wer kein Auto hat, ruft **Yellow Cab of the desert** (Tel. 1 760 3 40 82 94) oder nutzt die Buslinien der SunLine (Tel. 1 800 3 47 86 28, www.sunline.org).
- Donnerstagabends wird der S. Palm Canyon Drive zwischen Tahquitz Canyon Way und Baristo Road ein **Freiluftmarkt für Fußgänger** namens »Villagefest« mit Straßenmusik, Kunsthandwerk, Spezialitäten …

San Diego und Südkalifornien

Nach Lust und Laune!

Das Cabrillo National Monument

68 Cabrillo National Monument
Der Entdecker Juan Rodriguez Cabrillo ging 1542 vor Anker – nicht weit von dem heutigen Denkmal, das seinen Namen trägt. »Ein sehr guter, geschlossener Hafen«, lautete sein Kommentar zur Bucht von San Diego. Das Besucherzentrum informiert über die Geschichte. An klaren Tagen können Sie die Aussicht auf den Pazifik, San Diego, die Cuyamaca Mountains und sogar Mexiko genießen, im Winter ziehen Grauwale vorbei.
✚ 210 B2 ✉ 1800 Cabrillo Memorial Drive (Südende des Catalina Boulevard)
☎ 1 619 5 57 54 50; www.nps.gov/cabr/
⊙ tägl. 9–17 Uhr 🚌 Bus 84 💲 5 $ pro Auto

69 Coronado
Die 15-minütige Überfahrt nach Coronado ist ein kleiner netter Ausflug. Die Attraktionen sind die Häuser aus dem 19. Jh. im Hafenviertel, beispielsweise das Hotel Del Coronado, die Geschäfte und die kleinen Parks an der Orange Avenue sowie der Silver Strand State Beach. Am Fähranleger können Sie ein Fahrrad mieten, das Gelände ist zumeist flach.
✚ 210 B2 ☎ 1 619 4 37 87 88;
www.coronadovisitorcenter.com
🚌 Bus 901, 902, 903, 904

70 Old Town State Historic Park
Zwar finden viele Einheimische die Stadtgeschichte wenig ereignisreich, doch im farbenfrohen **Old Town State Historic Park** mit seinen Glanzstücken aus dem 19. Jh. wird sie zum Leben erweckt. Restaurierte oder nachgebaute Häuser säumen die unbefestigten Straßen am alten Stadtplatz. So bekommen Sie eine Vorstellung von der Vergangenheit, fühlen sich aber nicht wie im Museum.

Die *Old California Gazette* enthält eine gute Karte. Das **Robinson-Rose House**, mit Diorama und historischen Fotos der Altstadt, bietet sich als Startpunkt an. Gehen Sie nach Süden (d. h. nach rechts, wenn Sie wieder hinaustreten) zum nachgebauten **San Diego House** und dem Restaurant im ehemaligen **Commercial House** (auf der Karte U.S. House). Östlich liegt das sorgfältig sanierte **Racine & Laramie**, San Diegos erstes Zigarrengeschäft, das die 1870er-Jahre aufleben lässt und immer noch Zigarren verkauft.

Das schlichte Holzgebäude der **Mason Street School** von 1865 kuschelt sich hinter das **Brick Courthouse**. Das einzige Klassenzimmer ist original ausgestattet, sogar mit einem Verzeichnis, das je nach Vergehen eine unterschiedliche Zahl von Schlägen vorsieht. Apropos Folter: Wer ungern zum Zahnarzt geht, dürfte die Ausstellungsstücke im nahen **McKinstry Dentist Office** unerträglich finden.

Nördlich hiervon befindet sich die massige **Casa de Estudillo**. Mit ihren breiten, mit Rindsleder

Nach Lust und Laune!

zusammengebunden Deckenbalken, ist sie das größte erhaltene Lehmziegelgebäude aus der Mitte des 19. Jhs. in der Altstadt. Das Innere vermittelt einen Eindruck vom ehemaligen Leben einflussreicher Rancher-Familien. Auf der anderen Seite der Calhoun Street findet sich in den **Seeley Stables** eine exzellente Kutschensammlung.

Die Calhoun Street hinunter stoßen Sie hinter der **Casa de Bandini** auf den fröhlichen **Bazaar del Mundo**. Das Minieinkaufszentrum unter freiem Himmel in kräftigem Gelb, Rot und Orange bewahrt das mexikanische Erbe der Stadt.

Auf der Taylor Street nördlich und auf dem Presidio Drive nach Osten gelangen Sie zum **Presidio** (mit großartigem Blick auf das Stadtzentrum). In der ehemaligen Mission San Diego ist das **Junipero Serra Museum** mit seiner regionalen Kunstsammlung untergebracht.

🟩 210 B2 ✉ Old Town San Diego State Historic Park, begrenzt von Taylor, Juan, Twiggs und Congress Streets (Hauptparkplatz an der Twiggs Street) ☎ 1 619 2 20 54 22; www.parks.ca.gov/?page_id=663 🚌 Bus 8/9, 10, 14, 28, 30, 35, 44, 84, 105, 150 ✋ frei

71 SeaWorld

Wussten Sie, dass Pottwale bis zu einer Stunde den Atem anhalten können und dass Killerwale pfeilschnell unterwegs sind? Dies alles erfährt man in der beliebten San Diego SeaWorld, einem Freizeitpark, der seit 1964 Besucher mit dem Leben in der Unterwasserwelt vertraut macht. Besondere Attraktionen sind (neben Haien, Pinguinen und Eisbären) vor allem die Killerwal- und Delfin-Shows sowie die »Journey to Atlantis« und die »Shipwreck-Rapids«-Bootsfahrt: eine ansprechende Mischung aus Information und Unterhaltung, an Sommerabenden oft mit Feuerwerk.

🟩 210 B2 ✉ SeaWorld Drive, neben der I-5 (folgen Sie den Wegweisern), Mission Bay ☎ 1 619 2 26 39 01; www.seaworldparks.com/sandiego 🕐 unterschiedliche Öffnungszeiten, im Allgemeinen 10 Uhr – Sonnenuntergang (im Sommer später) 🚌 Bus 9, 27 ✋ 73 $

72 Mission Basilica San Diego de Alcalá

Diese Missionsstation wurde 1769 von Franziskanern in der Nähe der Altstadt gegründet, 1774 aber an ihren heutigen Standort verlegt. Prompt brannten Indianer die erste Kirche nieder, 1803 zerstörte ein Erdbeben die zweite. Die dritte verfiel immer mehr, bis im 20. Jh. die Restaurierung begann. Bemerkenswert sind der 14 m hohe *campanario* (Glockenturm), die

Besucher kommen den Schwertwalen im Aquarium ganz nahe

San Diego und Südkalifornien

Gärten (Rosen, Bougainvillea und einheimische Sukkulenten) und die Hauptkirche, die man so lang und eng baute, weil für die Balken keine größeren Bäume zur Verfügung standen.

210 B2 ✉ 10818 San Diego Mission Road ☎ 1 619 2 81 84 49; www.missionsandiego.com ⓘ tägl. 9–16.30 Uhr 🚌 Bus 13, Straßenbahn: Mission San Diego 💲 Spende

73 Torrey Pines

Weiter im Norden neben der Torrey Pines Road liegt Torrey Pines State Beach and Reserve (N. Torrey Pines Road, südlich der Carmel Valley Road, Tel. 1 858 7 55 20 63), wo Sie die vielen dort rastenden Zugvögel beobachten oder einfach am Strand entspannen können.

Nördlich von Torrey Pines lockt das **Birch Aquarium at Scripps** mit einem herrlichen Blick auf den Ozean und tollen Exponaten zur Meeresfauna und Ozeanografie.

Torrey Pines – der Name lässt Golfer-Herzen höher schlagen, ist es doch einer der landschaftlich schönsten Kurse Kaliforniens. Auch ohne Abschlag geht's hier schön zum Lunch mit Superblick.

210 B2 ✉ vom Stadtzentrum San Diegos aus die I-5 nach Norden, Ardath Road nach Westen, dann die Torrey Pines Road (nach Süden zum Coast Boulevard, nördlich zu den La Jolla Shores) 🚌 Bus 30, 34/34A

Birch Aquarium at Scripps
✉ 2300 Expedition Way ☎ 1 858 5 34 34 74; aquarium.ucsd.edu ⓘ tägl. 9–17 Uhr 💲 17 $

74 Legoland® California

Dieser Freizeitpark gründet sich auf den bekannten farbigen Baustein. Hier gibt es Karussells, Spiele, interaktive Attraktionen und vieles mehr für Kinder von zwei bis zehn Jahren.

210 B2 ✉ 1 Legoland Drive, von der I-5 in östlicher Richtung auf der Cannon Road, Carlsbad ☎ 1 760 9 18 53 46; www.california.legoland.com ⓘ tägl. 10–17 Uhr (im Sommer länger; erkundigen Sie sich telefonisch) 🚌 County Bus 321, 444 (vom Coaster-Zug) 💲 75 $

75 San Diego Zoo Safari Park

Der Großteil des 405 ha großen Geländes dieses Tierparks, der mit dem San Diego Zoo zusammenarbeitet, besteht aus sehr weitläufigen natürlichen Gehegen, die man auf einer 55-minütigen Bahnfahrt betrachten kann. Hier treffen Sie auf Nashörner, Giraffen und weniger bekannte Tiere, die fast wie in freier Wildbahn leben. Nahe dem Eingang kann man afrikanische Tiere aus der Nähe bewundern. Im Condor Ridge leben kalifornische Kondore, amerikanische Dickhornschafe und andere Tiere Nordamerikas.

210 B2 ✉ 15500 San Pasqual Valley Road, Escondido, Highway 78 (nehmen Sie die Ausfahrt Via Rancho Parkway östlich der I-15) ☎ 1 760 7 47 87 02; www.sdsafaripark.org ⓘ tägl. ab 9 Uhr, Schließungszeiten variieren 🚌 Bus 307 (nur Mo–Sa) 💲 42 $

76 Anza-Borrego Desert State Park

Fans von Offroadfahrzeugen und Wanderer lieben diese große Wüste an der Route im Hinterland von San Diego nach Palm Springs. Außer während der Blüte der Wildblumen, sechs Wochen von Ende Februar bis April (die Blütezeiten variieren von Jahr zu Jahr), lässt sich hier kaum eine Menschenseele blicken. Um manche Sehenswürdigkeiten zu besichtigen, benötigen Sie ein Fahrzeug mit Allradantrieb. Aber Sie können

Cholla Kakteen in Anza-Borrego

Die markanten Trona Pinnacles aus Kalkstein in der Mojave-Wüste

auch einfach durch den **Borrego Palm Canyon** wandern, eine Oase in dieser staubtrockenen Gegend. Holen Sie sich dafür Karten und Tipps im Besucherzentrum. Wer keine Lust auf Wandern hat, kann sich die Broschüre über die **Erosion Road** besorgen.

🕀 210 C2 ✉ Besucherzentrum: 200 Palm Canyon Drive, neben County Road S22, Borrego Springs ☎ 1 760 7 67 53 11
👣 Zugang frei

🔢 Mojave Desert

Die Mojave-Wüste umfasst den südlichen Teil des Death Valley National Park. Die an ihrer Westseite an der US 395 und dem Highway 178 gelegene Stadt **Ridgecrest** dient als Tor zum Park. Spätestens dort sollten Sie an einem der Geschäfte volltanken und sich mit Lebensmitteln sowie Wasser und Eis versorgen. Im Death Valley gibt es weniger Einkaufsmöglichkeiten und die Preise sind höher.

Vor Millionen von Jahren bedeckte Wasser große Teile des Gebiets um Ridgecrest. Dies dokumentieren die **Trona Pinnacles** (RM 143, neben Highway 178, 22 Meilen (35 km) östlich von Ridgecrest). Die vom Highway 178 abgehende Straße ist unbefestigt, aber fast immer befahrbar. Die Gipfel hat man auch schon in Sciencefiction-Filmen (so etwa in Star Trek V) als außerirdische Landschaften gesehen, aber in Wirklichkeit bildeten sie einmal den Grund eines Sees. Ähnlich verhält es sich mit den längst versiegten **Fossil Falls** (Highway 395, 20 Meilen (32 km) nördlich der Kreuzung Highway 14/US 395): Was heute eine staubtrockene Schlucht ist, wurde einst von einem Fluss geformt.

Das **Maturango Museum** dient gleichzeitig als Besucherzentrum. Es zeigt beeindruckende Exponate von längst ausgestorbenen tierischen Bewohnern und die Geschichte der menschlichen Besiedlung der Region. Im Frühling und Herbst ist es am Wochenende Ausgangspunkt faszinierender Führungen zum **Little Petroglyphs Canyon** (nur für US-Staatsangehörige) mit Felszeichnungen, die teilweise Tausende von Jahren alt sind.

Südlich von Ridgecrest, neben der US 395, liegt Randsburg, ein interessantes Bergwerksstädtchen mit alten Hütten. Fahren Sie dann auf der Red Rock-Randsburg Road nach Westen und Sie gelangen zum Südende des **Red Rock Canyon State Park** (Abbott Drive, neben Highway 14, Tel. 1 661 9 46 60 92), einem der Drehorte des Films *Jurassic Park*.

Weite Teile der östlichen Mojave-Wüste liegen innerhalb des **Mojave National Preserve**. Die Ranger im Kelso Depot Visitor Center versorgen Sie mit Lagekarten der hiesigen Sanddünen, Höhlen und anderer Naturwunder.
🕀 211 D4

Baumriesen im winterlichen Sequoia National Park

Maturango Museum
✉ 100 E. Las Flores Avenue, vom N. China Lake Boulevard ab ☎ 1 760 3 75 69 00; www.maturango.org 🕒 tägl. 10–17 Uhr 💰 5 $

Kelso Depot Visitor Center
✉ Kelbaker Road, 22 Meilen (35 km) nördlich der US 40 ☎ 1 760 2 52 61 08; www.nps.gov/moja 🕒 Fr–Di 9–17 Uhr

78 Sequoia & Kings Canyon Nationalparks

Diese beiden bewaldeten Nationalparks sind weniger stark frequentiert als der **Yosemite National Park**, jedoch ebenso schön. Im Grant Grove Visitor Center erfahren Sie alles über die Sehenswürdigkeiten des **Kings Canyon National Park**. Die Panoramastraße (im Winter geschl.) entlang Highway 180 durch die Gegend um Cedar Grove ist der Höhepunkt. Sie folgt den Biegungen des Südarms des Kings River durch üppiges Grün und dann trockeneres Gebiet, bevor sie in einer Sackgasse endet. Der Parkplatz, 3 Meilen (5 km) nördlich von Grant Grove Village am Highway 180, ist Ausgangspunkt für eine kurze Wanderung zu den **Roaring River Falls**. 1,5 Meilen (2,5 km) weiter windet sich ein Weg (1 Meile, 1,6 km) zur malerischen **Zumwalt Meadow**.

Der Generals Highway führt vom Kings Canyon nach Süden in den **Sequoia National Park**. Im Lodgepole Visitor Center finden Sie eine Ausstellung über beide Parks und können für die nahe **Crystal Cave** Tickets kaufen. Die »marmornen Räume« dieser Höhle können nur im Rahmen einer Führung (Mitte Mai bis Ende September) besichtigt werden.

Ranger führen Sie hier auch zu den Wiesengründen und Sequoias des Giant Forest und des **Moro Rock**, einer Granitformation, die sich dort 2050 m hoch steil über der Ebene erhebt.

✚ 209 E3/E4 ✉ Kings Canyon National Park, Highway 180; Sequoia National Park, Highway 198 und Generals Highway ☎ 1 559 5 65 33 41 (beide Parks); www.nps.gov/seki 💰 20 $ (pro Auto, Ticket gilt in beiden Parks für eine Woche)

Wohin zum ... Übernachten?

Preise
für eine Nacht im Doppelzimmer (ohne Steuern):
$ unter 100 $ $$ 100–175 $ $$$ über 175 $

SAN DIEGO

Blue Sea Beach Hotel $$
Wenn Sie vom Zimmer direkt an den Strand oder auf die Uferpromenade gehen wollen, gibt es nichts Besseres als dieses Motel am Pacific Beach. Achtung: der quirlige Strand und die lebhafte Uferpromenade sind nicht gerade ruhig! Ungefähr die Hälfte der Zimmer verfügt über Miniküchen.
✚ 210 B2 ✉ 707 Pacific Beach Drive, San Diego, CA 92109 ☎ 1 858 4 88 47 00 oder 1 800 2 58 37 32; www.blueseabeachhotel.com

Hotel del Coronado $$$
Im »Del«, der größten Ferienanlage der Westküste aus dem Jahre 1888, haben schon US-Präsidenten übernachtet. Es gibt zwei moderne Anbauten; die Zimmer im Hauptgebäude – einem Wunderwerk aus kunstvollem Dekor, Kuppeldächern, Veranden, einem Turm usw. – sind oft klein und ohne Klimaanlage. Großzügige Gemeinschaftsbereiche entschädigen dafür.
✚ 210 B2 ✉ 1500 Orange Avenue, Coronado, CA 92118 ☎ 1 619 4 35 66 11 oder 1 800 4 68 35 33; www.hoteldel.com

Hotel Indigo San Diego Gaslamp Quarter $$$
Erstes Hotel der Stadt mit LEED-Öko-Zertifikat, eröffnet 2009 im East Village nahe dem Gaslamp Quarter. Gleich in der Lobby wird man mit großformatigen Pflanzenbildern auf ein grünes Bewusstsein eingestimmt, um dann einen begrünten Dachgarten und ermäßigte Parkgebühren für Wagen mit Hybrid-Motor zu genießen. Viel Grünes vom Dach begegnet einem in der Hotelküche wieder, und auch Haustiere erfreuen sich hier eines kostenlosen Aufenthalts. Von der Phi Terrace Bar im 9. Stock hat man eine schöne Sicht auf die City.
✚ 210 B2 ✉ 509 9th Avenue, San Diego, CA 92101 ☎ 1 619 7 27 40 00; www.hotelinsd.com

La Jolla Inn $$–$$$
Hotels in La Jolla sind häufig kostspielig. Aber dieses 23-Zimmer-Gasthaus bietet angesichts seiner Lage direkt am Strand und der malerischen Bucht von La Jolla ein gutes Preis-Leistungs-Verhältnis. Einige Zimmer haben Balkon mit wunderbarem Blick auf den Ozean. Sie können aber auch die Dachterrasse nutzen, wo Sie außerdem das im Preis inbegriffene kontinentale Frühstück vor toller Meereskulisse genießen können.
✚ 210 B2 ✉ 1110 Prospect Street, La Jolla, CA 92037 ☎ 1 858 4 54 01 33 oder 1 888 8 55 78 29; www.lajollainn.com

Paradise Point Resort & Spa $$$
Diese Ferienanlage auf einer 18 ha großen Insel im Mission Bay Park ist toll für Aktivurlauber. Es locken fünf Pools unter freiem Himmel, Heißwasserbäder und die hoteleigenen Sandstrände. Danach können Sie sich ein Kanu oder ein Ruderboot mieten, um die Bucht zu erkunden. Untergebracht sind Sie in hüttenähnlichen Zimmern.
✚ 210 B2 ✉ 1404 W. Vacation Road, San Diego, CA 92109 ☎ 1 858 2 74 46 30 oder 1 800 3 44 26 26; www.paradisepoint.com

San Diego und Südkalifornien

Sofia Hotel $$–$$$
Das Boutique-Hotel im Stadtzentrum mit seiner Gothic Revival-Architektur gehört zu den National Trust Historic Hotels of America. Jüngst renoviert, hat es saubere, moderne Zimmer mit Flachbild-TV, High-Speed-Internet und anderen Annehmlichkeiten, besonders für Geschäftsreisende. Gegenüber liegt die Horton Plaza, und zum Petco Park sind es nur wenige Schritte zu Fuß.
210 B2 ⊠ 150 W. Broadway, San Diego, CA 92101 ☎ 1 619 2 34 92 00 oder 1 800 8 26 00 09; http://thesofiahotel.com

PALM SPRINGS

Casa Cody Country Inn $$
Historisches Gasthaus aus den 1920er-Jahren, vor der Kulisse der San Jacinto Mountains. Viele der 28 Zimmer sind mit Kamin, Terrasse und Küche ausgestattet, alle haben freien Internet-Zugang (Frühstück im Preis inbegriffen). An Wochenenden sind zwei Übernachtungen obligatorisch.
210 C2 ⊠ 175 S Cahuilla Road, Palm Springs, CA 92262 ☎ 1 760 3 20 93 46; www.casacody.com

The Chateau at Lake La Quinta $$$
Ein französisches Château im Stil des 18. Jhs. mitten in der Wüste am Ufer eines künstlichen Sees wirkt eigenartig. Doch in diesem luxuriösen B & B geht es sehr stilvoll und zugleich gemütlich zu. Die Zimmer sind geschmackvoll und mit subtilem Flair nach Themen eingerichtet (z. B. »Don Quixote« und »Afrikasafari«). Der Service und das Frühstück sind ein Gedicht.
210 C2 ⊠ 78-120 Caleo Bay, La Quinta, CA 92253 ☎ 1 760 5 64 73 32 oder 1 888 2 26 45 46; www.thechateaulakelaquinta.com

Spa Resort Casino $$$
Das Hotel in Palm Springs liegt zentral und bietet alles, was das Herz begehrt: 228 Zimmer, ein kompletter Wellnessbereich mit Fitnesscenter und ein rund um die Uhr geöffnetes Kasino mit Automaten und Spieltischen. Im Hotel gibt es zudem eine Reihe Restaurants und die Cascade Lounge, wo regelmäßig Sänger und DJs auftreten. Nur ein paar Minuten entfernt befindet sich der Indian Canyons Golfplatz.
210 C2 ⊠ 100 N. Indian Canyon Drive, Palm Springs, CA 92262 ☎ 1 800 8 54 12 79; www.sparesortcasino.com

The Westin Mission Hills Resort & Spa $$$
Auf dem 145 ha großen Anwesen wird der Gast rundum verwöhnt: Unter allen erdenkbaren Annehmlichkeiten erwarten ihn zwei anspruchsvolle Golf-Kurse (am besten schon vor dem Aufenthalt buchen), Spa und Wellnesscenter, drei Swimmingpools, sieben beleuchtete Tennisplätze und ein Kinder-Club. In den Gebäude im spanisch-maurischen Stil verteilen sich 472 großzügige Zimmer mit Terrasse und »Heavenly Bed« (eine eigene Luxusbettmarke), außerdem 30 Luxus-Suiten und mehrere Restaurants.
210 C2 ⊠ 71333 Dinah Shore Drive, Rancho Mirage, CA 92270 ☎ 1 760 3 28 59 55 oder 1 877 2 53 00 41; www.westinmissionhills.com

DEATH VALLEY

Furnace Creek Inn and Ranch Resort $$–$$$
Der Reiz dieser Anlage besteht in der Mixtur aus Geschichte, Rustikalität und lockerer Eleganz. Sanfte Farben, sich im Wind wiegende Palmen, Gärten, ein von einer Quelle gespeister Pool und aufmerksames Personal sorgen trotz der Temperaturen für gute Stimmung. Alle Zimmer sind modern, aber nicht übertrieben eingerichtet. Die nahe gelegene Ranch bietet günstigere Unterkunftsmöglichkeiten im Stil eines Motels.
209 F3 ⊠ Highway 190, Death Valley National Park, CA 92328 ☎ 1 760 7 86 23 45; www.furnacecreekresort.com
Ⓜ Mitte Mai–Okt geschl.

Wohin zum ...
Essen und Trinken?

Preise
für ein Hauptgericht (abends):
$ bis 10 $ $$ bis 25 $ $$$ über 25 $

SAN DIEGO & UMGEBUNG

Candelas $$$
Fast clubartig ist die Atmosphäre in diesem mexikanischen Lokal im Gaslamp District und die Küche ist ausgezeichnet: Ein Erlebnis schon ist die Schwarze Bohnencremesuppe (mit mexikanischem Bier gekocht) oder die Poblano-Chile-Creme-Suppe mit halbem Hummerschwanz. Als Hauptgerichte werden vorwiegend Meeresfrüchte und Steaks serviert. In der Lounge nebenan gibt es Donnerstag- bis Samstagabend Livemusik.
✚ 210 B2 ✉ 416 Third Avenue, San Diego
☎ 1 619 7 02 44 55; www.candelas-sd.com
🕐 abends: tägl. 17–23; Bar 17–1.40 Uhr

Casa Guadalajara $–$$
Mexikaner in der Altstadt (unter der Regie der Bazaar del Mundo-Läden) mit Tex-Mex-Kost und Super-Margaritas. Am Wochenende kann man auch frühstücken in diesem etwas touristischen Lokal (in dem eine *Mariachi*-Band lärmt), wo es immer gesteckt voll und lebhaft ist. Außer im farbenprächtigen Restaurant wird auch im hübschen Innenhof serviert. Besser einen Tisch reservieren, vor allem am Wochenende.
✚ 210 B2 ✉ 4105 Taylor Street, San Diego
☎ 1 619 2 95 51 11; www.casaguadalajara.com
🕐 Mo–Do 11–22, Fr 11–23, Sa, So 8–22 Uhr

Chez Loma $$$
Das Chez Loma in Coronado liegt in einem 1889 erbauten Haus und serviert seit drei Jahrzehnten romantische Dinner. Die europäische Karte mit kreativen Zubereitungen von Fisch, Lamm, Ente und genialen Nachspeisen wechselt je nach Saison. Es geht ruhig, intim, aber nicht zu formell zu. Sie können sich leger kleiden, die meisten Gäste kommen eher elegant. Es gibt eine kleine Bar und eine exzellente Weinkarte.
✚ 210 B2 ✉ 1132 Loma Avenue, Coronado
☎ 1 619 4 35 06 61; www.chezloma.com
🕐 abends So–Mi 17–20.30, Do–Sa 17–21; Brunch Fr–So 9.30–14 Uhr

The Fish Market $$
In der Nähe der Kirmes und der Rennbahn von Del Mar gelegenes, günstiges und legeres Fischlokal. Auf der Karte stehen Austern, Fischsuppe, geräucherter Fisch, Sashimi und Sushi, Fish & Chips, Meeresfrüchte-Cocktail, gedämpfte Schalentiere, sogar Huhn und Steak. Das Hauptrestaurant liegt am North Harbor Drive 750 in San Diego.
✚ 210 B2 ✉ 640 Via De La Valle, Solana Beach ☎ 1 858 7 55 22 77; www.thefishmarket.com
🕐 So–Do 11–21.30, Fr–Sa 11–22 Uhr

George's at the Cove $$–$$$
Im ersten Stock befindet sich ein Speisesaal mit Panoramafenstern auf die Bucht von La Jolla. Am Wochenende muss man hier reservieren. Die Dachterrasse bietet einen tollen Blick auf den Ozean, ist etwas legerer und nimmt keine Reservierungen an; an warmen Abenden muss man etwas warten. Hervorragende kalifornische Küche.
✚ 210 B2 ✉ 1250 Prospect Street, La Jolla
☎ 1 858 4 54 42 44; www.georgesatthecove.com
🕐 Speisesaal tägl. 17.30–22 Uhr; Terrasse tägl. 11–22 Uhr

San Diego und Südkalifornien

Nine-Ten $$$
Der Meerblick, die schicke Umgebung und die ausgezeichnete kalifornische Küche ziehen Einheimische und Touristen an. Suppen, Meeresfrüchte und Gourmetkäse sind kulinarische Highlights, ebenso die erstklassige Weinkarte. Das Probiermenü bereitet der Chefkoch persönlich zu.
🞣 210 B2 ✉ 910 Prospect Street, La Jolla ☎ 1 858 9 64 54 00; www.nine-ten.com
🕘 Mo–Sa 6.30–14.30, So 7.30–14.30; abends So–Do 17.30–21 Uhr

100 Wines $$
In dem beliebten Restaurant in Hillcrest wird amerikanisch-französisch-spanische Küche serviert. Dazu gibt es – nomen est omen – viele gute Weine. Unüblich, aber kommunikativ: Die Gäste teilen die Tische mit anderen Gästen.
🞣 210 B2 ✉ 1027 University Avenue, San Diego ☎ 1 619 4 91 01 00; www.cohnrestaurants.com/100wines
🕘 abends So–Do ab 17, Fr/Sa ab 16, Sonntagsbrunch 10–14 Uhr

PALM SPRINGS

Billy Reed's $$
Seit 1975 in Palm Springs ein Renner bei Einheimischen und Touristen, mit einer viktorianischen Einrichtung, deren Pomp allerdings nicht ganz zu der eher einfachen Küche passt. Frühstück und Lunch werden ganztägig in großzügigen Portionen serviert. In der Cocktail Lounge lockt an manchen Abenden ein DJ zum Tanz.
🞣 210 C2 ✉ 1800 N. Palm Canyon Drive, Palm Springs ☎ 1 760 3 25 19 46; www.billyreedspalmsprings.com
🕘 tägl. 8–21 Uhr

Shame on the Moon $$–$$$
Der ungewöhnliche Name stammt von einem alten, von Bob Seger neu interpretierten Song. Die elegante, leichte Ausstattung, der aufmerksame, aber nie hektische Service, das sorgfältig zubereitete Essen und die bemerkenswert zivilen Preise in diesem stilvollen Lokal in Rancho Mirage strahlen ebenfalls Harmonie aus. Die Karte mit Nudel- und Meeresfrüchtegerichten und Ente wechselt saisonal. Die Vorspeisen, Suppen und himmlischen hausgemachten Desserts sind einen Blick wert; Spezialität des Küchenchefs ist die sautierte Kalbsleber.
🞣 210 C2 ✉ 69-950 Frank Sinatra Drive, Rancho Mirage ☎ 1 760 3 24 55 15; www.shameonthemoon.com 🕘 tägl. ab 17 Uhr

Le Vallauris $$$
Alteingesessenes, renommiertes französisches Restaurant mit kreativer Assimilation der California-Cuisine in der Zubereitung von Lamm, Kalb, Rind und Fisch. Hier lässt es sich romantisch und stilvoll speisen, samt entspannendem Drink in der Piano Lounge. Lockerer geht es beim Lunch und Sonntagsbrunch zu, besonders im schönen Innenhof. Hier waren schon eine Menge Prominenter zu Gast, wie Frank Sinatra und Präsident Ford.
🞣 210 C2 ✉ 385 W. Tahquitz Canyon Way, Palm Springs ☎ 1 760 3 25 50 59; www.levallauris.com 🕘 mittags: tägl. 11.30–14.30; abends: 17–22.30 Uhr

DEATH VALLEY

Furnace Creek Inn Dining Room $$$
Dieses Restaurant ist das förmlichste im Death Valley und bringt einen Hauch Nouvelle Cuisine in die Oase. Bergarbeiter und Wüstenratten wären entsetzt gewesen, geschmorten Thunfisch oder Lachs in Sesamkruste auf einer Karte zu sehen, wo es ein Klapperschlangeneintopf auch täte. Die saisonalen Gerichte werden Sie vergessen lassen, wie seltsam es ist, in dieser abgelegenen Gegend frischen Fisch und Gemüse zu bekommen.
🞣 209 F3 ✉ Highway 190, Death Valley National Park ☎ 1 760 7 86 33 85; www.furnacecreekresort.com
🕘 Mitte Okt.–Mitte Mai von morgens bis abends geöffnet, Reservierung empfohlen

Wohin zum ... Einkaufen?

In Südkalifornien werden viele interessante Waren geboten, etwa Antiquitäten und Wüstendatteln. San Diego und die Region um Palm Springs sind die bedeutendsten Einkaufsregionen.

SAN DIEGO

In San Diego finden Sie Boutiquen und Spezialläden. Viele Einkaufszentren liegen im Gebiet des Mission Valley und des Hotel Circle. **Fashion Valley** (7007 Friars Road, Tel. 1 619 6 88 91 13) und **Westfield Mission Valley Shopping Mall** (1640 Camino del Rio North, Tel. 1 619 2 96 63 75, http://westfield.com/missionvalley) sind die beiden größten. Das interessanteste der Innenstadt ist **Westfield Horton Plaza** (zwischen Broadway, G Street, 1st und 4th Avenue, Tel. 1 619 2 39 81 80, http://westfield.com/hortonplaza). Auf mehreren Etagen finden Sie Kaufhäuser, Läden, Restaurants und Imbisse.

Im **Gaslamp Quarter** (zwischen 4th und 6th Avenue, Harbor Drive und Broadway) im Zentrum finden Sie Antiquitätengeschäfte und Kunstgalerien. **Seaport Village** Harbor Drive am Kettner Boulevard, Tel. 1 619 2 35 40 14, www.seaportvillage.com) im Hafenviertel ist ein vor allem für Touristen gedachtes Einkaufszentrum unter freiem Himmel, das einem alten Fischerdorf nachempfunden wurde. Auf dem plazaähnlichen **Bazaar del Mundo** (Juan Street und Taylor Street, Tel. 1 619 2 96 31 61, www.bazaardelmundo.com) in der Altstadt werden günstige mexikanische Volkskunst, Kunsthandwerk, Töpferwaren und Bekleidung angeboten. Im angesagten **Hillcrest** nördlich des Zentrums befinden sich Buch- und Musikgeschäfte und die meisten auf schwule Kunden ausgerichteten Läden.

In Coronado kann man die exklusiven Boutiquen an der Orange Avenue durchstöbern. Den **Ferry Landing Marketplace** (www.coronadoferrylandingshops.com) säumen mehr als zwei Dutzend Geschäfte. In La Jolla gibt es viele Boutiquen, v. a. rund um die Prospect Street.

PALM SPRINGS UND UMGEBUNG

In Palm Springs und Umgebung ist **Palm Desert** die beste Einkaufsmeile. Am El Paseo mit seinen Springbrunnen und Höfen im mediterranen Stil, reihen sich Boutiquen, Galerien, Kaufhäuser und Restaurants aneinander. Wenn es zu heiß wird, können Sie ins **Westfield Palm Desert Town Center** (http://westfield.com/palmdesert) ausweichen, ein großes Einkaufszentrum mit 150 Shops, Restaurants und Kinos.

In Palm Springs ist der **Palm Canyon Drive** die Haupteinkaufsstraße. Die Palm Springs Promenade bietet eine gute Auswahl eleganter Boutiquen und größerer Läden. **North Palm Canyon Drive** ist ein guter Ort, um nach Antiquitäten und Sammlerstücken zu suchen.

In **Thermal** und **Indio**, bei **Oasis Date Gardens** (59–111 Highway 111, Thermal, Tel. 1 760 3 99 56 65, www.oasisdate.com) und **Shields Date Garden** (80–225 Highway 111, Indio, Tel. 1 760 3 47 09 96, www.shieldsdategarden.com), gibt es Datteln zum sofortigen Verzehr, Dattel-Shakes (Eiscreme, Milch und Datteln) oder zum Mitnehmen.

In **Cabazon**, ein paar Meilen nordwestlich von Palm Springs, wird bei den **Desert Hills Premium Outlets** (48–400 Seminole Drive, Tel. 1 951 8 49 66 41, www.premiumoutlets.com/deserthills/) in mehr als 130 Geschäften und Factory-Outlets Kleidung zu reduzierten Preisen angeboten.

San Diego und Südkalifornien

Wohin zum ... Ausgehen?

Besonders die Gegend um San Diego und Palm Springs, bietet ein vitales Nachtleben, Outdoorakivitäten und Kultur. In San Diego finden Sie Veranstaltungstipps im San Diego Magazin (www.sandiegomagazine.com) oder im kostenlosen Wochenblatt *The Reader* (www.sandiegoreader.com). In Palm Springs informiert die Zeitschrift Palm Springs Life (www.palmspringslife.com) oder die Freitagsausgabe der Palm Desert Sun (www.mydesert.com). Unter 1 619 4 97 50 00 betreibt die San Diego Performing Arts League eine Bandansage zu Veranstaltungen. Dies ist auch die Nummer von Arts Tix, einem Ticketservice.

THEATER

San Diego
Bei **Arts Tix** (Broadway Circle, Horton Plaza, Tel. 1 619 4 97 50 00) erhalten Sie Tickets für Aufführungen am selben Tag zum halben Preis.

Im **Old Globe Theater** (Tel. 1 619 2 34 56 23, www.theoldglobe.org) im Balboa Park spielt eines der ältesten Ensembles Kaliforniens im Sommer Stücke von Shakespeare. Im **Marie Hitchcock Puppet Theatre** wird seit den 1940er-Jahren im Balboa Park Puppentheater für Kinder angeboten (Tel. 1 619 5 44 92 03, www.balboaparkpuppets.com). Das **La Jolla Playhouse**, das **Horton Grand Theatre**, **Coronado Playhouse** und das **Old Town Theatre** (www.cygnettheatre.com) sind zu empfehlen.

MUSIK UND NACHTLEBEN

San Diego
Im Gaslamp Quarter, vor allem an der 4th und 5th Avenue, findet sich die größte Konzentration an Bars und Nachtclubs. In der Gegend um den Pacific, den Mission und den Ocean Beach sind ebenfalls Nachtlokale angesiedelt. Die Clubs bieten Dance, Rock, Jazz oder Blues. Die University Avenue, Park Boulevard und 5th Avenue in Hillcrest sind das Zentrum des homosexuellen Nachtlebens.

La Jolla ist für seine Singlebars bekannt. Einige Tophotels in San Diego und Umgebung besitzen Pianobars. Die Spielzeit der im Civic Theatre beheimateten **San Diego Opera** (Tel. 1 619 5 33 70 00, www.sdopera.com) geht von Januar bis Mai.

Palm Springs
Das mit privaten Spenden am Leben gehaltene **Palm Canyon Theatre** (538 N. Palm Canyon Drive, Tel. 1 760 3 23 51 23, www.palmcanyontheatre.org) in Palm Springs bringt Aufführungen von Tourneetheatern und Musicalproduktionen auf die Bühne. Vorstellungen jeweils Donnerstag- bis Samstagabend sowie am Sonntagnachmittag. Das **McCallum Theater** (73–000 Fred Waring Drive, Palm Desert, Tel. 1 760 3 40 27 87, www.mccallumtheatre.com) und das **Annenberg Theater** (101 Museum Drive, Palm Springs, Tel. 1 760 3 25 44 90, www.psmuseum.org) spielen traditionellere Stücke.

SPORT

Die Gegend von Palm Springs ist vor allem für ihre zahlreichen **Golfplätze** bekannt – viele sind auch öffentlich. Außerdem kann man hier gut wandern, reiten, fischen und Fahrrad fahren.

San Diego zeichnet sich durch viele schöne **Badestrände** aus. Zu den größten und beliebtesten gehören Coronado, Mission, Ocean, Pacific und Silver Strand Beach. Die kleineren und abgeschiedeneren Strände sind die La Jolla Cove, die La Jolla Shores und der Torrey Pine State Beach.

Spaziergänge & Touren

1 Coast Highway 1 und Point Reyes National Seashore	190
2 Santa Barbara und der San Marcos Pass	193
3 Mulholland Drive	196

Spaziergänge & Touren

1 COAST HIGHWAY 1 UND POINT REYES NATIONAL SEASHORE
Tour

LÄNGE: 57 Meilen/91 km (einfach) **ZEIT:** 6–8 Stunden
START: Golden Gate Bridge (US 101 vom Doyle Drive abgehend)
✚ 206 B1 **ZIEL:** Point Reyes Lighthouse ✚ 206 B2

Diese Tour besticht durch eindrucksvolle Blicke – auf San Francisco, die Golden Gate, hohe Redwood-Wälder, ausgedehntes Ranchland und einen vom Wind geformten Abschnitt der Pazifikküste. Auf einer Landkarte sieht die Strecke kürzer aus, als sie ist. Sie werden für diese Tour fast einen ganzen Tag brauchen. Fahren Sie früh los und vergessen Sie Ihre Kamera nicht.

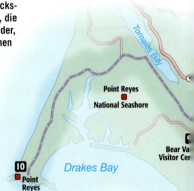

Coast Highway 1 und Point Reyes National Seashore

❶–❷
Fahren Sie die US 101 nach Norden über die **Golden Gate Bridge** (➤ 58). Halten Sie am Aussichtspunkt an ihrem Nordende, um die Stadtsilhouette von San Francisco zu bewundern.

❷–❸
Bleiben Sie auf der US 101 Nord bis zur Ausfahrt Mill Valley/Stinson Beach. Dort fahren Sie rechts ab. Unterqueren Sie die US 101 und biegen Sie scharf nach rechts ab. Sie passieren einige kleinere Einkaufszentren und biegen dann links auf den Highway 1. Fahren Sie den Highway 1 nach Westen und biegen Sie rechts auf den Panoramic Highway ein. Dann biegen Sie nach 1 Meile (1,6 km) nach links auf die Muir Woods Road ab und folgen den Wegweisern zum **Muir Woods National Monument** (➤ 66). Gehen Sie auf einem der kürzeren Wanderwege durch seine alten Redwoods.

> **Hinweise zur Planung:** Die Straße nach Muir Woods und zum Stinson Beach kann an sonnigen Wochenenden voll sein; das Point Reyes Lighthouse ist dienstags bis donnerstags geschlossen.

❸–❹
Fahren Sie auf der Muir Woods Road weiter nach Westen, bis sie auf den Highway 1 trifft, biegen Sie rechts ab, und fahren Sie etwa 7 Meilen (11 km) nach Norden zum **Stinson Beach**. Stellen Sie Ihren Wagen auf dem Parkplatz des Strands ab (direkt westlich vom Zentrum der Stadt).

❹–❺
Wenn Sie Stinson nun in nördlicher Richtung verlassen, kommen Sie an der **Bolinas Lagoon** vorbei, wo Sie höchstwahrscheinlich weiße Kraniche, Pelikane und Seelöwen sehen können.

Eine lange, steile Treppe führt von der windumtosten Küste hinunter zum Point Reyes Lighthouse

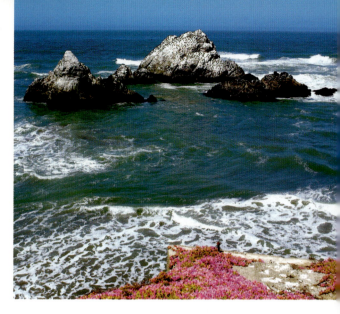

In der Golden Gate National Recreation Area

5–6

Nehmen Sie nach der Lagune die erste Abzweigung links, und biegen Sie nach einer kurzen Strecke wieder links auf die Olema-Bolinas Road ab. Biegen Sie am Stoppzeichen an der Horseshoe Hill Road wieder links ab. Auf diese Weise gelangen Sie in **Bolinas** kleines Geschäftsviertel mit dem Bolinas Coast Café, Smiley's Schooner Saloon und ein paar Galerien.

6–7

Verlassen Sie die Stadt auf der Olema-Bolinas Road nach Norden. Biegen Sie an der Mesa Road nach links, dann nochmal links auf den Overlook Drive ab und dann rechts auf die Elm Road (innerhalb von weniger als 2 Meilen/3 km). Nun können Sie bereits den Parkplatz des **Duxbury Reef** sehen, wo ziemlich viele Meerestiere in der Gezeitenzone leben.

7–8

Kehren Sie von Mesa auf die Olema-Bolinas Road zurück und biegen Sie links ab. Fahren Sie in nördlicher Richtung auf der Horseshoe Hill Road, die bald in den Highway 1 übergeht. Biegen Sie nach links ab und fahren Sie nach Norden nach **Olema**. Wenn Sie noch nicht in Bolinas zu Mittag gegessen haben, nehmen Sie im **Olema Farm House** (10005 Highway 1, Tel. 1 415 6 63 12 64) etwas zu sich. Die Austerngerichte hier sind fantastisch.

8–9

Einige Blocks weiter nördlich fahren Sie links auf die Bear Valley Road, die zum Bear Valley Visitor Center der **Point Reyes National Seashore** (▶66) führt.

9–10

Sie brauchen fast eine Stunde, um den Sir Francis Drake Boulevard erst in nördlicher und dann in westlicher Richtung bis zum Point Reyes Lighthouse zu fahren. Sie müssen mindestens eine halbe Stunde – besser noch eine Stunde – vor Schließung (16.30 Uhr) eintreffen. Die Szenerie lohnt den Weg aber auch ohne Turmbesichtigung. Eine einfachere, aber landschaftlich schöne Alternative wäre, den Sir Francis Drake Boulevard von der Küste aus nach Osten zu nehmen.

Santa Barbara und der San Marcos Pass

SANTA BARBARA UND DER SAN MARCOS PASS
Tour

LÄNGE: 51 Meilen/82 km (einfach) **ZEIT:** 3–5 Stunden
START: Mission Santa Barbara ✚ 208 C2
ZIEL: Solvang ✚ 208 C2

Auf dieser Tour werden Sie die Vielfalt und die Schönheit des Santa Barbara County schätzen lernen. Sie beginnt in den farbenfrohen Gebirgsausläufern von Santa Barbara und schlängelt sich am Wasser entlang. An einem alten Postkutschenpass verändert sich die Landschaft urplötzlich: Üppiges Grün wird zu fast leblosem Braun. Wenn Sie in das Weinbaugebiet des Santa Ynez Valley kommen, erscheint alles wieder freundlicher. Die letzte Überraschung ist das im dänischen Stil gehaltene Dorf Solvang.

Sie können diese Tour sogar in zwei Stunden bewältigen und haben immer noch genug Zeit für die Ausblicke und eine kleine Weinprobe. Während der ersten neun Stationen brauchen Sie in Santa Barbara nur auf die »Scenic-Drive«-Schilder zu achten.

Die Mission Santa Barbara

❶–❷
Folgen Sie von der **Mission Santa Barbara** (▶ 109) aus den »Scenic-Drive«-Schildern in östlicher Richtung auf dem Alameda Padre Serra. Halten Sie an einem kleinen **Aussichtspunkt** unmittelbar hinter dem Brooks Institute Jefferson-Campus.

❷–❸
In der Salinas Street erreicht die Alameda Padre Serra einen Kreisverkehr. Fahren Sie diesen etwa zu drei Vierteln und biegen Sie auf die Weiterführung der Alameda Padre Serra. Kurz darauf wird die Straße zur Alston Road. Folgen Sie dieser weiter nach Osten.

❸–❹
Bleiben Sie auf der Alston Road, bis Sie an der Olive Mill Road rechts abbiegen. Einige Blocks weiter südlich fahren Sie rechts auf die Coast Village Road. Im kleinen Geschäftsviertel von **Montecito** erwarten Sie Galerien, elegante Geschäfte und Cafés im Freien.

❹–❺
Flanieren Sie über die Coast Village Road oder fahren Sie weiter nach Westen zur Hot Springs Road, wo Sie links abbiegen und der Straße unter der US 101 hindurch und um die Südspitze des **Andree Clark Bird Refuge** (▶ 109) folgen.

❺–❻
Sie sind nun auf dem Cabrillo Boulevard, der in westlicher Richtung am von Palmen gesäumten Ufer entlang an **Stearns Wharf** (▶ 109) und dem **Santa Barbara Yacht Harbor** (▶ 110) vorbeiführt.

Spaziergänge & Touren

In der Region um Solvang dominiert der spanische Kolonialstil, eine große architektonische Überraschung

6–7
Wenn Sie den schmalen grünen **Shoreline Park** sehen können, befinden Sie sich auf einer Klippe auf dem Shoreline Drive. Vom Parkplatz genießen Sie die Sicht auf den Ozean.

7–8
Der Shoreline Drive mündet in die Meigs Road (biegen Sie rechts ab). Kurz darauf fahren Sie links auf den Cliff Drive, der zur exklusiven **Hope-Ranch**-Siedlung führt.

8–9
Wenn Sie weiterfahren, wird der Cliff Drive zunächst zum Marina Drive, dann zum Roble Drive, bevor er in den Las Palmas Drive übergeht (der nun nach Norden führt). Folgen Sie einfach den »Scenic-Drive«-Schildern zur State Street (unmittelbar, nachdem Sie die US 101 gequert haben). Sie sind nun auf der La Cumbre Road und verlassen den Scenic Drive.

9–10
Biegen Sie links auf die State Street und wenig später rechts auf den Highway 154 ab. Das Schild zeigt »San Marcos Pass/Lake Cachuma« an. Üppiges Grün geht bald in eintöniges Braun über, wenn Sie den **San Marcos Pass** überqueren.

10–11
Der Highway 154 schlängelt sich die Santa Ynez Mountains hinauf, bevor er steil zum **Lake Cachuma**

Santa Barbara und der San Marcos Pass

abfällt, der rasch ins Blickfeld gerät, sobald Sie den Berggipfel erreicht haben. Sie können auf der Abfahrt eine Pause einlegen, indem sie am Aussichtspunkt direkt hinter der Stagecoach Pass Road anhalten.

10–12

Bleiben Sie hinter der Kreuzung mit dem Highway 246 noch einige Meilen auf dem Highway 154. Biegen Sie (links, nach Süden) auf die Grand Avenue ab, die Hauptstraße von **Los Olivos**. Hier können Sie im **Panino** (2900 Grand Avenue, Tel. 1 805 6 88 93 04) tolle Snacks und Sandwiches oder im **Los Olivos Café** (2879 Grand Avenue, Tel. 1 805 6 88 72 65) ein Gourmetessen zu sich nehmen. Im **Los Olivos Tasting Room & Wine Shop** (2905 Grand Avenue, Tel. 1 805 6 88 74 06) können Sie einheimische Tropfen kosten und Lagekarten naher Weingüter mit Probierstuben bekommen.

12–13

Fahren Sie auf der Grand Avenue ein paar Blocks weiter nach Süden zur Alamo Pintado Road, die an Farmen und Ranches vorbeiführt. Hinter der **Quicksilver Ranch**, wo Miniaturpferde grasen (1555 Alamo Pintado Road, Tel. 1 805 6 86 40 02, Mo–Sa 10–15 Uhr, Eintritt frei), geht sie in den Highway 246 (Mission Drive) über. Biegen Sie rechts ab.

13–14

Nachdem Sie die **Mission Santa Inés** hinter sich gelassen haben, verändert sich der Architekturstil abrupt und spanische Elemente machen dänischen Platz, die auch das heitere **Solvang** prägen. Copenhagen Drive und die Alisal Road eignen sich toll zum Shoppen und für einen Snack.

14–15

Um nach Santa Barbara zurückzukehren, folgen Sie dem Mission Drive (Highway 246) nach Westen. Nehmen Sie die US 101 in südlicher Richtung. (Die Mission La Purísima Concepción, ▶ 20, liegt 20 Meilen (32 km) westlich vom Highway 246 und der US 101.)

Spaziergänge & Touren

3 MULHOLLAND DRIVE
Tour

LÄNGE: 77 Meilen/124 km (einfach) **ZEIT:** 3–5 Stunden
START: North Highland Avenue und Hollywood Boulevard ✚ 210 B3
ZIEL: Santa Monica ✚ 210 B3

Der Mulholland Drive, benannt nach William Mulholland, der die Wasserversorgung für Los Angeles stahl, naja, entwickelte, schlängelt sich von Hollywood bis zum Pazifik 55 Meilen (88 km) an den Santa Monica Mountains entlang. Diese spektakuläre Route ermöglicht Rundumblicke auf die besten (zerklüftete Schluchten, Anwesen von Filmstars, Kakteen und manchmal sogar Kojoten) und schlimmsten Seiten (verstopfte Autobahnen) von Los Angeles.

Einige der Richtungsangaben erscheinen seltsam, aber es lohnt sich. Hier ist die Kurzversion: den Mulholland Drive nach Westen, bis die befestigte Straße endet. Umfahren Sie diesen Abschnitt nördlich auf dem Encino Hills Drive und der Hayvenhurst Avenue bis zum Ventura Highway nach Westen. Am Topanga Canyon Boulevard fahren Sie nach Süden und zurück zum Mulholland Drive. Biegen Sie in westlicher Richtung (rechts) auf den Mulholland Drive. Wenn Sie den Mulholland Highway angezeigt sehen, fahren Sie auf diesem in südwestlicher Richtung nach Malibu.

❶–❷

Die erste Herausforderung besteht darin, den Anfang des Mulholland Drive zu finden. Fahren Sie auf der **Highland Avenue** am Hollywood Boulevard vorbei nach Norden. In der Nähe des Hollywood Freeway (US 101) vereint sich die Straße mit dem **Cahuenga Boulevard West** (auf dem Schild steht »Cahuenga Blvd West/Barham Blvd«), der sich an der Westseite der Autobahn zum Mulholland Drive schlängelt.
Hier biegen Sie links ab.

Mulholland Drive

(Wenn Sie auf dem Cahuenga Boulevard East östlich der Autobahn landen, keine Bange: Biegen Sie an der Lakeridge Road, im Bereich des Blocks 2700 des Cahuenga, rechts ab, unmittelbar bevor es so aussieht, als ob Sie auf die Autobahn fahren. Biegen Sie dann links zum Lakeridge Place ab, der sich links von einer Brücke dahinwindet, die über die US 101 führt. Ein Wegweiser zeigt Ihnen dann die kurze Strecke zum Mulholland Drive.)

Blick auf die Hollywood Hills vom Runyon Canyon Park am Mulholland Drive in Hollywood

2–3

Der Mulholland beginnt sofort seinen kurvenreichen Weg. Aber die erste Rast- und Fotopause bietet sich schon nach weniger als eine Meile am **Hollywood Bowl Overlook** an. Schilder informieren über William Mulholland, aber eigentlich geht es hier wie auch bei späteren Stopps um die Aussicht.

3–4

Dies ist der am stärksten befahrene Abschnitt des Mulholland. Hier schwirren Unmengen Stars und Normalsterbliche herum. Viele tolle Aussichtspunkte erwarten Sie. Kurz nach Mulholland 7701 stoßen Sie auf den **Universal City Overlook**, etwas später ist der Fryman Canyon Overlook einen Stopp wert. Ein Stück weiter am Bowmont Drive und gegenüber **Mullholland 13810** folgen weitere wunderschöne Aussichtspunkte.

4–5

Etwa zwei Meilen (3 km) westlich der 405 (San Diego Freeway) ist der Mulholland auf 7 Meilen (11 km) eine

Spaziergänge & Touren

Schotterpiste. (Sie können ein kleines Stück zu einem Überbleibsel des Kalten Krieges, der früheren San Vicente Nike Missile Site, fahren, aber ein Tor wird Sie schließlich stoppen.) Genießen Sie den **Ausblick aufs San Fernando Valley** am Anfang der Schotterpiste, folgen Sie dann der Asphaltstraße.

> Wenn Sie hungrig sind, biegen Sie an der Cross Creek Road links ab. Pausieren Sie im **Marmalade Café** (Tel. 1 310 3 17 42 42) oder in einem anderen Lokal in der Malibu Country Mart.

5–6
Jetzt sind Sie auf dem **Encino Hills Drive**. Dies ist Teil eines Umwegs durch das San Fernando Valley, der Sie auf den Mulholland zurückführt. Biegen Sie an der **Hayvenhurst Avenue** links ab.

6–7
Folgen Sie der Straße zum Ventura Boulevard. Biegen Sie nach Westen auf den Ventura ab und kurz darauf in Richtung Norden auf den Balboa Boulevard. Sie kommen auf die US 101, die nun **Ventura Freeway** heißt, und bleiben 5 Meilen (8 km) darauf. Am Topanga Canyon Boulevard (Highway 27) biegen Sie nach Süden ab.

7–8
Nach weniger als 1 Meile biegen Sie rechts auf den **Mulholland Drive**.

8–9
Nicht ganz 1 Meile später gelangen Sie zu einer Kreuzung. Der Topanga führt weiter nach Süden, der Mulholland Drive nach Nordwesten und der Mulholland Highway nach Südwesten. Sie nehmen den **Mulholland Highway**.

9–10
Der Mulholland Highway windet sich durch ein immer trostloser werdendes Gebiet nach Westen. Es sieht so sehr nach dem amerikanischen Westen des 19. Jhs. aus, dass die Paramount Pictures hier mehrere Western gedreht haben. Man baute sogar eine Kulissenstadt, die besichtigt werden kann. Hierfür biegen Sie rechts auf die Cornell Road und folgen den Wegweisern zur **Paramount Ranch**, die heute vom National Park Service betrieben wird. Wenn eine Tür in ihren rostigen Scharnieren quietscht, erwartet man, dass plötzlich Henry Fonda oder John Wayne auftauchen und sich zum Duell postieren.

10–11
Fahren Sie auf der Cornell Road zurück zum Mulholland Highway und biegen Sie rechts ab. Sie kommen an der Peter Strauss Ranch und den Rocky Oaks vorbei, beide mit Wanderwegen und Picknickmöglichkeiten. Brauntöne und gedämpftes Grün bestimmen die Region, die vor etwa 13–16 Mio. Jahren durch Vulkanausbrüche geformt wurde.

11–12
Direkt beim **Meilenstein 13.58** liegt ein Aussichtspunkt mit tollem Blick zurück zur Strauss Ranch und dem künstlichen Malibu Lake. Wenn Sie weiter zur Küste fahren, bemerken Sie, dass die Luft kühler und feuchter wird, ein Zeichen, dass Sie nach **Malibu** (➤ 145) kommen.

12–13
Der Mulholland Highway kreuzt am **Leo Carrillo State Beach** (➤ 145) den **Pacific Coast Highway** (PCH). Hier können Sie rasten und die Surfer bewundern.

13–14
Fahren Sie auf dem PCH in südlicher Richtung durch Malibus Geschäftsviertel. Fahren Sie weiter nach Süden und durch **Pacific Palisades** nach **Santa Monica** (➤ 146). Von hier aus führt Sie die I-10 zurück nach Los Angeles.

Praktisches

Reisevorbereitungen	200
Das Wichtigste vor Ort	202

Praktisches

REISEVORBEREITUNGEN

WICHTIGE PAPIERE

- ● Erforderlich
- ▲ Nicht erforderlich
- ○ Nicht gültig

	Deutschland	Österreich	Schweiz
Pass/Personalausweis	●	●	●
Visum	▲	▲	▲
Weiter- und Rückflugticket	●	●	●
Impfungen (Tetanus und Polio)	▲	▲	▲
Krankenversicherung (▶ 204, Gesundheit)	▲	▲	▲
Reiseversicherung	●	●	●
Führerschein (national; internationaler Führerschein empfohlen)	●	●	●
Kfz-Haftpflichtversicherung (Internationale Grüne Versicherungskarte)	○	○	○
Fahrzeugschein	○	○	○

REISEZEIT

Ort: Los Angeles

Hauptsaison — Nebensaison

JAN	FEB	MÄRZ	APRIL	MAI	JUNI	JULI	AUG	SEPT	OKT	NOV	DEZ
19°C	19°C	19°C	20°C	21°C	22°C	24°C	25°C	25°C	24°C	21°C	19°C

☀ sonnig — ⛅ wechselhaft — 🌧 regnerisch — ☁ bewölkt

Die Temperaturen bezeichnen die **durchschnittliche Tageshöchsttemperatur**. Die **durchschnittlichen Tagestiefsttemperaturen** liegen etwa 8–10 °C niedriger. In Kalifornien ist das Wetter von Region zu Region etwas anders. Im gesamten Bundesstaat sind der Frühling und der Herbst **gewöhnlich freundlich**, und in Palm Springs, Los Angeles und anderen Orten Südkaliforniens ist es selbst im Winter angenehm. Im Sommer erreichen die Temperaturen in den Küstenregionen 16–32 °C, in den Wüsten im Binnenland, im Central Valley und im Gold Country bis zu 38 °C. In San Francisco, Monterey und anderen Küstenstädten zieht im Sommer häufig **Nebel** auf und sorgt für Kühle. Die **regnerische Saison** in Kalifornien dauert normalerweise von November bis April.

INFORMATION VORAB

Websites

- Die offizielle kalifornische Website (mit Links zu San Francisco, L.A., San Diego und anderen Sites): www.visitcalifornia.com
- California State Parks: www.parks.ca.gov
- National Park Service: www.nps.gov
- www.magazinusa.com
- http://gocalifornia.about.com
- www.usatourist.com/deutsch

Praktisches

ANREISE

Mit dem Flugzeug: Kalifornien besitzt zwei bedeutende **Flughäfen**, San Francisco International (SFO) und Los Angeles (LAX). Beide werden von Europa aus angeflogen. Flüge aus Deutschland gehen oft über Frankfurt, können aber auch auf anderen europäischen Flughäfen zwischenlanden (z.B. in Heathrow, London, von Berlin aus Prag). Vom Westen Deutschlands aus kann man auch den Flughafen Amsterdam in Erwägung ziehen. Alle **Flughafengebühren** sind bereits im Preis des Flugtickets enthalten.
Mit dem Auto: Die Interstates 10, 15, 40 und 80 sind die Hauptverkehrsadern, über die Sie aus dem Osten des Landes nach Kalifornien gelangen; aus nördlicher Richtung sind dies die I-5 und US 101. Außer wenn anders angezeigt, können Sie an roten Ampeln rechts abbiegen, nachdem Sie angehalten haben. An Kreuzungen von drei oder vier Straßen, die alle mit Stoppschild versehen sind, fährt derjenige zuerst, der zuerst an der Kreuzung ist. Kinder unter acht Jahren und unter 145 cm Körpergröße müssen in einem Kindersitz sitzen, alle Passagiere müssen einen Sicherheitsgurt anlegen.
Mit Eisenbahn und Bus: Die Züge von Amtrak (Tel. 1 800 872 72 45; www.amtrak.com) halten in San Diego, Los Angeles, Santa Barbara, Emeryville (Shuttlebus nach San Francisco steht zur Verfügung), Sacramento und vielen anderen Städten. Beliebt sind die Überlandbusse der **Greyhound Lines** (Tel. 1 800 2 31 22 22; www.greyhound.com).

ZEIT

In Kalifornien gilt **Pacific Standard Time** (PST), die 9 Stunden hinter der Mitteleuropäischen Zeit (MEZ -9) liegt. Anfang März wird die Uhr für die Sommerzeit um eine Stunde vor- und Anfang November wieder zurückgestellt.

WÄHRUNG UND GELDWECHSEL

Währung: Der Dollar ist das gesetzliche Zahlungsmittel der USA. Ein Dollar besteht aus 100 Cent. **Geldscheine** (*bills*) sind als 1, 5, 10, 20, 50 und 100 Dollar im Umlauf. Achtung: Alle Banknoten sind grün und gleich groß! Es gibt **Münzen** (*coins*) zu 1 (*penny*), 5 (*nickel*), 10 (*dime*), 25 (*quarter*) und 50 (*half-dollar*) Cents sowie die 1-Dollar-Münze. Eingeführtes Bargeld über 10 000 $ muss deklariert werden. In US-Dollar ausgestellte **Reiseschecks** werden, ebenso wie **Kreditkarten** (Visa und Mastercard, etwas weniger geläufig sind Karten von Amex und Diners Club), von den meisten Geschäften akzeptiert. Unter der **Sperrnummer** Tel. 11 61 16 (für Deutschland, aus dem Ausland mit der Vorwahl 0049) kann man unterschiedliche elektronische Berechtigungen wie Kreditkarten, Online-Banking-Zugänge, Handykarten und die elektronische Identitätsfunktion des neuen Personalausweises bei Verlust sperren lassen. Für Österreich gilt die Tel. 0043 1 7 17 01 45 00. Die wichtigsten Notfallnummern für die Schweiz sind Tel. 0041 044 6 59 69 00 (Swisscard); 0041 044 8 28 35 01 (UBS Card Center); 0041 044 2 00 83 83 (VISECA); 0041 044 8 28 32 81 (Postfinance).
Geldwechsel: Banknoten aus anderen Ländern tauscht man am besten bei einer Bank in Dollar um. An Geldautomaten können Sie Geld von Ihrem Konto in Dollar abheben.

In den U.S.A.
■ California Division of Tourism
PO Box 1499
1555 Capitol Mall, Suite 1100
Sacramento, CA 95812

☎ 1 877 2 25 43 67 oder
1 916 4 44 44 29

In Deutschland
■ California Tourism Information Office

c/o Touristikdienst Truber
Schwarzwaldstraße 13
D-63811 Stockstadt
☎ 06027 40 11 08

Praktisches

DAS WICHTIGSTE VOR ORT

FEIERTAGE

1. Jan.	Neujahr
3. Mo im Jan.	Martin Luther King Day
3. Mo im Feb.	President's Day
März/April	Ostern
Letzter Mo im Mai	Memorial Day
4. Juli	Independence Day
1. Mo im Sept.	Labor Day
2. Mo im Okt.	Columbus Day
11. Nov.	Veterans' Day
4. Do im Nov.	Thanksgiving
25. Dez.	Weihnachten

Einige Geschäfte sind an Nationalfeiertagen geöffnet.

ELEKTRIZITÄT

Die Netzspannung beträgt 110–115 Volt (Wechselstrom). Für die Steckdosen benötigen Sie Stecker mit zwei Flachstiften (2 pin plug). Für Geräte mit zwei runden oder drei Stiften ist ein Adapter erforderlich. Europäische Geräte brauchen einen Spannungswandler.

ÖFFNUNGSZEITEN

○ Geschäfte
● Büros
● Banken
● Postämter
● Museen/Sehenswertes
● Apotheken

☐ tagsüber   ☐ mittags   ☐ abends

Geschäfte: Die meisten öffnen von 9–18/19, viele bis 21 Uhr.
Banken: Werktags zwischen 9/10 und 15/16 Uhr geöffnet, manche bis 18 Uhr.
Postämter: An Wochentagen von 8/8.30–17 oder 18 Uhr geöffnet. Samstags öffnen viele bis 13 Uhr.
Museen: Die meisten sind von 10–17/18 Uhr geöffnet, donnerstags und freitags oft länger.

TRINKGELD (GRATUITY)

Für alle **Dienstleistungen** wird ein **Trinkgeld** erwartet, als Richtlinie gilt:

Restaurant (Service nicht inkl.)	15–20 %
Barkeeper	15 %
Fremdenführer	nach Ermessen
Taxi	15 %
Zimmermädchen	1–5 $ pro Tag
Gepäckträger	1 $ pro Gepäckstück

RAUCHEN

Rauchverbot herrscht in geschlossenen Räumen, Restaurants, Bars, öffentlichen Verkehrsmitteln und Taxis, dazu im eigenen Fahrzeug sobald Minderjährige mitfahren sowie im Abstand von 6 m vor Eingängen zu öffentlichen Gebäuden.

ZEITUNTERSCHIED

← Kalifornien
3 Uhr

← New York (EST)
6 Uhr

← London (GMT)
11 Uhr

MEZ (Berlin)
12 Uhr

→ Sydney (AEST)
21 Uhr

Praktisches

IN KONTAKT BLEIBEN

Post: Unter »U.S. Government« finden Sie in den *White Pages* des örtlichen Telefonbuchs eine Liste der Posteinrichtungen. Briefkästen stehen an vielen Straßenecken, häufig in der Nähe von Abfallkörben.

Telefonieren: Die meisten öffentliche Telefone funktionieren nur noch bargeldlos mit Telefonkarte (phone card) oder Kreditkarte (credit card) Wenige Münzfernsprecher gibt es noch für Ortsgespräche. Bei Gesprächen innerhalb eines Telefonbezirks wählt man die »1« und nur die Teilnehmernummer. Innerhalb der USA wählt man die »1«, dann die Ortsvorwahl (area code) und die Teilnehmernummer. Für internationale Gespräche wählen Sie die 011 von privaten Anschlüssen und dann die Länderkennzahl, dann die Teilnehmernummer.

Deutschland: 49
Österreich: 43
Schweiz: 41

In öffentlichen Telefonen wählt man die »0«. Es meldet sich der Operator, der alle weiteren Anweisungen erteilt.

Mobiltelefon: Kalifornische Mobilfunkanbieter sind AT&T, Verizon, Sprint, T-Mobile und Metro PCS. Telefongespräche nach Europa können sehr teuer sein. Fragen Sie vor Reiseantritt ihren Anbieter nach den Roamingtarifen. In den USA lassen sich z. B. an den internationalen Flughäfen für die Reisezeit »Mobile Phones« mieten. Achtung: Das Bedienen eines Mobiltelefons während des Autofahrens ist verboten!

Wi-Fi und Internet: Das Internet ist in Kalifornien gut ausgebaut. Viele Hotels haben kostenlosen Netz-Zugang auf den Zimmern. In den Filialen von Starbucks können Sie unbegrenzt und umsonst surfen.

SICHERHEIT

In den meisten Touristengebieten Kaliforniens ist die Kriminalität kein Problem. In Städten aber sollte man vorsichtig sein:

- Tragen Sie nicht mehr Bargeld bei sich, als Sie benötigen. Lassen Sie Ihr übriges Geld und Wertstücke im Hotelsafe.
- Verriegeln Sie beim Autofahren alle Türen.
- Fahren Sie nur mit lizenzierten Taxen.
- Sollte es zu einem Übergriff kommen, geben Sie das Geld ohne zu zögern heraus.
- Meiden Sie unbekannte Stadtviertel und meiden Sie bei Dunkelheit Parks und dunkle Seitenstraßen.
- Seien Sie dennoch wachsam: In den Visitor Centern informiert man Sie, welche Gegenden gefährlich sind und besser gemieden werden sollten.
- Zeigen Sie Diebstahl oder Straßenraub bei der Polizei an, um einen Beleg für die Versicherung zu bekommen.

Polizei:
☎ 911 von jedem Telefon

POLIZEI	911
FEUERWEHR	911
KRANKENWAGEN/NOTARZT	911

Praktisches

GESUNDHEIT

Krankenversicherung: Medizinische Behandlungen erfolgen gegen Vorkasse oder direkte Bezahlung und können sehr teuer sein. Eine Reisekrankenversicherung unter Einschluss der USA wird unbedingt empfohlen – und eine Kreditkarte.

Zahnärzte: Ihre Auslandskrankenversicherung sollte auch zahnärztliche Behandlungen abdecken, die zwar leicht zu bekommen, aber teuer sind. Viele Zahnärzte akzeptieren Kreditkarten, aber die meisten ziehen Bargeld oder Reiseschecks vor.

Wetter: Im Sommer ist die Sonneneinwirkung recht stark. Sie sollten im gesamten Bundesstaat einen guten Sonnenschutz benutzen, längere Kleidung tragen und viel trinken.

Medikamente: Es gibt viele Apotheken, bei denen man Rezepte einlösen und nicht verschreibungspflichtige Medikamente kaufen kann. Wer regelmäßig Medikamente einnehmen muss, bringt die eigene Medizin und eine Rezeptkopie mit.

Trinkwasser: Sie können ohne Bedenken Leitungswasser trinken, ohne es abzukochen. Mineralwasser ist überall erhältlich.

ERMÄSSIGUNGEN

Studenten/Kinder: Inhaber eines Internationalen Studentenausweises (ISIC) erhalten bei vielen Attraktionen eine Ermäßigung. Kinder unter drei Jahren haben grundsätzlich freien Eintritt. Ermäßigte Eintrittskarten sind normalerweise für Kinder bis 12 erhältlich. Teenager müssen häufig den vollen Preis zahlen.

Senioren: Senioren erhalten bei vielen Dienstleistungen und Sehenswürdigkeiten sowie während der Nebensaison in Hotels häufig Ermäßigungen. Das entsprechende Mindestalter variiert zwischen 55 und 65 Jahren. Fragen Sie vorab nach dieser Ermäßigung und weisen Sie Ihr Alter und Ihre Identität nach.

EINRICHTUNGEN FÜR BEHINDERTE

Laut Gesetz müssen öffentliche Einrichtungen für Behinderte zugänglich sein. Bei den wenigen Ausnahmen handelt es sich meist um ältere Gebäude. Die meisten öffentlichen Busse besitzen eine Hebevorrichtung und Platz für Rollstühle; Bahnhöfe und U-Bahn-Stationen haben einen Rollstuhleingang.

FUNDSACHEN

Bei Diebstählen wenden Sie sich an die Polizei und bitten Sie um eine Kopie der Anzeige für Ihre Versicherung.
Flughäfen/Züge
SFO ☎ 1 650 8 21 70 14
LAX ☎ 1 310 2 42 90 73
Amtrak ☎ 1 800 8 72 72 45

🧸 KINDER

In den meisten Hotels, Bars und Restaurants sind Kinder willkommen. Wickelräume gibt es kaum. Besondere Attraktionen für Kinder sind durch oben stehendes Logo gekennzeichnet.

TOILETTEN

Die saubersten und sichersten Toiletten gibt es in Hotels, Filialen von Buchladenketten und Kaufhäusern.

BOTSCHAFTEN UND KONSULATE

Deutschland
Los Angeles: 1 323 9 30 27 03
San Francisco: 1 415 7 75 10 61

Österreich
Los Angeles: 1 310 4 44 93 10
San Francisco: 1 415 7 65 95 76

Schweiz
Los Angeles: 1 310 5 75 11 45
San Francisco: 1 415 7 88 22 72

Reiseatlas

Kapiteleinteilung siehe vordere Umschlaginnenseite

Legende

- Autobahn/Highway
- Schnellstraße
- Fernstraße
- Hauptstraße
- Nebenstraße
- Straße in Bau/Planung
- Staatsgrenze
- Bundesstaatsgrenze
- Nationalparkgrenze
- Naturparkgrenze
- Indianerreservat
- Militärisches Sperrgebiet
- Internationaler Flughafen
- Regionaler Flughafen
- Hafen; Flugplatz

- Kirche, Kapelle; Kloster
- Sehenswürdigkeit
- Archäologische Stätte
- Turm; Leuchtturm
- Wasserfall; Höhle
- Berggipfel, Pass, Joch
- TOP 10
- Nicht verpassen!
- Nach Lust und Laune!

1 : 4.000.000

0   50   100   150 km
0   50   100 mi

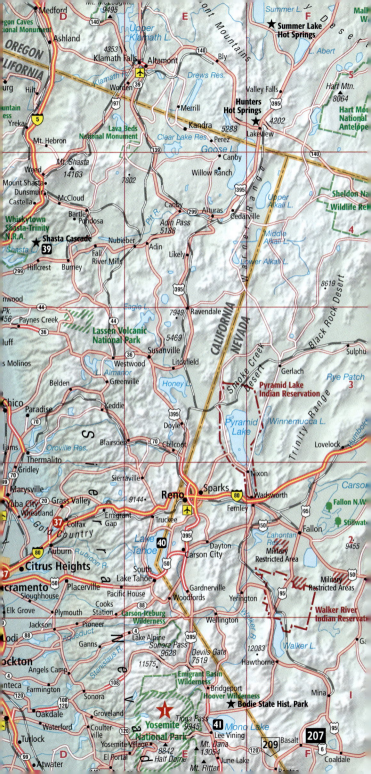

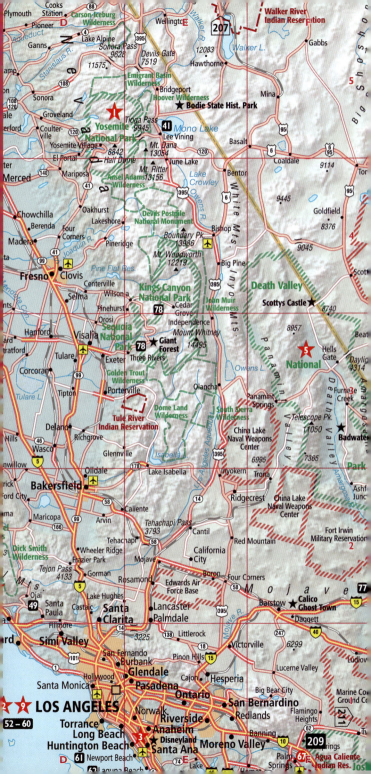

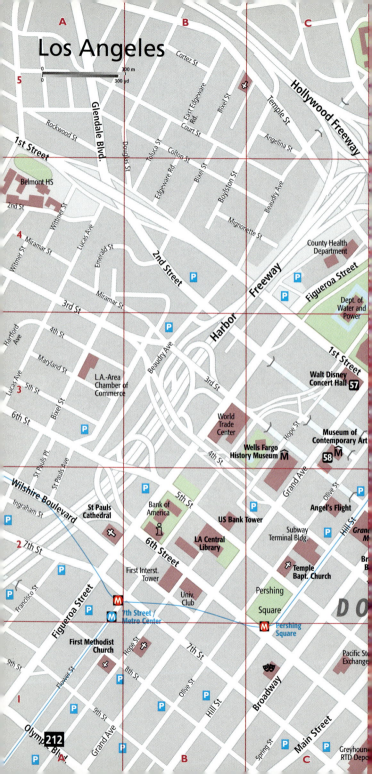

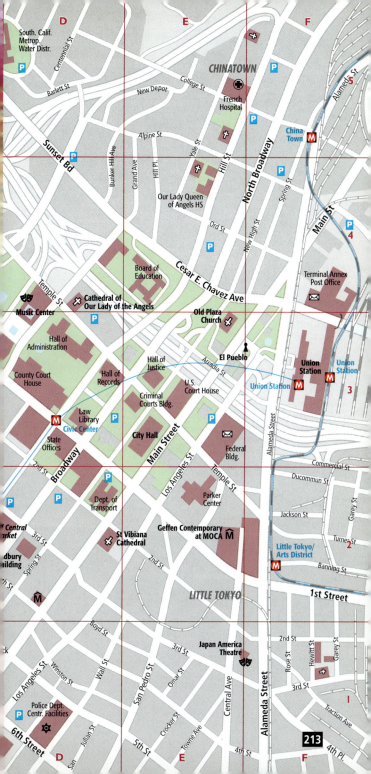

Register

A
Adams, Ansel 22
Adapter 202
Anreise 34, 201
Anza-Borrego Desert State Park 180
Ausgehen 42
Auto 36
Avila Beach 121

B
Bahnreisen 35, 201
Baseball 31
Bed & Breakfast 38
Behinderung, Reisen mit 204
Beverly Hills 142
Big Sur 108
Bodie Ghost Town State Historic Park 21
Botschaften 204
Bus 35, 201

C
Cabrillo National Monument 178
Cambria 120
Catalina Island 152
Chandler, Raymond 22
Chinatown 48
Colonel Allen Allensworth State Historic Park 21
Connelly, Michael 24
Coronado 178

D
Death Valley National Park 166
Didion, Joan 24
Diebenkorn, Richard 22
Disneyland Park 136

E
Einkaufen 41
Elektrizität 202
Erdbeben 26
Essen und Trinken 18, 39
Events 32

F
Feiertage 202
Feste 32
Festivals 29
Film 12
Filoli 67
Flughäfen 34, 201
Fort Ross Historic Park 20
Fundsachen 204

G
Gehry, Frank 24
Geldwechsel 201
Gesundheit 204
Getty Center 138
Getty Villa 145
Gold Country 92
Golden Gate Bridge 58, 60
Goldrausch 16, 92
Golf 30

H
Harmony 121
Hearst Castle 116, 118
Hitchcock, Alfred 15
Hollywood 12, 132
Hotels 38

I
Indianerdorf von Ahwahnee 20
Internet 203

K
Kalifornische Küche 18
Kerouac, Jack 22
Kinder 204
Kings Canyon National Park 182
Kino 12
Klima 200
Konsulate 204
Konzerte 29
Krankenversicherung 204

L
Laguna Beach 151
Lake Tahoe 96
Legoland California 180
Los Angeles
  Downtown 147
  Getty Center 138
  Hollywood 132
  Museen 147, 149
  Queen Mary 150
  Universal Studios 144
  Venice Beach 147
Los Angeles und Umgebung 127
Lucas, George 14

M
Malakoff Diggins Historic Park 21
Malibu 145
Mendocino 90
Mission La Purisima Concepción 20
Mojave Desert 181
Mono Lake 96
Monterey Peninsula 113
Morgan, Julia 23
Morro Bay 121
Mosley, Walter 25
Motels 38
Muir Woods National Monument 66
Mulholland Drive 196
Musik 28

N
Napa Valley 19
Newport Beach 151
Nordkalifornien 75
North Beach 48
Notfallnummern 203

O
Öffentlicher Nahverkehr 37
Öffnungszeiten 202
Ojai 121
Outdoorsport 30

P
Palm Springs 175
Pasadena 149
Pismo Beach 121
Point Reyes National Seashore 66
Polizei 203
Post 203

R
Radfahren 30
Rauchen 202
Redwood Country 94
Reisepapiere 200
Reisevorbereitungen 200
Reisezeit 200
Reiten 30
Rodriguez, Richard 25

S
Sacramento 92
San Diego 161
  Balboa Park 172
  Cabrillo National Monument 178
  Harbour 170
  La Jolla 173
  Mission Basilica San Diego de Alcalá 179
  Old town 170
  Old Town State Historic Park 178
  SeaWorld 179
  Zoo 169

Register

San Diego Zoo Safari Park 180
San Francisco
  Alcatraz Island 50
  California Palace of the Legion of Honor 58
  Castro District 65
  Chinatown 48
  Civic Center 63
  Cliff House 58
  Coit Tower/Telegraph Hill 59
  Ferry Building 62
  Fisherman's Wharf 51
  Golden Gate Bridge 58, 60
  Golden Gate Park 54
  Haas-Lilienthal House 62
  Hayes Valley 64
  Lombard Street 59
  Mission District 65
  Mission Dolores 64
  Nob Hill 62
  North Beach 48
  Palace of Fine Arts 59
  South of Market 52
  Union Square 63
San Francisco und die Bay Area 43
San Marcos Pass 194
Santa Barbara 109, 193
Santa Cruz 120
Santa Monica 146
Sequoia National Park 182
Shasta Cascade 94
Sicherheit 203
Ski und Snowboard 31
Sonoma Coast 90
Sonoma Valley 19
Spaziergänge & Touren 189
Sperrnummer 201
Steinbeck, John 23
Südkalifornien 161

T
Tan, Amy 25
Taxis 38
Telefon 203
Thiebaud, Wayne 25
Toiletten 204
Torrey Pines 180
Trinkgeld 202
Trinkwasser 204

U
Übernachten 38
Universal Studios 144

V
Venice Beach 147

W
Währung 201
Wandern 30
Wassersport 31
Wein 19, 39, 84
Wi-Fi 203
Winchester Mystery House 67
Wine County 84
Wright, Frank Lloyd 23

Y
Yosemite National Park 80

Z
Zahnärzte 204
Zeitzonen 201, 202
Zentralküste 103

Notizen

Bildnachweis

AA: 164

AA/Richard Ireland: 79, 80/81, 106, 108, 114

AA/Max Jourdan: 138/139

AA/Anna Mockford und Nick Bonetti: 18 (oben), 107, 109, 110, 130, 131, 132, 133, 134, 139, 142, 144, 145, 146, 148, 149, 150, 151, 175, 176, 193, 197, 203 (Mitte)

AA/Ken Paterson: 26/27

AA/Clive Sawyer: 46, 47, 48, 49, 50, 51, 52, 54/55, 56, 58, 59, 63, 64, 65, 112, 143, 192, 203 (oben und unten)

Bildagentur Huber: Kremer 10/11, 30 (links), R. Schmid 116

Corbis: Bettmann 16 und 17, James Leynse 25 (rechts), Design Pics/Stuart Westmorland 105, Pawel Libera 136, Reuters/Alex Gallardo 137, Minden Pictures/Jim Brandenburg 182, Gunter Marx Photography/Gunter Marx 190

DuMont Bildarchiv/Christian Heeb: 19, 95, 104, 135

Getty Images: vns24@yahoo.com 8, Film Magic 14, Popperfoto 15, WireImage/Amanda Edwards 18 (unten), George Rose 23, Mondadori 24 (links), The LIFE Picture Collection/Allan Grant 24 (rechts), Bloomberg 25 (links), Cultura/Manuel Sulzer 30 (rechts), Wayne Hoy 31 (Mitte), Gary Conner 32, Garry Gay 61, Stephen Saks 67, Jonathan Hancock 89, John Elk 118, Judy Bellah 119, Tom Grubbe 121, Matthew Micah Wrigh 154, Richard Cummins 170, Likes to travel and get new experiences 174, Mark Polott 181, George Rose 194

GlowImages: 21, 84, 120

laif: Redux/The New York Times/Randi Lynn Beach 28/29, Aurora/Rachid Dahnoun 66, CCOPhotostock/Kevin McNeal 82/83, LookatSciences 86, Christian Heeb 92/93, Luceo/David Walter Banks 94, hemis.fr/Philippe Renault 113, Christian Heeb 117

LOOK-foto: Hendrik Holler 13, age fotostock 77, Brigitte Merz 90, NordicPhotos 179

mauritius images: Robert Harding 4, John Warburton-Lee 7, ib/Peter Schickert 20/21, Aurora Photos 30 (Mitte), Image Source 31 (links), SuperStock 31 (rechts), Tetra Images 76, SuperStock 141, Danita Delimont 166/167, ib/Thomas Dressler 168, United Archives 169, SuperStock 173, United Archives 180

Photodisc: 165

picture-alliance: Bildagentur-online/Tetra Images 96, Robert Harding 178

Titelbild: Getty Images/Jamie Grill

Impressum

©MAIRDUMONT GmbH & Co. KG
VERLAG KARL BAEDEKER

1. Aufl. 2015

Text: Daniel Mangin, Clark Norton, Julie Jares, Axel Pinck
Übersetzung: Dr. Martin Goch, Gelsenkirchen; Joachim Nagel
(»Das Magazin«)
Redaktion: Anja Schlatterer, Anette Vogt, Ellen Weitbrecht
(red.sign, Stuttgart)
Programmleitung: Birgit Borowski
Chefredaktion: Rainer Eisenschmid

Kartografie: ©MAIRDUMONT GmbH & Co. KG, Ostfildern
3D-Illustrationen: jangled nerves, Stuttgart

Anzeigenvermarktung:
MAIRDUMONT MEDIA
Tel. 0711/4502 333
media@mairdumont.com
media.mairdumont.com

Der Name Baedeker ist als Warenzeichen geschützt.
Alle Rechte im In- und Ausland sind vorbehalten.
Jegliche – auch auszugsweise – Verwertung, Wiedergabe,
Vervielfältigung, Übersetzung, Adaption, Mikroverfilmung,
Einspeicherung oder Verarbeitung in EDV-Systemen
ausnahmslos aller Teile des Werkes bedarf der ausdrücklichen
Genehmigung durch den Verlag.

Printed in China

Trotz aller Sorgfalt von Autoren und Redaktion sind Fehler und
Änderungen nach Drucklegung leider nicht auszuschließen.
Dafür kann der Verlag keine Haftung übernehmen.
Berichtigungen, Kritik und Verbesserungsvorschläge sind uns
jederzeit willkommen, bitte informieren Sie uns unter:

Verlag Karl Baedeker/Redaktion
Postfach 3162
D-73751 Ostfildern
Tel. 0711 4502 262
smart@baedeker.com
www.baedeker.com

FSC
www.fsc.org
MIX
Papier aus ver-
antwortungsvollen
Quellen
FSC® C020056

10 GRÜNDE WIEDERZUKOMMEN

1. Endstation **Sehnsucht**: Die Anziehungskraft Kaliforniens erlischt nie.

2. Das nächste Mal kommen Sie im Winter und erleben das **Neujahrsfest** in San Francisco.

3. Auf der kurvenreichen **State Road 49** gibt es noch viele Kilometer, die Sie abfahren möchten.

4. Sie waren zu kurz im **Norden** mit seiner Küste, den riesigen Sequoia-Bäumen und Vulkanen?

5. Verpassen Sie nicht die aktuellen kulinarischen **Trends der kalifornischen Küche**!

6. Es warten noch viele wunderbare **Weine**, die verkostet werden möchten.

7. **Catalina Island** muss noch erkundet werden, zu Pferd oder per Bus.

8. Wer bekommt schon genug von den technischen Attraktionen der **Universal Studios**?

9. Die Einsamkeit und Stille in der **Wüste** machen süchtig, in Kalifornien gibt's genügend davon.

10. Die Megalopolis **Los Angeles** wandelt sich rasant, der Umbruch ist total spannend!